ESG投資

の成り立ち、実践と未来

本田桂子 ＋ 伊藤隆敏

KEIKO HONDA / TAKATOSHI ITO

日本経済新聞出版

ESG INVESTING

ESG投資の成り立ち、実践と未来◆目次

.

本書の概要

　ESG投資が、ここ数年急速に増加している。ESG投資が投資家の関心を集め始めたのは、2015年頃と考えられるが（第1章参照）、当時はニッチな投資家だけが興味をもつ商品だと一蹴したり、一時の流行（fad）であると切り捨てる人も多かった。しかし、本書執筆開始時までには、投資の本流になり、ESG投資を調査研究し実行する金融機関が増え、ESG投資資産残高も急増するという時期が数年続いてきた。ところが、2022年2月のロシアのウクライナ侵攻とその後の戦闘状態の継続を契機に化石燃料価格は上昇し、化石燃料の採掘会社などの株価も上昇した。さらに、原子力発電の継続へ政策転換した国もある。これらの動きを反映して、ESG投資に否定的な論調もみられるようになった。

　ESG投資とは、企業のE（環境）・S（社会）・G（ガバナンス）に着目した投資だという共通の理解はあるものの、その詳細について多くの人が納得するような定義はまだない。どのような投資をESG投資とよぶのか、ESG投資は「ESG」のついていない「投資」とどう違うのかについては、資産を保有する個人、保険会社、年金基金や、資産運用を行う金融機関も正確な理解を共有しているとは必ずしもいえない。

　また、ESG投資と類似する名前の投資も多い。たとえば、インパクト投資、サステナブル投資、リスポンシブル投資、社会的責任投資などである。これらとESG投資は同じものなのか、似て非なるものなのか、についても明確な答えはない。

ESG投資の隆盛を支えているのは、資産保有者（アセットオーナー）である年金基金や個人投資家だが、その中には、ESG投資が企業価値の向上を通じたリスク対比リターンの向上のみならず、社会的問題の解決に寄与する、つまり社会貢献、公共の利益の促進、につながると信じてESG投資を行う投資家もいる。一方、アセットオーナーの関心の高まりを受けて、資産運用会社（アセットマネージャー）はESG投資商品を多く組成している。しかし、ESG投資が本当にリターンを向上させるのか、あるいはリターンを多少犠牲にしても社会的貢献をめざすのか、社会的貢献をめざすとしてもそれが実現するのかについて明確な説明をしているところは少ない。

　インパクト投資は、金銭的なリターンを求めるとともに、社会を変えるようなインパクトを与える投資である、とよく説明される。しかし、そこでいう金銭的なリターンが、インパクトを標榜しない「投資」のリターンより高いのか、低くても構わないのかについては明確な説明はされていない。つまり、新しいタイプの資産につきものの、定義の曖昧さ、計測の難しさがまだ解消されていない。

　企業価値の算定にあたり、2004年以前は将来のキャッシュフロー予測にESG等の要因が十分織り込まれていなかったことがある。個々の企業も気候変動問題や社会的課題から切り離されて活動しているわけではない。ESG投資が急増してきた背景には、企業価値を算定するうえで、将来の収益や費用が重要であるが、その将来の収益や費用の予測に、全般的に、ESGの要素を取り入れる（インテグレーション）ことが重要だ、という認識が台頭してきたことがある。この観点から、現在や直近の過去の利益等を反映する財務諸表には将来のESG関係のリスクが織り込まれていない、という意味で、ESG投資とは、非財務ファクターを織り込んだ投資という人が多い。

　一方、個々の企業の利益追求だけでは達成できない公共の利益・倫理的な善悪について投資を通じて影響を与えようと考え、それをESG投資に期待する人もいる。投資家が公共の利益に反すると考える企業（たとえば武器・銃製造会社）を、投資対象から外すこと（エクスクルージョン）、がこれにあたる。この場合、対象から外した会社のリターンが高い場合は、ESG資産運用全体のリターンが低下する可能性が高い（第10章参照）かもしれな

いが、それは甘受するというアセットオーナーの意思がなくてはならない。

　このように、ESG投資については、さまざまな解釈があり、それが混乱と誤解をもたらしているのも事実である。そこで、本書では、第1章で、ESG投資を定義して、その後の議論の混乱を避けることから入りたい。本章では、次章以下で展開する議論のうち重要な9つのポイントを前もって要約しておきたい。

①ESG投資は主流となった

ESG投資は、もはや新種でもニッチでもなく、また一時の流行（fad）でもない。欧・米・日・カナダ・オーストラリア・ニュージーランドの合計では、総運用額の3分の1程度がESG投資である（詳細は第2章で示す）。あらゆる投資判断の段階でESGを考慮に入れるのが主流となってきた。

②ESG投資の最初の提唱者

国際連合（United Nations, UN, 国連）のコフィー・アナン事務総長（当時）は、当初世界の開発課題解決のために民間金融機関の活用を考えたが、投資家と議論を重ね、投資家が一定のリターンを上げることをめざさねばならないことを理解し、目的を変え、議論した投資家と共に文書（"Who Cares Wins"）[1]でESG投資の提言を2004年に出した。これが「ESG投資」という概念のはじまりである。

③ESG投資が定義できていないことの問題

前述したように、ESG投資について共通の理解が得られているわけではない。したがってESG投資を議論するときには、まずESG投資を定義することが重要だ。ESGに関する解説書や研究論文でも、定義につ

1　国 連, Swiss Federal Department of Foreign Affairs, (2004) "Who Cares Wins" を ABN Amro, Aviva, AXA, Banco do Brasil, Bank Sarasin, BNP Paribas, Calvert Group, CNP Assurances, Credit Suisse Group, Deutsche Bank, Goldman Sachs, Henderson Global Investors, HSBC, Innovest, ISIS Asset Management, KLP Insurance, Morgan Stanley, RCM (a member of Allianz Dresdner Asset Management), UBS, Westpac が支持表明。
https://www.unepfi.org/fileadmin/events/2004/stocks/who_cares_wins_global_compact_2004.pdf

いては述べていなかったり、定義は諸説あるとかわしているものが多い。つまり、ESG投資が第一義的にめざすものは何か、EとSとGのうち、どのようなファクターが重要か、どのような投資先の選択があるのかについて、解釈には幅がある。第6章で詳述するインタビュー調査によると、投資家の過半は、ESG等非財務ファクターの重要性の高まりに対応するため、ESG投資で、ESG等非財務ファクターを織り込んだ投資判断をして、リスクをマネージし、リスク対比リターン向上をめざしている。一方、NGO、NPO、一部の個人投資家は、ESG投資は、リターンを追求するものだが、同時に社会課題の解決等を通じて社会貢献する投資とみなす考えをもっている。このようにESG投資を行っている投資家の間でも、同床異夢の状態である。最終的には投資家自身がESG投資かどうかの判断をすることになる。定義が混沌としていると、一部投資家がESG投資に企業価値やリターン向上に加えて、社会課題の短期での解決を期待するものの、それが達成されないこともありうる。また、運用機関がESGを勝手に解釈して、実際はESGウォッシング（ESGとは名ばかり）となる金融商品を販売する可能性もある。ESG投資の厳密な定義が必要となってきている。

④ESGの定義

本書では、ESG投資の定義を、次のように提言したい。理由は第1章で詳述する。

　これまで企業価値に十分織り込まれてこなかった環境E・社会S・ガバナンスG等の非財務ファクターの重要性の増大に鑑み、投資家が長期的視点をもって、ESG等の非財務ファクターを（法改正の予想・新規事業機会等含め）投資判断に織り込み、リスクをマネージしつつリターン向上をめざす投資。加えて株主としてのエンゲージメントを通じ企業の経営判断に影響を与えることで、企業価値を向上させることもめざす

　社会課題の解決は、ESG投資においては主目的ではなく、あくまでも副産物である、というのが本書の主張である。したがって、本書で定

義するESG投資は、企業価値向上によるリターンに加えてEやSにおける社会経済へのインパクトの達成をめざすインパクト投資、企業に狭義の利潤追求からは外れるがモラル等に沿うことを主目的とする社会責任投資、提供する資金（寄付）に対するフィランソロピーとは異なるものである。

⑤ESGの領域

ESGがカバーする分野は広い。そこで、ESG投資の実行で重要なのは、業界・事業ごとのマテリアル（重要）なファクターの見きわめと、その定量的計測法を決定することである。マテリアルなファクターについては、サステナビリティ会計基準審議会（SASB）がマテリアリティマップ[2]を作成し具体的な提言をしている（SASBが2022年に国際財務報告基準（IFRS財団）傘下の国際サステナビリティ基準審議会（ISSB）に統合後は、ISSBがこれを引き継いでいる）。また、欧州（EU）は、タクソノミー（分類）で、サステナブルとは何かについて定義しようと試みている[3]。

⑥ESG投資のデータ問題

ESG投資を実行するうえで二大課題がある。ESG投資をきちんと定義することと、正確かつ比較可能なデータを計測し確保することである。そこで、データ・格付け・ESGインデックス等を提供する関連業界が勃興した。債券投資で信用格付け会社の果たす役割の大きさを考えると、ESG投資の定義、資産運用などの今後を考えるうえで、ESG投資関連業界の動きにも関心を払う必要がある。企業から十分にESGのデータが開示されていない、データの開示方法が企業によって異なり、比較が難しいことは、ESG投資家にとっても、ESGデータ・格付け会社

---

2 Value Reporting Foundation, "SASB Standards, SASB Sustainability Map".
https://www.sasb.org/standards/
3 European Commission, (2020) "EU Taxonomy for sustainable activities".
https://finance.ec.europa.eu/sustainable-finance/tools-and-standards/eu-taxonomy-sustainable-activities_en

が正しい情報を提供するうえでも、課題である。データ・格付け・インデックス会社（複数）の計測指標のもとになるESG項目が異なっているという問題もある。

⑦ESG投資は高リターンなのか

先行研究では、ESG投資によるリターンは、他の（ESGを冠しない）投資と比較して、高くも低くもないという報告が多数であった。しかし、先行研究の多くは、ESG投資を厳密に定義せずに分析を進めており、ESG投資とは一線を画されるべき社会責任投資なども含んだサンプルを使っていた。ハーバードビジネススクールのジョージ・セラファイム教授と共同研究者たちは、業界ごとにESGファクターのうち企業価値に与える影響が大きい（マテリアルな）ものを選択し何がESG投資かを定義したうえで、それ以外の投資とリターンを比較する研究を行った。（Khan, Serafeim and Yoon [2016]）。そこでは、企業価値に与える影響が大きい（マテリアルな）ESGファクターを明らかにしたESG投資は、それ以外の投資を上回るリターン（超過リターン）をあげたことを確認している。一方、第6章のインタビュー調査では、投資家の大多数が自社内でリターンの明確な向上を確認していない。このギャップについては第11章で、検討する。

⑧企業行動の変容

ESG投資が企業経営に与える影響も大きい。企業においては、ガバナンスばかりか、気候変動適応や人権を自社のみならず自社製品の川下・川上にわたるサプライチェーン全体に広げて見直すことになるなど、経営変革のきっかけとなっている。

⑨SDGs（持続可能な開発目標）との違い

日本ではSDGs[4]とESGを表裏一体とする論調もかなり見受けられる。

4　国連, (2015) "Sustainable Development Goals".
　https://sdgs.un.org/goals

しかし、欧米の民間投資家はそのような関連づけは、ほとんどしていない。ESGは、もともとSDGsの先行開発目標であったMDGs[5]（Millennium Development Goals、ミレニアム開発目標）の達成のために、アナン国連事務総長（当時）が民間金融機関に働きかけたことが誕生の発端ではあるが、現在ESG投資を行う欧米アジアの投資家は、社会課題の解決については、あくまでもESG投資を追求することの副産物と考えるほうが主流である。SDGsのすべてとESG投資が、表裏一体であると考えたり、すべてのSDGsが目的で、ESG投資がその手段、というような整理をする投資家や学者は、欧米には非常に少ない。どうしてそうなっているのであろうか。SDGsは国連が掲げ、加盟国が採択した開発目標である。世界の主要な社会課題を抽出し、各々の改善目標の設定であることは間違いない。主要国政府がこれら社会課題の解決にむけ、規制や税制等を変えるのであれば、企業も行動を変えるであろうし、ESG投資家もそれらを加味した投資判断を行う。実際、SDGsの17の目標のうち、SDGs目標13の「気候変動に具体的な対策を」やSDGs目標7の「エネルギーをみんなに　そしてクリーンに」については、多くの国で規制の変更が議論されており、企業がその対応策を立案し始め、投資家も投資判断に織り込んでいる。SDGs目標5の「ジェンダー平等を実現しよう」も、企業や投資家の対応がみられる。一方で、SDGsの一丁目一番地である、SDGs目標1の「貧困をなくそう」については、政府・企業・投資家の対応が必ずしもはっきりみえない（先進国政府では生活保護制度が定着しており、また弱者への所得再分配の制度もあるので、これらをもって自国の絶対的貧困の撲滅に貢献している、との主張だろう）。したがって、SDGs全体ではなく、課題（17の目標、169のターゲット、244の指標[6]）ごとにESG投資との関連や対応が異なっている。

　本書においては、先行研究の検討をしつつ、ESG投資の定義、ESG投資の実態の解明、ESG投資の主要課題と解の方向性の検討、ESG投

5　国連，（2000）"Millennium Development Goals".
https://www.un.org/millenniumgoals/
6　外務省，（2016）「持続可能な開発目標と日本の取組」。
https://www.mofa.go.jp/mofaj/gaiko/oda/sdgs/pdf/SDGs_pamphlet.pdf

資のリターンへのインパクト検討、ESG投資が企業の経営にもたらす変化の考察をめざした。そのために、インタビューを通じて独自のESG投資の実態調査も行った。

　以下では、本書の章ごとに、議論する内容を紹介する。本書では、まずESG投資とは何かを第1章で定義する。その中で、EとSとGには互いに関連があるかについても考える。

　ESG投資は、その始まりから拡大までに時間がかかっている。そこで、ESG投資の最近の急速な拡大の背景を、第2章で取り上げる。第3章から第4章にかけては、ESG投資を行うというのは、どういう資産（アセットクラス）に投資する、あるいは投資しない、ことなのか検討する。第3章では、ESG投資はどのような資産を対象にできるのか、しているのかを検討する。第4章では、実例をあげて、ESG投資の具体的な方法を考える。これからESG投資を拡大する投資家の参考になる。

　次に、第5章で、ESG投資を行っている投資家の課題を考える。主要な投資家である資産運用会社、年金基金、保険会社と投資家タイプ別にみていく。

　ESG投資は、投資の一手法であるため、投資家がESG投資をどうとらえるかが最も重要と考えられる。伝統的には、投資家の根源的な目的は、リスク対比のリターン最大化である。一方、投資の社会的インパクトを重視する投資家もいる。そこで、年金基金・資産運用会社・保険会社・銀行等の日米欧の投資家35社を対象に独自の調査を行った。この35社の運用資産残高合計は24兆ドル（1ドル130円で換算して3,120兆円）にのぼる[7]。具体的には、ESG投資を行うに至った真の理由は何か、どのような戦略をとっているか、ESG投資実行上の課題は何か、ESG投資の実行体制、ESG格付け・データ会社の活用の有無などの項目について、実態調査とインタビューを行った。その方法論や結果を第6章で述べる。本章は、この本の中で一番学術的独創性がある章である。

7　2021年12月から2022年11月までの12カ月の月末（午後5時）値の平均が130.37円であった。

また、ESG投資においては、世界銀行グループは、融資や民間投資家の支援にあたって、環境・社会面で最低限の守るべき基準（Environmental and Social Performance Standards）を設定し、20年近くにわたって投融資の際に適用してきた。それがどのようなものかについても記したい。その関連で、筆者（本田）は、2013年からESG投資に携わってきた。その中でもった疑問は、「ESG投資への期待については、投資家、NGO・NPO、国際機関は地球という同じ舟にのっているが各々別の夢をみているという、同床異夢となっているのではないか」、そして「企業経営者は、ESG投資を行う投資家から自社にむけられている期待を正しく理解しているのだろうか」というものであった。社会課題の解決から資本コストを上回るようなリターンが得られる事業・企業があれば、投資家にはよいリターンが、社会にもポジティブなインパクトがあるが、そのようなことをESG投資に求めるのが適切かも含めて第7章で議論する。

　債券投資では、投資判断において格付け会社の存在は特に大きい。株式投資においては、インデックス会社が重要な役割を果たしている。ESG投資においては、ESGデータ、ESG格付け、ESG関連インデックスを提供する会社が出現し、その役割を増している。加えて、既存の信用格付け会社や金融サービス会社も含めて、合従連衡が盛んである。これを第8章で取りあげたい。

　ESG投資は、まだ発展途上の段階にあるが、その実行にあたっては、正確かつ比較可能なデータの確保とESG投資の定義をはっきりさせることで、ESGウォッシングを防止することが課題である。これについて第9章で取り扱う。

　ESG投資のリターンへの影響については、かなり以前から金融界のみならず、学界（アカデミック）においても、多大な関心がよせられ、多くの検討・研究がされてきた。ファイナンス理論の主流の人たちは、ESG投資が、それ以外の投資を上回るリターンをもたらす可能性については、かなり否定的である。なぜならば、ESG投資のうちエクスクルージョン戦略を用いる場合（ただしエクスクルージョンだけ行うESG投資は、全体の10％にも満たないと考えられる）は、投資対象について制約を課すものであり、投資

対象を限定するとリターンは低くなるというのが通説である。これでは、リターンを最大化することを求められている年金基金や、ESGに関心がなくリスクを管理したうえでのリターンを最大化するファンドは、ESG投資のうちエクスクルージョン戦略は用いない、ということになる。ただし、ESGインテグレーションの手法は中長期のリターンの向上をめざすものなので、リスク・リターンの定義も中長期のもので考えるべきである、と考えるのが適当である。これについては先行研究について考察を加えるとともに、前出の実態調査の結果や最近の研究結果も加え、第10章と第11章で検討を加える。

　第12章では経済学からみたESGを考える。EとSとGを一括りとするESG投資は、経済学の学界および経済政策担当者の間では、まったく議論の対象にはなっていない。理由は簡単で、EとSとGが、経済学の中の分野では、まったくばらばらな性質の問題であり、この3つを同列に置いて議論する意味が見当たらないからだ。経済学的には、Eは国際公共財の問題、Sは社会的規範やメカニズムデザインの問題、そしてGは主に個別企業の問題で、その分析手法も政策提言もまったく異なる。たとえば、環境問題について、経済学者の大半は、炭素税の導入がフリーライダーを防ぐもっとも有効、かつ公平な手段と考えている。いかに多くの投資家がEを強調するファンドを組成したり、グリーンボンドを発行しても、すべての国のすべての会社を網羅するわけではないので、社会的に効率的な解になるとは考えにくい。公共財の問題を個別企業の交渉や努力で解決しようとするときには、フリーライダーの問題がつきまとう。世界共通の炭素税導入では、フリーライダーは生じない。このように考えると、ESGも民間の努力や運動にとどまるうちは、社会を変えることは難しいかもしれない。外部性や社会規範を含む問題の解決には、政府の役割が重要だと経済学者は考える。

　以上の議論をふまえて、第13章では、アセットオーナー、資産運用会社、企業のそれぞれについて、ESG投資を考えて実行していくうえで今なにが重要なのか、提案を行いたい。

図表序-1　ESG投資の投資主体別関連図

出所：筆者（伊藤・本田）作成

ESG投資の主体別関連図

　本書のESG投資で登場する投資家（アセットオーナー）、資産運用会社、企業、ESGデータ・インデックス会社や格付け会社、基準作りをする国際組織などの位置関係を、資金の流れとともにフローチャートにまとめると図表序-1のようになる。

　ESG投資を行う資金の出どころは資産の所有者（アセットオーナー）である。年金基金、保険会社、ソブリンウェルス・ファンド（政府系ファンド）、大学ファンドなどエンダウメント系、そして個人投資家の規模が大きい。アセットオーナーは、資産運用会社に資金運用を委託するか、自分で直接運用する。その投資対象として、株や債券を取得する（投資先には不動産やインフラ投資もありうるが、図表序-1では割愛して、企業に特化している）。企業へのESG投資は、配当、利子、株価上昇などの形で（資産運用会社経由または直接）アセットオーナーにリターンをもたらす。企業へのESG投資では、企業との対話などを通じて、企業内のESG課題への取り組みに改善を促す。エクスクルージョン、テーマ型、インテグレーションなど

の手法は、第1章で詳述する。その結果として、企業価値が高まれば、ESG投資は、そうでない投資（非ESG投資）よりもリターンが高くなる。これが、アセットオーナーや資金運用会社から企業へ行く矢印とその逆の矢印の流れである。ESG投資はこれを狙っている。一方、企業内のESG課題への取り組みは、企業価値を高めるとともに、社会にとってもESGの観点からよい影響を与えるかもしれない。図中の一番右の矢印部分である。ESG投資にとっては副産物としての、社会貢献である。

　インパクト投資は、一番右の矢印の社会貢献と金銭的なリターンの双方を重視する。ここでインパクトについて具体的な（数値）目標を立てたうえで、それを実現するように投資を行う。数値目標の達成状況によりリターンを変えるという契約もある。

　一方、アセットオーナーや資産運用会社にとっては、企業のESGについてのデータが少ないし、企業がどれほどESGに真剣に取り組んでいるか、金融商品がESGにどれほど整合的であるかを分析することは難しい。そこで、投資先である企業のデータ開示の標準化は望ましい。IFRS財団などの団体がこの動きのリーダーシップをとっている。また、データやESGスコアを提供するESG関連会社（ESGインデックス会社、格付け会社、ESG評価、ESGデータ提供会社）も台頭している。

第1章

ESG投資を定義する

　ESG投資は、環境（E, Environment）・社会（S, Social）・ガバナンス（G, Governance）分野に資する投資、という共通の理解はあるものの、公的に明確な定義はまだない。ESGの定義が確立し共有される前に、現実のESG投資が始まって、規模が拡大しているのが現状である。なぜ、EとSとGが1つに括られているのか、誰がこれを最初に言い出したのか、理解されないまま実際の投資が行われている。本章では、「ESG」という言葉の誕生と、本書で使う「ESG投資」の定義を明確にする。

　ESG投資の定義がはっきりしない一因には、その生い立ちもある。ESG投資は、アナン国連事務総長（当時）と彼のチームが、世界の開発課題解決にむけて目標を設定して、その達成に必要な資金を確保するため、民間の投資家の活用増進を念頭に、2004年1月に世界の50の主要金融機関のトップに手紙を出したことに端を発している。

　SDGsは、国連が主導して設定した世界の開発目標としてよく知られているが、これが最初に国連が設定した世界の開発目標ではない。2000年には、2015年までの達成目標を明記したMDGsが採択された。開発分野は、図表1-1にあるように、極度の貧困と飢餓の撲滅、初等教育の完全普及の達成、ジェンダー平等推進と女性の地位向上、乳幼児死亡率の削減、妊産婦の健康の改善、HIV/エイズ、マラリア、その他の疾病の蔓延の防止、環境の持続可能性確保、開発のためのグローバルなパートナーシップの推進の8分野であり、項目ごとに指標と目標が設定されていた。

図表1-1　MDGs—国連が設定した2015年までの開発目標

出所：国連,(2000)"Millennium Development Goals".

図表1-2　ODA（政府開発援助）とFDI（海外直接投資）

発展途上国向け
（米10億ドル、1970-2019年）

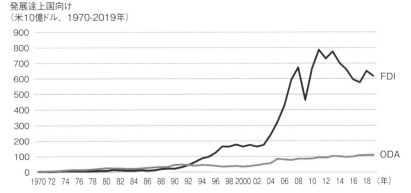

注：ここでいうFDIは、世界銀行の定義で、事業・企業の経営に影響を与えるような資本投資（議決権のある株式
　　を10%以上の保有など）、配当等の再投資。
出所：世界銀行,"World Bank Open Data". https://data.worldbank.org/

　このMDGsの達成のために、必要な資金をどのように確保すべきか[1]。従
来、発展途上国への投資の多くは、政府開発援助（ODA）等の先進国や国
際機関からの援助や低利ローンによって行われてきた。ところが、1994年

---

[1]　この背景には、発展途上国への対外投資の変化があることを、筆者（本田）は、世界銀行グループの多数国
　　間投資保証機関（Multilateral Investment Guarantee Agency, MIGA, ミガ）での仕事を通じて痛感した。

出所：国連、(2004) "Who Cares Wins".

頃から民間の海外直接投資（FDI）が、ODAを金額的に上回るようになるのである（図表1-2参照）。アナン国連事務総長（当時）は、このことに着目して、民間投資家の活用を考えたわけである。

　そして、前出の手紙を受け取った50社の世界の金融機関のうち20社と国連が、スイス外務省をスポンサーに議論を重ね、2004年に "Who Cares Wins" という報告が公表された（図表1-3参照）。ここにESGという言葉が出てくるのが、「ESG」の初出である。筆者（本田）による国連関係者へのインタビューを通じて、これがESG投資のはじめであることを確認した。"Who Cares Wins" の主要な執筆者はイボ・ノップフェルだった[2]ことと、当時国連に勤務していたジョン・ルジーとゲオルグ・ケルが関与したこともわかった。ルジーは残念ながら2021年に逝去されたが、ケルはアラベスク・アセット・マネジメントの会長として、2023年2月現在ESG投資に従事している。なお、"Who Cares Wins" に参画した金融機関を図表1-3にあげたが、アクサ、クレディ・スイス、ドイツ銀行、ABNアムロ、BNPパリバ、HSBC、UBSといった欧州系が多く、モルガン・スタンレー、ゴールドマン・サックスといった米系、ブラジル銀行などもあるが、日本の金融機関の

2　Kell, Georg, "Remarkable Rise of ESG Investing", Forbus.com.
　https://www.forbes.com/sites/georgkell/2018/07/11/the-remarkable-rise-of-esg

名前はない。

　2004年に国連と民間大手投資家の議論の中で、民間投資家は、投資から
より高いリターンを上げることが自らの第一義的な目的であることを主張し
た。これに対して、最終的には、国連は、環境、社会、企業統治にかかわる
重要な社会課題については、中長期的には、政府や社会や国民が、法律や行
動を変えることが予想され、短期ではなく長期的なリターン向上をめざす投
資家は、それらの長期的な気候変動や制度変更のリスクや新たな事業機会を
投資判断に織り込むべきである、ことで同意した。

　ここで、国連チームには、2つのオプションがあった。第1のオプション
は、当初考えていたように、社会課題の解決の具体的な行動を金融機関や投
資家に求めることである。第2のオプションは、金融機関や投資家に現在の
社会課題のうち主要なものが何かを理解してもらい、投資判断に生かすこと
で、間接的にその企業経営へのインパクトを考えるような投資を促すという
ものであった。

　一般的な資産運用としての企業への投資判断は、伝統的に財務ファクター
を中心に将来の予想をして行われている。しかし、環境問題やダイバーシテ
ィなどの社会問題、企業統治（コーポレートガバナンス）といわれる諸問題
が社会的に重要になる中で、何らかの形で企業も、このような問題に影響さ
れる、また影響力を行使すべきである、という考え方も台頭した。これは国
連チームのオプション1の背景にある。

　一方、民間投資のリターンを下げてでも、社会問題の解決を迫る、というこ
とは民間の大手投資家には（当時は）到底受け入れられるものではなかった。
国連チームは第2のオプションをとった。社会課題を多くの人々がきちんと認
識すれば、政府や企業や個人が規制や行動を変え、副産物として、社会課題
の一部が解決されるのではないかと考えたのである。国連チームは、投資家
に直接の社会課題の解決への貢献を迫らず、環境、社会、ガバナンス等の非
財務ファクターを投資判断に反映させるというESG投資を2004年に提唱した。

　世界の開発課題の解決をめざして始めた活動が、投資において、ESGの
分野を検討に入れて投資判断を行うというESG投資の提唱に落ち着いたこ
とは興味深い。国連やNPOやNGOのメンバーの中には、もっと民間投資家

に、社会課題の解決を担ってもらえないのか、EやSといった分野への直接的な課題解決をめざす投資、企業行動に影響を及ぼす投資をしてほしい、という意見をもつ人が今でもいる。これが、ESG投資に対してさまざまな期待をもたせ、結果として、定義が不明確になっている一因である。

　また、しばしばESG投資と同義のように使われる、サステナブル投資、リスポンシブル投資という投資もある。これらは、具体的な定義が与えられないまま、議論に使われていることが多い。定義次第で、サステナブル投資、リスポンシブル投資は、ESG投資の一部にもなるし、似て非なるものにもなりうる。これがESG投資の定義をめぐる議論を、さらに複雑にしている。

　定義が不明確であることと、正確かつ比較可能なデータが確保されていないことは、ESG投資の二大課題とされている（第6章参照）。このうちデータ開示の標準策定において、多くのNPOやNGOが活躍して、さまざまな標準候補が提案されてきたが、これをIFRS財団のもとでまとめる動きが2021年11月のCOP26（国連気候変動枠組条約第26回締約国会議）で大きく進展し、2022年8月に、SASBと国際統合報告評議会（International Integrated Reporting Council, IIRC）が合併してできた価値報告財団（The Value Reporting Foundation, VRF）がISSBと統合した。一方、ESG投資の定義は、いまだに論者によって相違があるままである。

　ESG投資がリターンに与える影響については、徐々に研究成果が蓄積されてきているが、リターンを高めるという実証研究と、低くするという実証研究が混在している。しかし、これら先行研究のほとんどが、ESG投資の定義が曖昧なまま、ESG投資とは一線を画する社会責任投資なども一緒にしての分析であった。ESG投資の定義を明確にした最近の研究では、リターンがポジティブとするものも出てきた（第11章参照）。

　以上の背景を理解したうえで、本書では、ESG投資の定義を試みる。

　まず、これまで、提唱されてきた定義のうち代表的なものを掲げる。

PRIの定義：PRI（Principles for Responsible Investment）は、ESG投資の振興をめざして、"Who Cares Wins" が出されたのちに、アナン国連事務総長（当時）の提案を受けて、2006年に国連が支援して設立されたNPOで

ある。PRIによるESG投資の定義は、以下のようなものである。

　投資の判断とアクティブオーナーシップにおいてESGファクターを織りこむ投資戦略（The PRI defines responsible investment as a strategy and practice to incorporate environmental, social and governance（ESG）factors in investment decisions and active ownership）[3]。

ただし、ESG投資とリスポンシブル投資を同義としている。また、PRIは以下のような6つの投資原則を掲げている。

1. 私たちは、投資分析と意思決定のプロセスに ESG の課題を組み込みます
2. 私たちは、活動的な所有者となり所有方針と所有習慣にESGの課題を組み入れます
3. 私たちは、投資対象の主体に対して ESG の課題について適切な開示を求めます
4. 私たちは、資産運用業界において本原則が受け入れられ実行に移されるように働きかけを行います
5. 私たちは、本原則を実行する際の効果を高めるために協働します
6. 私たちは、本原則の実行に関する活動状況や進捗状況に関して報告します

ゲオルグ・ケルの定義：アナン国連事務総長（当時）のもとで、"Who Cares Wins"でESG投資を提唱するのに大きな役割をはたしたケルによるESG投資の定義を本書の執筆をかなり進めてからみつけた。それは以下の通りである。

　ESG投資とは、ESGファクターを投資のプロセスや判断に織り込むような投資である。ESGファクターには、従来の財務分析には含まれていなかったが、企業価値に影響を与える幅広いものが含まれる。ESG

3　PRI,"Introductory Guides to Responsible Investment, What is responsible investment".
https://www.unpri.org/introductory-guides-to-responsible-investment/what-is-responsible-investment/4780.article

投資は、ESG ファクターが企業価値に影響を与えるという前提に立った投資である。"Integrations of environmental, social and governance (ESG) factors into investment processes and decision-making. ESG factors covers a wide spectrum of issues that traditionally are not part of financial analysis, yet may have finance relevance… ESG investing is based on the assumption that ESG factors have financial relevance."

筆者（伊藤、本田）が本書で提案する ESG 投資の定義に非常に近い。

本書では、ESG 誕生の背景や、これまでの定義を参照しつつ、ESG 投資を序章であげた通り次のように定義したい。

これまで企業価値に十分織り込まれてこなかった環境 E・社会 S・ガバナンス G 等の非財務ファクターの重要性の増大に鑑み、投資家が、長期的視点をもって、ESG 等の非財務ファクターを（法改正の予想・新規事業機会等を含め）投資判断に織り込み、リスクをマネージしつつリターン向上をめざす投資。加えて株主としてのエンゲージメントを通じ企業の経営判断に影響を与えることで、企業価値を向上させることもめざす。

この定義に関連して、いくつか注記したいことがある。

第一に、社会的課題の改善への貢献は、ESG 投資の主目的ではなく副産物である。社会的課題については、必要な法改正や消費者の行動変化を想定し ESG 投資の判断に反映すべきだが、投資家にとって ESG 投資の主目的は社会的課題の解決ではない。また、ESG 投資だけで多くの社会的課題が解決できるわけではない。この解釈は、一部の NPO や NGO の人たちを失望させるものになるかもしれない。しかし、ESG を考慮に入れることでリターンが上がることが、同時に、社会問題解決への助けになる場合も多いことを考えれば、決して利益追求が社会問題解決と相反するものではないことを理解してもらいたい。

第二に、投資先はすべて気候変動適応に貢献が大きいといえるかという点である。ESG の対象分野は広い。財務ファクターと ESG ファクターを総合的にみて投資をする ESG インテグレーションが ESG 投資の主流だが、ガバ

ナンスにはすぐれているが気候変動適応には必ずしもすぐれていない企業も
ある。ESG投資の一部が気候変動適応への貢献が小さいからグリーンウォッ
シングであるというのは短絡的である。グリーンウォッシング、あるいは
より広くESGウォッシングとされているものには2種類ある。1つは定義が
曖昧なまま投資家の期待と開示されている実際の投資方針に乖離がある場
合、もう1つは開示されている実際の投資方針の内容が事実と異なる場合で
ある。後者はESGウォッシングだが、前者はそうではない。

　第三に、データは不十分である。EとS分野における情報開示については、
さまざまな検討や提言が行われているが、いまだ途上である。特に、将来の
予想数値などは非常に限られるため、データの収集、分析は容易ではない。
しかし、この点は、データ開示の基準の標準化が進み、より詳細なデータ開
示を行う企業、独自にデータを構築する第三者の会社（格付け会社、データ
提供会社）が増加することで、徐々に改善にむかうと思われる。

　この定義を策定するにあたり考えた主要な課題は、次の8点である。
　①従来型の投資に問題があるか。
　②ESGには具体的には何か含まれるか。相互に関連はあるのか。
　③具体的にはどのような投資戦略をもってESG投資と判断するか。
　④投資家にとってESG投資を行う目的は何か。
　⑤社会課題の解決を要件とするか。
　⑥ESG投資を行う投資家自身は、ESG投資をどう定義しているのか。
　⑦ESG投資と、リステナブル投資、リスポンシブル投資、インパクト投
　　資、社会的責任投資、フィランソロピーは、同じものなのか、似て非
　　なるものなのか。
　⑧ESG投資は新しい概念か。

　以下にこの8課題を検討していく。
①従来型の投資に問題があるのか——非財務ファクターの企業価値算定への
　織り込みと長期的な視点
　株式に投資をする場合には、その企業の価値を算定し、時価総額（株価×

24

発行済み株式数）と比較するのが王道である。欧米日などの多くの経営学大学院（ビジネススクール）等で教科書として使われている、ティム・コラー氏他による『企業価値評価─Valuation』（"Valuation" Koller, Goedhart and Wessels（2021））によると、企業価値算定の方法としては、利益や純資産に対し事業の価値がどの程度かの倍率（EBITDA、PER、PBR倍率等）かを、競合値なども勘案し推定して求めるマルチプル法や、将来のキャッシュフローを予想し、資本と有利子負債の税引き後加重平均資本コスト（Weighted Average Cost of Capital, WACC）で現在価値に引き戻したものの総和とするDCF法（Discounted Cash Flow法）が主流である。M&A、新規投資、有価証券投資での企業や事業価値を考える場合、基本となるのは、DCF法である。これを図で示したものが、図表1-4である。

　事業価値の算定にあたっては、将来の市場の魅力度や競合状況を予想し、当該社の戦略が実行された場合に、市場規模、価格、商品ミックスがどうなり、そこで当該社はどの程度シェアをとれるのか、また、製造原価や販管費などにどの程度のコストがかかるのか、設備投資や運転資金はどの程度必要かと考えていく。最終的には財務諸表に出てくる財務ファクターの予想におとしていくわけである。ここにはESGに直接関連する項目がない。それらは、シナリオをつくって分析する中で織り込むにことになっているのだが、そこまで詳細に分析を加える投資家やアナリストは多くなかった。したがって、従来型の企業価値分析には、ESG、特にEとSはあまり加味されていなかった。

　ところが、気候変動による洪水や山火事などが頻発していて、そこから損失を計上する企業もある。また、昨今サプライチェーン上の人権の配慮を製品の購入判断の要素の1つとする顧客が出てきているばかりか、輸出入の制約にもなってきている。

　EUは、2021年7月14日に、気候変動適応のため、2035年には自動車走行中のCO2排出をゼロとする規制を導入すると発表した[4]。ガソリン車の販売の実質的な禁止となる。そこで、EVの電池用の素材技術をもつメーカーな

4　European Council,（2021）"Fit for 55".
　https://www.consilium.europa.eu/en/policies/green-deal/fit-for-55-the-eu-plan-for-a-green-transition/

図表1-4　事業価値算定に用いられる主要項目

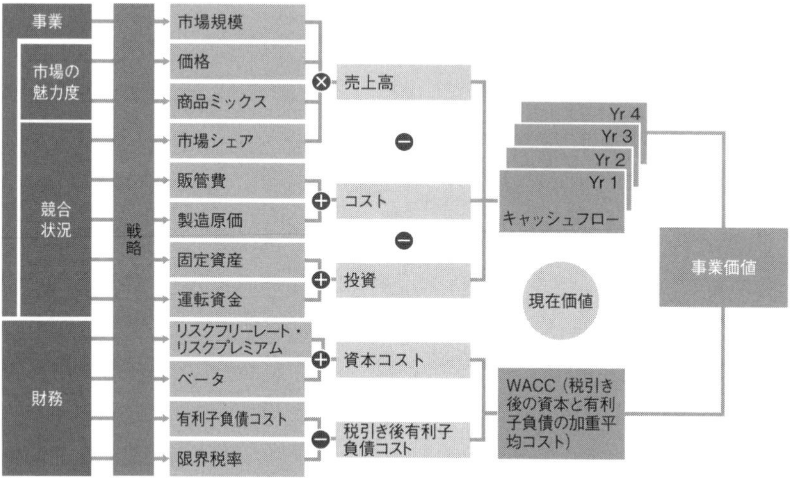

出所：筆者（本田）作成

どは、将来収益増の可能性がある。また、EUは、「炭素国境調整メカニズム（CBAM）」という名称で、越境炭素税を一部の業界に導入するという発表も2021年7月14日に行った。排出炭素への課税や規制が緩い国からの製品輸入に、EUと域外の炭素税差額相当を課税するというものだが、域内と域外の競争を平準化するという考え方に基づいている。現在対象業界は、鉄鋼、アルミニウム、電力、セメント、肥料の5業界である。この影響をどうみるか。また、対象業界が拡大する可能性はあるのか。加えて、現在各国でさまざまなレベルにある炭素税率が、将来世界標準に収束していくのか。また1トンあたりの炭素税額がどの程度上昇するかも予想すべきだという声も多い。これらは、企業価値に大きく影響すると考えられる。また、人権についても、サプライチェーン上で人権が正しく尊重されるようにするといった新たな規制が導入される可能性もあり、企業価値算定において検討を加えるべきなのではないか。

　非財務ファクターについて十分な検討とその企業価値への織り込みがなされていなかったが、環境関係などのファクターの重要度が増しており、企業価値に織り込む時期にきている。

図表1-5 ESGには何が含まれるのか？

E	S	G

E
- 気候変動適応・緩和
- 汚染予防
  - 空気
  - 水（海、川、湖等）
- バイオダイバーシティ
- 下水処理
- 廃棄物処理
- 希少動植物へ対応
  等

S
- 人権
- 地域の安全
- 公衆衛生
- 個人情報保護
- データセキュリティ
- 製品の品質保持と安全性確保
- 従業員の安全と衛生
- 従業員のダイバーシティと
  インクルージョン
  - 性別
  - 人種
  - 国籍
- 児童労働
- 先住民族
- 文化遺産
- 地政学リスク
  等

G
- 法令遵守
- 独占禁止
- 汚職防止
- 税法を遵守した節税の度合
- 使用する会計基準の適切性
- リスクマネジメント
  等

出所：IFC/MIGA 2013 Performance Standards, SASB Materiality Mapをもとに筆者(本田)作成。

　また、上記の将来キャッシュフローなどを比較的短期間しか予測していない投資家が多い。短期には収益へのインパクトが小さかった気候変動は、超長期にみると多大な影響を与える可能性が高くなった。

　従来型の投資において、非財務ファクターを十分に織り込んでいない、長期の視点に欠けるというのは、課題であった。

②ESGには何が含まれるか、相互に関連はあるのか

　それでは、ESGには具体的には何が含まれるのだろうか。投資を行う際のESGについて、何をどのようにみるべきかを長年検討してきた世界銀行グループの国際金融公社（International Finance Corporation, IFC）[5]と多数国間投資保証機関（Multilateral Investment Guarantee Agency, MIGA）[6]が

5　IFC, (2012) "IFC Performance Standards on Environmental and Social Sustainability".
　　https://www.ifc.org/wps/wcm/connect/Topics_Ext_Content/IFC_External_Corporate_Site/
　　Sustainability-At-IFC/Policies-Standards/Performance-Standards
6　MIGA, (2013) "Environmental and Social Sustainability".
　　https://www.miga.org/environmental-social-sustainability

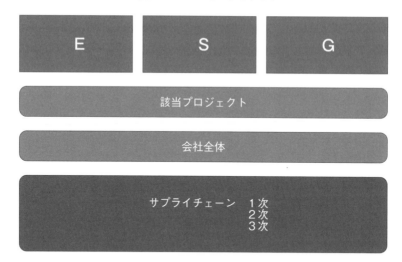

図表1-6　ESG―どこまでやるか

E　　S　　G

該当プロジェクト

会社全体

サプライチェーン　1次
2次
3次

出所：筆者(本田)作成

投資の際にみる項目と、2022年9月にIFRS財団傘下のISSBの一部となった
SASBがみている主要ESG項目をまとめたものが、図表1-5である。

　これをみるとわかるように、かなり広範囲にわたる。そして、EとSとG
の間の関連はない。EとSとGは、財務諸表からとることのできるような財
務ファクターではなく、「その他」である。そのうちの主要なものの頭文字
をとってESGとつけられた。

　また、ESG投資でみるべきは、当該プロジェクトだけでよいのか、会社
全体をみるのか、それともサプライチェーン上それも2次・3次といったサ
プライヤーまでみるのかといった議論もある。サプライヤーをどこまで含む
かについては、定説はまだないが、1次サプライヤーのみならず、その先の
サプライヤーまでより広く考えるべきとする政府関係者も出てきて、投資家
や企業もその対応にあたり始めた（図表1-6参照）。

　これについては、もちろんまだ単独の答えが出ているわけではないが、
ESGファクターでみるべきところが拡大の傾向にあるのは間違いない。衣
料の製造小売りの下請けの労働環境や、消費財企業におけるパーム油の調達
などついて、社会の注目が集まっている。

③具体的にはどのような投資戦略をもってESG投資を行っているのか

　主要な3つの戦略を図表1-7に記した。

　現在最もよく使われているのが、ESGインテグレーション（統合）とよ
ばれる戦略である。これはESGファクターを従来の財務ファクターに加味
して投資判断し、総合的に判断するものである。たとえば、温室効果ガス排
出が大きな企業に対しては、エンゲージメント（対話等）を行って、温室効
果ガス排出削減にむけた投資を促す、逆に将来の製品・サービス価格下落の
可能性を考えてポートフォリオから除外するなど、臨機応変にポートフォリ
オ内のウェイトを変えていくことが考えられる。ESGインテグレーション
がESG投資の主流である。

　また、ごく一部の運用資金は、一部の企業を排除するというESGエクス
クルージョン（除外）という戦略を用いている。たとえば、現在は利益率の
高いたばこ製造販売会社や武器銃製造会社は、将来多くの国で喫煙や銃携帯
の規制が厳しくなると予測すれば、現在の投資ポートフォリオから除外する
といったものである。もう一例をあげると、製品製造過程で温室効果ガスの
排出量が大きな会社、あるいは温室効果ガス排出量の大きな製品をつくる業
界は、将来の炭素税の導入や炭素税率引き上げがある場合には大きく企業価

図表1-7　ESG投資戦略の種類と具体例

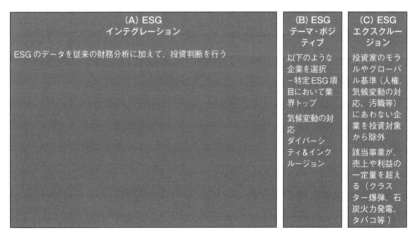

出所：筆者（本田）作成

値が棄損することから、現在の企業価値は高くても、投資ポートフォリオから除外する、という戦略である。運用会社によっては、民間のESGスコアリング会社の出すスコアで下から一定割合を投資対象から除外するというところもある。

　背景には、多くの投資家がこういった企業の株式や債券を売却することにより、その企業の資本コストが上昇するため、経営者が事業ポートフォリオを見直すことを期待するということがあるかもしれない。しかし、株式や債券を売却する投資家がいれば、それを購入する投資家もいるかもしれず、株式を保有しつつ、企業の方針をエンゲージメントにより変えていくという志向の投資家も多い。

　したがって、図表1-7の各戦略の箱の横幅が示すように、エクスクルージョンよりインテグレーション戦略をとる、ないしは多くの資産をインテグレーション戦略に投下する投資家が多い。

　ESGテーマ・ポジティブという、特定のESGに秀でている企業に投資するという戦略もある。ESGはかなり広い分野をカバーしているので、選択したテーマが気候変動であると、人権対応が遅れている企業への投資もありうることになる。

④投資家にとってESG投資で行う目的は何か——ESGにおけるリスクマネジメントとリターンの向上

　それでは、何のためにESG投資を行うのか。これについては、筆者（本田）は投資家や運用会社や銀行へインタビューし実態を調査した。詳細は第6章で述べるが、その答えをまとめたものが、図表1-8である。

　ESG投資は投資の1つの手法であるが、筆者（本田）が当初考えていたよりも、運用機関や投資家は、リターンに対するこだわりが強い。今まで十分に織り込んでいなかった非財務ファクターであるESGファクターの分析で、ベンチマークより高いリターンを上げたいと考える投資家が6割と過半数を超えた。

　そして、このインタビューを通じて、ESGファクターでリターンが向上した例をいくつか聞いた。

図表1-8　ESG投資を行う理由（複数回答）

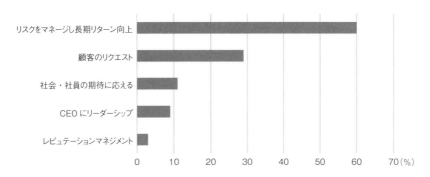

出所：ESG投資に関する調査とインタビュー

図表1-9　企業価値にESGが与える影響—PG&Eの例

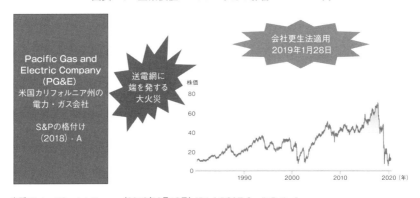

出所：Natural Gas Intelligence,（2018年6月18日）"Brief-PG&E Credit Rating".
https://www.naturalgasintel.com/brief-pge-credit-rating/ , Google Finance

　北米西海岸では、気候変動により乾燥した地域で火災が増加し、それが延
焼するようになってきている。カリフォルニア州の電力・ガス会社のPG&E
（Pacific Gas & Electric）は、カリフォルニア州で電力とガスを供給してい
る。乾燥したカリフォルニア州にあって、送電網からのスパークで小規模の
火災が発生はしていたものの、2018年初秋のS&Pグローバル社（S&P）に
よる債券の信用格付けはA（シングルA）、株価も60ドルを超えていた。と
ころが、2018年11月8日に送電網のスパークから大規模火災が発生した。
少なくとも85人が亡くなり、一般市民12人と消防士5人が負傷した。1万

8,000棟の建物に火がおよび、延焼面積は620平方キロメートルに及んだ。総被害額は少なくとも165億ドル（2兆1,450億円）とされ[7]、PG&Eは、2019年1月28日に会社更生法を申請した。株価も当然暴落した（図表1-9参照）。

　ウォール・ストリート・ジャーナル紙は2019年1月18日の記事で、PG&Eは気候変動を起因とする最初の会社更生法適用会社だが、これが最後ではないだろうとも書いている（図表1-10参照）。実際2021年にもカリフォルニア州やカナダ[8]、ギリシャ[9]でも、電力会社のスパークが原因ではないが、大規模な山火事が起きている。

　ところが、ある資産運用会社のESGチームは（匿名を条件に話してくれたが）、この大火事以前に、PG&Eの気候変動適応（E対応）が不十分として警鐘を鳴らしており、その運用会社は山火事の前に当時保有していたPG&Eの株式・債券共に売却していた。投資家としてEを考慮に入れることで、リスクマネジメントができた。これは1つの例にすぎないが、EやSへの対応が、企業の価値ひいては、株価や債券の価格に影響を及ぼす例だと考える。

　年金基金・保険会社のような顧客からの依頼でESG投資を行うという運用機関ももちろんある。加えて、「社会や社員の期待に応えるため」も、13%の投資家からESG投資を行う理由としてあげられた。年金基金の中には受託者責任を果たすためには社会によい投資が必要という声があったし、Z世代の優秀な若者を採用するためという意見もあった。しかし、やはりリスクをマネージし、リターンを上げるが第一義の理由であった。

7　New York Times,（2020）"PG&E Pleads Guilty to 84 Counts of Manslaughter in Camp Fire Case".
　　https://www.nytimes.com/2020/06/16/business/energy-environment/pge-camp-fire-california-wildfires.
　　html
8　BBC,（2021年7月2日）「カナダ、最高気温を記録した村で山火事90%が焼失」。
　　https://www.bbc.com/japanese/57691049
9　BBC,（2021年8月9日）「ギリシャで山火事続く　過去30年で最大の熱波」。
　　https://www.bbc.com/japanese/58141487

図表1-10[10]　PG&Eは気候変動起因の倒産だが……

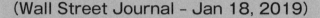

(Wall Street Journal – Jan 18, 2019)

PG&E: The First Climate-Change Bankruptcy, Probably Not the Last

The fast fall of PG&E after California' s wildfires is a jolt for companies considering the uncertain risks of a warming planet
By
Russell Gold
Jan. 18, 2019 9:00 am ET
PG&E Corp.'s bankruptcy could mark a business milestone: the first major corporate casualty of climate change. Few people expect it will be the last.

⑤社会課題の解決を要件とするか

　ESG投資については、アナン国連事務総長（当時）のチームが発案者だと書いた。彼は当初、開発課題の解決において、民間投資家の大きな貢献を意図していたはずである。しかし、その後の民間投資家との議論から、ESG投資の位置づけが大きく変化した。ESG投資は、期待されるリターンを出すことが一義的な役割である運用会社からすると、あくまでも投資の1つの手法である。

　その中で、気候変動適応、人権尊重、女性活用等々多くの課題について、どのような解決策があるのだろうか。法制や税制等の改定が合理的に望ましいのであれば、投資の判断に、それを織り込むのは妥当である。

　では、ESG投資を通じて、そういった課題が解決されるのだろうか。ESG投資は、一部の社会的課題の解決や改善に寄与するが、多くの課題を次々と解決していくわけではない。社会的課題の解決は、その方向性をパブリックセクター（官）で検討・決定し、民間をその方向に導くべく、必要な法制や

10　Wall Street Journal,（2019年6月18日）"PG&E: The First Climate Change Bankruptcy Probably Not the Last".
　　https://www.wsj.com/articles/pg-e-wildfires-and-the-first-climate-change-bankruptcy-1154782006

税制等の改正を行うことが王道であろう。かつては、パブリックセクターが解決策の決定ばかりでなく、その実施もそのための資金拠出も行っていた。しかし、現在ではパブリックセクターが解決の方向性を示すとともに、プライベートセクター（民）がその実施を一部リードできるようなインセンティブ（含む法制や税制の改定）を導入して、プライベートセクターにも解決策実施の中で大きな役割を果たしてもらうという変化はある。これはプライベートセクターが、実施においてスキルがあり、かつ資金ももっているからである。

⑥ESG投資を行っている投資家は、ESG投資をどう定義しているのか

筆者（本田）は、上述の調査・インタビューの中で、ESG投資をどのように定義しているかとたずねてみた。34％は、まだ明確に定義していない、という答えであった。残りの23社の定義の中で、筆者がうまくESG投資を表していると思うのが以下のものである。

> 「環境、社会、ガバナンスは非財務ファクターだが、リスクをマネージし事業拡大の機会を発掘するのに重要である」"Environmental, Social and Governance（ESG）factors are non-financial considerations that are important for stakeholders to keep in mind when assessing a company's performance, and can be used both to mitigate risk and unlock opportunities in an investment portfolio".

⑦ESG投資と、サステナブル投資、リスポンシブル投資、インパクト投資、社会責任投資、フィランソロピーは、同じものなのか、似て非なるものなのか

本書の主張は、ESG投資と、リスポンシブル投資、サステナブル投資、社会責任投資、インパクト投資は、投資の目的やリターンについての考え方に相違があるので、混同されるべきではない、ということである。さらに、フィランソロピーは似て非なるものである。各々について詳しくみていきたい。

まずは、最もESG投資と異なるものからみていこう。

　フィランソロピー：Merriam-Webster辞典によると、他の人々に対する善意、福祉を積極的に進めること（goodwill to fellow members of the human race especially：active effort to promote human welfare）[11]とある。金銭的なリターンを求めず、社会への貢献だけをめざすものである。

　次に取り上げるのは社会責任投資であるが、これは、ESG投資と思想的に異なる、と我々は考える。

　社会責任投資：ケンブリッジ大学のCambridge Institute for Sustainability Leadershipは、社会責任投資はEやSのクライテリアで投資先の選定を行う（Socially responsible investment（SRI）refers to approaches that apply social criteria and environmental criteria in evaluating companies）としている。また、S&Pは、社会責任投資は、EやSのクライテリアで投資先の選定を行うが、モラル倫理の価値観に沿うことが第一義であり、リターンは二義的（This strategy emphasizes financial returns as a secondary consideration after the investors' moral values have been accounted for in their decision-making.）としている[12]。このように、社会責任投資は、一定のモラルや倫理のもとでの投資であり、リターンはマーケットに劣っても構わない、という点で、ESG投資とは異なる。

　そして、EやSにおける社会的インパクトと投資リターンの両方を追求するのが、インパクト投資である。

　インパクト投資：インパクト投資は、この一連の中では珍しく、定義がしっかりしていたが、この10年強で変化がある。The Global Impact Investing Network（GIIN）は、2009年の設立時のプレスリリースでは、「インパクト投資では、社会や環境問題に関して、収益をだすことを目的とする投資を活用する」（Impact investing is the use of for-profit

---

11 Merriam-Webster.　https://www.merriam-webster.com/dictionary/philanthropy
12 S&P Global, (2020) "What is the Difference between ESG Investing and Socially Responsible Investing?".
　https://www.spglobal.com/en/research-insights/articles/what-is-the-difference-between-esg-investing-
　and-socially-responsible-investing

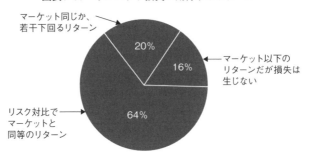

図表1-11　インパクト投資に期待するリターン

マーケット同じか、若干下回るリターン 20%

マーケット以下のリターンだが損失は生じない 16%

リスク対比でマーケットと同等のリターン 64%

出所：*FT*, (2018年9月19日) "Impact investors shoot for clearer goals".

investment to address social and environmental problems)[13] とした。2019年に、世界銀行グループのIFCは、インパクト投資を"定量化した社会的インパクトの達成を意図し、同時に金銭的リターンも追求"するような投資と定義した。2022年10月に、IFCはインパクト投資の原則に関する活動をGIINに移管した[14]。その後のGIINのインパクト投資の定義は、「金銭的リターンと測定可能なプラスの社会的・環境的インパクトを同時に生み出すことを意図する投資」(Impact investments are investments made with the intention to generate positive, measurable social and environmental impact alongside a financial return.)となっている。このように、社会的課題の解決とリターンの2つを主目的とするのがインパクト投資である。一部の投資についてはインパクト投資かつESG投資でもありうる。ただし、上記の定義の「Alongside a financial return」は、曖昧さを残している。インパクト投資においては、金銭的なリターンはあまり高くなくともよいとも解釈することもできる。しかし、GIINが229のインパクト投資家に対して行った調査[15]によると、6

13 GIIN, (2009) "New Industry Group Launched to Facilitate For-Profit Investing that Addresses Social and Environmental Challenges".
https://thegiin.org/assets/GIIN%20Launch%202009.pdf
14 GIIN, (2022) "GLOBAL IMPACT INVESTING NETWORK (GIIN) TO HOST THE IMPACT PRINCIPLES IN LATEST SIGN OF IMPACT INVESTING INDUSTRY CONSOLIDATION".
https://thegiin.org/assets/GIIN_News%20Release_Impact%20Principles_.pdf
15 Global Impact Investing Network, "How Do Impact Investments Perform Financially?".
https://thegiin.org/impact-investing/need-to-know/%23s2#how-do-impact-investments-perform-financially

割を超える投資家は、インパクト投資においてもリスク対比で市場並みのリターンを期待している（図表1-11参照）。リターンも社会的インパクトもと、よいことずくめの投資なのである。

　結果として、インパクト投資の規模は小さい。GIINによると、2021年末に、開発金融機関によるインパクト投資3,140億ドル（40兆8,200億円）も含めて、1兆1,670億ドル[16, 17]（151兆7,100億円）であった。ESG投資の欧・米・日・カナダ・オーストラリア・ニュージーランドで2020年末に35兆ドル（4,550兆円）と比べると桁が異なる規模である。

　次に、定義に幅があり、解釈が難しいのが、リスポンシブル投資とサステナブル投資である。これらは、ESG投資と同義に用いる人々が、パブリックセクターにもプライベートセクターにも、アカデミアにもいて、取り扱いが難しい。

　リスポンシブル投資：リスポンシブル投資（Responsible Investing）は、リターンを追求する投資だが、その定義には幅がある。

　PRIは、リスポンシブル投資を、投資の判断とアクティブオーナーシップにおいてESGファクターを織り込む投資戦略（The PRI defines responsible investment as a strategy and practice to incorporate environmental, social and governance（ESG）factors in investment decisions and active ownership）と定義している。

　一方で、ケンブリッジ大学のCambridge Institute for Sustainability Leadershipは、リスポンシブル投資を、ESGファクターや市場の長期的な健全性と安定を織り込むような投資（Responsible investment is an approach to investment that explicitly acknowledges the relevance to the investor of environmental, social and governance factors, and of the long-term health and stability of the market as a whole）[18]としている。また、Cambridge Institute for Sustainability Leadershipは、社

---

16 Hand,D., B. Rigel, A. Danel, （2022）"Sizing the Impact Investing Market 2022".
　https://thegiin.org/research/publication/impact-investing-market-size-2022/
17 ただし、開発金融機関による投資3,140億ドルを含む。
18 Cambridge Institute for Sustainability Leadership, "What is responsible investment?".
　https://www.cisl.cam.ac.uk/business-action/sustainable-finance/investment-leaders-group/what-is-responsible-investment

会責任投資もリスポンシブル投資に含まれるとしている。

　PRIの定義であればESG投資と同義だが、Cambridge Institute for Sustainability Leadershipの定義であれば、ESG投資の定義に加えて、市場の長期的な健全性と安定まで条件とするので、ESG投資よりも厳しい定義となる。

　リスポンシブル投資は、このように権威のある機関の定義に頼ることが難しい。そこで、リスポンシブル投資の定義を再考してみよう。最初に、リスポンシブル投資は何に責任をもつかを考える。1920年代後半に社会責任投資が先にできて、そこから社会がとれて、1930年代にリスポンシブル投資になったという経緯があるので、社会（全体）ではないだろう。株主に加えて顧客はもちろん、社員・取引先や属するソサエティ等のステークホルダーに責任をもつということではないか。しかし責任をもつというのは範囲が広い。「社員に責任をもつ」というのは、どこまでのことをいうのであろうか。職場の安全性確保、製品の安全性や社員の性別・国籍等で差別がない、といったことはESG投資の範囲であろう。一方、たとえば、「何があろうと雇用を定年まで約束する」はESG投資の範囲から逸脱する。あるいは、嗜好に習慣づけを行い糖類摂取の過多を引き起こすといわれる砂糖入り清涼飲料メーカーへの投資はリスポンシブルではないかもしれない。こう考えると、ESG投資とまったく同じとはいえない。

サステナブル投資：サステナブル投資（Sustainable Investing）もリターンを追求する投資であるが、その定義にも複数説がある。

　米国のESG投資家の団体であるUS SIF（The Forum for Sustainable and Responsible Investment）は、サステナブル投資を、「ESGクライテリアの投資における意味合いを考え、投資判断に織り込むような一連の投資戦略」（Sustainable investing refers to a range of strategies in which investors include environmental, social and corporate governance（ESG）criteria in investment decisions and investor

---

19 US SIF, "Sustainable Investing Basics".
https://www.ussif.org/sribasics

advocacy.)[19] と定義している。この定義であれば、インパクト投資と
ESG 投資の中間である。一方、ケンブリッジ大学の Cambridge
Institute for Sustainability Leadership は、「将来長期にわたって継続可
能なポートフォリオを構築する投資」としている。「その際に ESG ファ
クターを判断の軸として織り込むのであれば、ESG インテグレーショ
ン投資と同義になるが、将来を担う業界という切り口の投資であれば、
インテグレーション戦略とテーマ戦略の組み合わせである」ともいって
いる（Sustainable investment refers to portfolio composition based on
the selection of assets that can be defined in some way as being
sustainable or possible to continue into the long-term future. If the
criteria used are typical ESG issues, then sustainable investment is no
different from best in class or integration funds. But if the criteria are
defined in terms such as 'industries of the future' or 'net positive
business operations' the investment strategy may be thought of as an
advanced mix of thematic and integration approaches）。一方、サステ
ナブル投資はリスポンシブル投資の一部であるともいっている。

　US SIF の定義であれば、サステナブル投資は、ESG 投資に近いが、
インパクト投資的部分もある。Cambridge Institute for Sustainability
Leadership の定義では ESG 投資との関連がはっきりしない。どちらが
一般的かは確認ができなかった。

　ここも定義について再考してみよう。ESG 投資は、ESG といった非財務
ファクターを投資の判断に織り込む ESG インテグレーションが実際には多
く、長期的なリターンをめざす。ESG を考慮に入れるので、社会課題の改
善は副産物としてはあるかもしれないが、それを直接はめざしてはいない。
一方、サステナブル投資は、経済社会活動が長期に維持可能となることをめ
ざしており、結果として社会にインパクトを与える可能性が高いと考えられ
る。その意味で、ESG 投資とインパクト投資の中間といえる。

　以上のように、ESG 投資、サステナブル投資、リスポンシブル投資、イ
ンパクト投資、社会責任投資、フィランソロピーをまとめると図表 1-12 の

図表1-12　ESG投資・リスポンシブル投資・サステナブル投資・インパクト投資・社会責任投資・フィランソロピーの比較

	第一義的な目的	めざすリターン	E・S等の課題解決の目標	規模
ESG投資	ESG等の非財務ファクターを織り込みリスク低減・リターン向上	60%の投資家は市場リターン以上	明確な目標なし	31兆ドル以上
サステナブル投資	ESG投資とインパクト投資の中間	リターンは必要	不明確	NA
リスポンシブル投資	ESGファクターと市場の長期的な健全性と安定を織り込む。社会責任投資も含む?	リターンは必要	不明確	NA
インパクト投資	E・S等の社会課題の解決とリターンの双方をめざす	64%の投資家は市場リターン以上	目標あり	0.7兆ドル以上
社会責任投資	モラル・倫理的な価値観に沿う投資	リターンは必要	モラル等に則した目標設定	NA
フィランソロピー	福祉の推進	リターン求めない	目標あり	NA

出所：IFC, GIIN, Cambridge Institute for Sustainability Leadership, PRI, S&P, Merriam-Webster, Global Sustainable Investment Alliance - GSIA（Eurosif, RIAA, RIA Canada, UK SIF, US SIF,VBDO,日本サステナブル投資フォーラム）等の資料から筆者(本田)独自調査。

ようになる。

　本章ではESG投資の定義を行った後に、それをサステナブル投資、リスポンシブル投資、インパクト投資、社会責任投資、フィランソロピーと比較することで、ESG投資をより深く理解することを意図した。

　ESG投資が、ESGのような非財務ファクターを織り込むことでリスク対比でより高いリターンをめざし、ESといった分野の社会課題の解決を副産物とするのに対し、インパクト投資は社会課題の解決とリターン向上の双方をめざし、フィランソロピーはリターンを不要としたうえで社会課題の解決をめざしている。一方、社会責任投資は、社会の課題よりも、モラル・倫理的価値観に沿う投資である。サステナブル投資とリスポンシブル投資については、ESG投資と近い定義も、異なる定義もある。

　ただし、後述の我々の調査からは、多くの投資家がESG投資に市場リターン以上のリターンを求めていることがわかる。本書では投資家がESG投資においては市場リターンを超えるリターンをめざすと定義しているが、一般の理解には広がっていない。一方、サステナブル投資とリスポンシブル投

図表1-13　ESG投資・サステナブル投資・リスポンシブル投資・インパクト投資・フィランソロピーの位置づけ

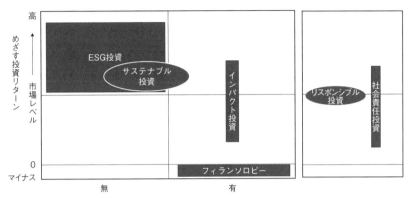

出所：筆者（伊藤・本田）作成

資は、リターンは必要というものの、それが市場リターン以上なのか、以下でも甘受するのかについて、明確にしていない議論がほとんどである。リスポンシブル投資は、誰に対して責任をもつかという問題はあるが、一定の価値観のもとでの責任達成と投資リターンの双方をめざすような投資と考えられる。一方、サステナブル投資は、国連加盟の193カ国が批准した、169のターゲットと231の指標をもつSDGsの達成をめざすような投資を意味していることが多い。ESG投資とインパクト投資の中間なのではないか。これらの関係をイメージとして表したのが図表1-13である。

⑧ESG投資は新しい概念か

　ESG投資という言葉自体は新しいが、社会責任投資は実は100年ほど前から存在した。図表1-14に示したように、ビジネスワイヤの記事やアムンディのウェブサイトによると、1928年に米国のパイオニアファンド（現在はアムンディの一部）が、ギャンブル・武器・酒・たばこの製造販売に従事する企業を投資対象から除外するエクスクルージョン戦略をとったのが最初とされる[20, 21, 22]。しかしこれは、モラル・倫理的な観点を投資にもち込んだものであり、ESG投資ではない。

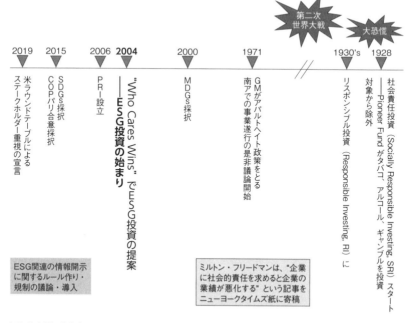

図表1-14　ESG投資等の歴史

| 第二次世界大戦 | | 大恐慌 |

| 2019 | 2015 | 2006 | **2004** | 2000 | 1971 | | 1930's | 1928 |

- 2019 米ラウンドテーブルによるステークホルダー重視の宣言
- 2015 SDGs採択 COPパリ合意採択
- 2006 PRI設立
- **2004 "Who Cares Wins" でESG投資の提案 ― ESG投資の始まり**
- 2000 MDGs採択
- 1971 GMがアパルトヘイト政策をとる南アでの事業遂行の是非議論開始
- 1930's リスポンシブル投資 (Responsible Investing, RI) に
- 1928 社会責任投資 (Socially Responsible Investing, SRI) スタート　Pioneer Fund がタバコ、アルコール、ギャンブルを投資対象から除外

ESG関連の情報開示に関するルール作り・規制の議論・導入

ミルトン・フリードマンは、"企業に社会的責任を求めると企業の業績が悪化する" という記事をニューヨークタイムズ紙に寄稿

出所：筆者（本田）作成

　第2次世界大戦前後にはあまり動きがなかったが、1971年に、GM（ゼネラルモーターズ）の取締役会は、アパルトヘイト策をとっていた南アフリカに関して、南アフリカ事業継続の是非について人権の観点から疑義を呈した。これは、米国政府が1986年にComprehensive Anti-Apartheid Actを制定[23]するより前で、さらに国連が1974年に南アフリカからの信任状を受け取らないという決議をするよりも前であった。そして、GMは、1986年に南

20 Businesswire, (2018) "Amundi Pioneer Expands ESG Focus with Enhanced Screening in Two Funds", June 4, 2018.
https://www.businesswire.com/news/home/20180604006189/en/Amundi-Pioneer-Expands-ESG-Focus-with-Enhanced-Screening-in-Two-Funds
21 https://www.amundi.com/usinvestors/Local-Content/Product-Pages/Pioneer-Fund/Pioneer-Fund
22 アムンディジャパン編，(2018)「社会を変える投資 ESG 入門」日本経済新聞出版社 アムンディジャパン編，(2021)「ESG 入門 新版　経営、投資での実装」日本経済新聞出版。
23 US Congress, (1986) " Comprehensive Anti-Apartheid Act of 1986".
https://www.congress.gov/bill/99th-congress/house-bill/4868

アフリカから事業を売却し撤退した[24]。これは人種差別という人権侵害に対して、国際社会が疑義を投げかけ、法律改正に至るよりも前に、ESGの観点からGMという一企業の取締役会が行動を起こした例である。南アフリカからの撤退は、GMにとどまらず、大学基金の南アフリカ資産の売却など[25]社会的広がりをみせ、南アフリカがアパルトヘイト政策をやめることの一因にもなった。

　一方、1970年に経済学者のミルトン・フリードマン教授は、ニューヨークタイムズ紙に、「企業の社会的な責任は利益増大である」（The Social Responsibility of Business is to Increase Its Profits）という寄稿を行った。これはフリードマン・ドクトリンとよばれる[26]。経営者は株主の代理人（エージェント）であるとし、社会的責任を負うのはおかしいとした。これは大きな反響をよび、多くの支持者を集めた（詳しくは第12章参照）。この提言もあり、社会的責任投資は存在し続けたものの、あまり大きくはならなかった。

　その後かなり時間がたった2000年に、アナン国連事務総長（当時）が提唱したグローバル・コンパクト（各企業・団体が責任ある創造的なリーダーシップを発揮することによって、社会のよき一員として行動し、持続可能な成長を実現するための世界的な枠組みづくりに参加する自発的な取り組み）に企業が参画し始めた。そして、彼のリーダーシップのもと、国連とスイスの外務省は、2004年に、"Who Cares Wins：Connecting Financial Markets to a Changing World. Recommendations by the financial industry to better integrate environmental, social and governance issues in analysis, asset management and securities brokerage" というレポートで、環境・社会・ガバナンスファクターを資産運用・証券等の事業にどう織り込んでいくかをア

---

24 NY Times, (October 21, 1986) "G.M. PLANS TO SELL SOUTH AFRICA UNIT TO A LOCAL GROUP".
　　https://www.nytimes.com/1986/10/21/business/gm-plans-to-sell-south-africa-unit-to-a-local-group.html
　　「南アフリカとアパルトヘイト」　国連広報センター。
　　https://www.unic.or.jp/files/print_archive/pdf/apartheid/apartheid_9.pdf
25 ハーバード大学でも、学生による資産売却を要求してキャンパス内で抗議活動が活発になった。
　　https://www.thecrimson.com/article/2012/5/23/Protest-Divestment-Apartheid/
26 Friedman, Milton, (1970) "A Friedman Doctrine- The Social Responsibility of Business Is to Increase Profits", New York Times, September 13, Section SM, Pages 17.
　　https://www.nytimes.com/1970/09/13/archives/a-friedman-doctrine-the-social-responsibility-of-business-is-to.html

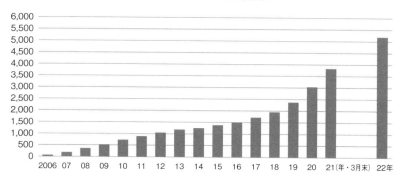

図表1-15　PRI—賛同団体数

出所：PRI"Signatory Resources, Quarterly signatory update".
https://www.unpri.org/signatories/signatory-resources/quarterly-signatory-update

クサ、BNPパリバ、ドイツ銀行、ゴールドマン・サックス、HSBC、モルガ
ン・スタンレー、UBS等金融機関20社の賛同のもとで出したことは、すで
に説明したとおりである。本書では、これがEGS投資の始まりと、定義す
る。多くの記事では、ESGを最初に言い出した人は誰か不明、とされてい
るが、本書での発見では、アナン国連事務総長（当時）であるといえる。

　ESG投資は、投資の1つの方法でありながら、その始まりには国際機関で
ある国連に加えて、スイス政府と欧米等の民間金融機関がかかわっている。
もちろん当初は、国連とスイス政府は、投資家や民間金融機関による社会課
題の解決を意図したのであろうし、民間金融機関は、自らの存在意義をふま
え、できることとできないことを明確に提示した。

　これをきっかけに前出のPRIという団体が、2006年に設置された。PRIは
国連がサポートしているが、国連機関ではなく、独立した団体である。PRI
へ賛同する団体は前出の原則に賛同するということになる。PRIへの賛同団
体は大きく増えており、2022年末で5,319団体[27]となった（図表1-15参照）。

　また、PRI賛同団体の運用資産合計額も大きな伸びをみせ、PRI設立年の
2006年の6.5兆ドルから、2015年には59兆ドル、2021年3月末には121兆ド
ルになっている。2006年から2021年にかけて、年平均21.5%というハイペ

---

27 https://www.unpri.org/signatories/signatory-resources/quarterly-signatory-update

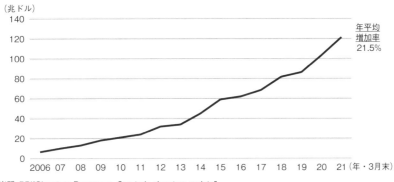

図表1-16　PRI―賛同団体の運用資産合計

（兆ドル）

出所：PRI"Signatory Resources, Quarterly signatory update".

図表1-17　PRI―賛同団体の主な本拠地（2022年9月30日現在）

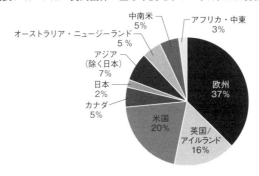

出所：PRI"Signatory Resources, Quarterly signatory update".

ースで増加している（図表1-16参照）。ただし、アセットオーナーが資産運用会社に運用委託をしている分がダブルカウントされているので、121兆ドルを、世界の資産運用額と比較はできない。

　また、賛同団体の国籍をみると、2022年9月時点では、欧州と英国の企業が53％、米国が20％と欧州主導である。日本はまだ2％しかない（図表1-17参照）。

　PRIの参加条件としては、法的な拘束力はもたないが、PRIの定型フォーマットのかなり詳細なレポートの提出が義務づけられており、それが公開されている。なお、レポートからESG投資家として不適切とされた団体がPRI

から除名されるということが2020年にはおきているし[28]、自ら加盟を取り消す投資もある[29]。PRIは、現在レポートの内容を見直しているが、PRIがESG投資に及ぼす影響力は大きかった。

　また、2018年8月に、米国のビジネスラウンドテーブル[30]（日本の経団連や経済同友会のような経済団体）加盟のCEOの多数は、株主重視から、ステークホルダーも考慮に入れた経営への転換の提言（Business Roundtable Redefines the Purpose of a Corporation to Promote 'An Economy That Serves All Americans'）を行った。これは、多くの人に驚きをもって迎えられた。米国の主要紙に加えて、フィナンシャル・タイムズ[31]や日経[32]でも取り上げられた。この提言は社会の企業に対する期待を変えており、ESG投資の隆盛にも影響を与えている。

＊　＊　＊

　以上のような検討をふまえて、本書では、ESG投資は、本章の中で定義したように、非財務ファクターを考慮することで、リターンを向上させることを強調した。一方、ESG投資の普及で、多くの企業が自らE（環境）やS（社会）が与える影響を直視し、それが長期的には世界の社会課題の改善につながると考える。

　しかし、ESG投資により多くを求める人は多い。それは、インパクト投資やリスポンシブル投資を混同している面もある。ESG投資に対する期待が異なるために、ESGウォッシングの議論が出てくる。そして、第7章で述べるように、ESG投資に対して、投資家と国際機関やNGO・NPOの間で同床異夢状態になっている。

28　PRI, "Signatories delisted for not meeting minimum requirements".
　　https://www.unpri.org/reporting-and-assessment/signatories-delisted-for-not-meeting-the-minimum-requirements/6480.article
29　PRI,（2022）"2022 Annual Report".
　　https://unpri.org/annual-report-2022
30　ビジネスラウンドテーブル ,（2019）"Our Commitment".
　　https://system.businessroundtable.org/app/uploads/sites/5/2023/02/WSJ_BRT_POC_Ad.pdf
31　フィナンシャル・タイムズ Financial Times,（2019 年 8 月 19 日）。"Group of US corporate leaders ditches shareholder-first mantra".
32　日本経済新聞（2019 年 8 月 20 日）「米経済界『株主第一主義見直し』従業員配慮を宣言」。

第2章

投資が拡大してきた背景

　全世界でESG投資として運用されている資産総額についての、厳密な調査はまだない。ただ、それに一番近いと思われる調査はある。グローバル・サステナブル・インベストメント・アライアンス（Global Sustainable Investment Alliance, GSIA[1]）が、欧・米・日・カナダ・オーストラリア・ニュージーランドの6カ国・地域で加盟の投資家から集計したデータである[2]。投資について次のように分類している。ESGインテグレーション投資、ネガティブスクリーニング、企業とのエンゲージメントおよび株主提案、国際規範に基づくスクリーニング、テーマ型、ポジティブスクリーニング、インパクト投資である。複数の区分けにまたがる投資があるので、重複カウントがあるが、ESGインテグレーションが全体の71%、ネガティブスクリーニングが42%など、過半がESG投資である。この6カ国・地域以外でもESG投資は行われているが、それらは把握できていない。そして、各国・地域、ないしは各加盟団体の定義による分類である。フランスなど国によっては定義の見直しが途中で行われており、必ずしも厳密に比較できる数字ではないが、この数値でESG投資がおおよそどの程度の規模なのか、ESG投資の浸透度合いはどの程度か、そしてどのような地域差があるのかをみてみた。

1　Eurosif（The European Sustainable Investment Forum）、日本サステナブル投資フォーラム（Japan Sustainable Investment Forum, JSIF）、RIAA（Responsible Investment Association Australasia）、RIA Canada（Responsible Investment Association Canada）、UK SIF（UK Sustainable Investment and Finance Association）、US SIF（US SIF:The Forum for Sustainable and Responsible Investment）、VBDO（Dutch Association of Investors for Sustainable Development）がメンバー。
2　GSIA,"Global Sustainable Investment Review 2020".
　http://www.gsi-alliance.org/wp-content/uploads/2021/08/GSIR-20201.pdf

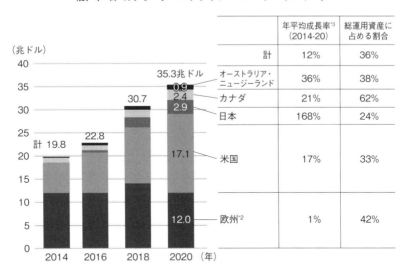

図表2-1　ESG投資を主とするサステナブル投資運用残高
（欧・米・日・カナダ・オーストラリア・ニュージーランド[*1]）

	年平均成長率[*3]（2014-20）	総運用資産に占める割合
計	12%	36%
オーストラリア・ニュージーランド	36%	38%
カナダ	21%	62%
日本	168%	24%
米国	17%	33%
欧州[*2]	1%	42%

注1:ESGインテグレーション投資・ネガティブスクリーニング・企業とのエンゲージメントおよび株主提案・国際規範に基づくスクリーニング・テーマ型・ポジティブスクリーニング・インパクト投資の7つの戦略にそって行っているもの。しかし、詳細は地域により異なる。
注2:欧州は、2020年から、European Sustainable Finance Action Planに基づきESG投資の定義を変更。
注3:各国通貨ベース。
出所:GSIA、（2020）"Global Sustainable Investment Review 2020"

　この調査によると、ESG投資を中心とするサステナブル投資の総額は、2019年12月末（日本は2020年3月末）に35兆3,000億米ドル（約4,589兆円[3]）に達していた。6カ国・地域の総運用資産全体の36%と3分の1を超えた。ESG投資は新種の投資でニッチというわけではもうない。

　投資総額の変化をみてみよう。図表2-1に示されているように、現地通貨ベースで、2014年から年平均で12%と非常に速いペースで増加している。

　日本における投資運用資産額は、2020年3月末には310兆円（上記GSIAにも参画している日本サステナブル投資フォーラムによる会員調査[4]）に、2022年3月末には493兆円[5]に達したが、全運用資産に占める比率は比較で

3　本書では、1ドル=130円の為替レートを使用。
4　日本サステナブル投資フォーラム、（2020）「日本サステナブル投資白書 2020」.p.3.
　　https://japansif.com/wp2020free.pdf
5　日本サステナブル投資フォーラム、（2022）「サステナブル投資残高調査 2022 結果速報」。
　　https://japansif.com/archives/2389

きる2020年末（日本は2020年度末の21年3月末）で、欧州（42%）、米国（33%）と比較して24%とまだ低い。本投資の浸透は、カナダで最も高く全運用資産の62%、オーストラリアとニュージーランドでは38%であるので、日本がこの6カ国・地域では一番低い。しかし、日本は、2014年から20年の年平均成長率（円ベース）が168%と他国・地域と比べて突出して高い。この高成長は、年金積立金管理運用独立行政法人（Government Pension Investment Fund, GPIF）がESG投資にのりだしたことが大きな要因である。

　第1章で、ESG投資残高やESG投資という言葉の検索が急増し始めたのは、2015年頃であると述べた。2015年は、世界的な大きな出来事が2つあり、これがESG投資の拡大の原因と考える。

　まず、2015年の9月に、国連がSDGsを採択した。世界中の国がサステナブルな地球にむけての努力を行うことに合意した。序章で述べたように、ESGとSDGsは、本質的には別の目的や内容をもった概念ではあるものの、環境や社会についてはオーバーラップもあることから、多くの世代、特にこれからの平均余命が長い若い世代の関心を大いに喚起した。そして、MDGsのときと異なり、多くの民間企業や民間金融機関が、この内容の最終合意にむけて会議が行われたエチオピアのアジスアベバにその夏集結していたのを、筆者（本田）は覚えている。SDGsは、MDGsに比べても非常に意欲的で志の高い目標であるが、そこに民間金融機関や投資家も賛同を強く表明したのである。そして、SDGs目標13の「気候変動に具体的な対策を」が入った。

　その後、2015年11月のCOP21では、パリ協定[6]が採択された。それまでの世界的枠組みである京都議定書（Kyoto Protocol）は、最大の温室効果ガス排出国である米国は不参加、中国をはじめとする途上国も不参加であったので、気候変動問題の解決にむけての明確な道筋が描けていなかった。一方、パリ協定には、189カ国（温室効果ガス排出量の96.98%をカバー）が批准しており、京都議定書に代わる、新たな国際的な枠組みの制定となった。パリ協定の主要な合意事項は、以下の通りである。

　　• 気温上昇を2度に抑えることを世界共通の長期目標として設定。1.5度

6　Ministere de l'Europe et des Affaires Etrangeres, "COP21, The Key Points of Paris Agreement".
　https://www.diplomatie.gouv.fr/en/french-foreign-policy/climate-and-environment/the-fight-against-
　climate-change/2015-paris-climate-conference-cop21/cop21-the-paris-agreement-in-four-key-points/

に抑える努力を追求すること。
- 主要排出国を含むすべての国が温室効果ガス排出削減目標を5年ごとに提出・更新すること。
- すべての国が共通かつ柔軟な方法で実施状況を報告し、レビューを受けること。
- 適応の長期目標の設定、各国の適応計画プロセスや行動の実施、適応報告書の提出と定期的更新。
- イノベーションの重要性の位置づけ。
- 5年ごとに世界全体としての実施状況を検討する仕組み（グローバル・ストックテイク）。
- 先進国による資金の提供。これに加えて、途上国も自主的に資金を提供すること。
- 二国間クレジット制度（JCM）も含めた市場メカニズムの活用[7]。

　このように、パリ協定には先進国、途上国を含めて、ほとんどすべての国が参加したことで、一気に気候変動への関心が高まった。各国の温室効果ガス削減目標の掲示、温室効果ガス排出のためのさまざまな政策がとられるようになった。

　筆者（本田）は、パリ協定が採択に至ったCOP21に参加していたが、日本の河野太郎外務大臣（当時）をはじめとして多くの国の閣僚がパリに集い、この合意がなされた会場で、国際的に気候変動の解決にむかって多くの国が前向きであるのに、感慨をもった。

　年金基金は、退職者から預かっている資産が、退職者の利益を最大にするように運用する、という受託者責任（fiduciary duty）を負っている。米国の場合、労働省（Department of Labor）が受託者の責任を規定している。

　米国では伝統的に、年金基金はリスク対比のリターンを最大化することが受託者責任であると考えられていたので、ESG投資が受託者責任に反するのではないか、という議論が根強くあった。米国の多くの年金基金ではESG投資に及び腰だったといえる。特に、米労働省が規定する、従業員退職

7　日本語訳は、外務省「2020年以降の枠組み：パリ協定」より。
https://www.mofa.go.jp/mofaj/ic/ch/page1w_000119.html

所得保障法（ERISA：Employee Retirement Income Security Act of 1974）は、企業年金制度や福利厚生制度の設計や運営を統一的に規定している。リターンの低い投資はこの法律に違反するのではないか、という見解があった。

2015年2月23日に、当時のオバマ大統領は、「運用では、退職者（受益者）の利益を最大限考慮するよう指示した」とスピーチをした[8]。当たり前のような発言だが、退職者の利益には、持続可能な社会の維持（が企業収益にインパクトをもたらすこと）も含まれると考えると、これはESG投資への可能性を示唆しているといえる。

これを受けて、米労働省は、見直しに着手、2015年10月26日に、ERISA法の改訂を行った。そこで、受託者責任の中に、経済目標型投資（Economically Targeted Investments（ETIs））を認めることを明示した。経済目標型投資とは、投資のリターンとならんで、経済的利益を享受できると理解されるとした（ETIs are generally defined as investments that are selected for the economic benefits they create in addition to the investment return to the employee benefit plan investor）。より具体的には、ESG投資を含む投資をあげている（Socially responsible investing, sustainable and responsible investing, environmental, social and governance（ESG）investing, impact investing, and economically targeted investing（ETI））。この2015年のERISA法改正が、米国で、ESG投資が受託者責任に反しない、とする最初の大きなステップとなった。このあとは、年金基金が、自分の判断で、ESG投資を行えるようになった。米国労働省は2021年10月3日には、より明示的に企業年金について、投資収益だけでなくESG要因も考慮して投資先を選択できると発表した[9]。

2015年以降の世界的なESG投資の高まりは、パリ協定の締結に触発され

---

8 "Today, I'm calling on the Department of Labor to update the rules and requirements that retirement advisors put the best interests of their clients above their own financial interests. It's a very simple principle: You want to give financial advice, you've got to put your client's interests first". the White House President Barack Obama, （2015）"Remarks by the President at AARP".
   https://obamawhitehouse.archives.gov/the-press-office/2015/02/23/remarks-president-aarp
9 US Department of Labor, （2021）"US DEPARTMENT OF LABOR PROPOSES RULE TO REMOVE BARRIERS TO CONSIDERING ENVIRONMENTAL, SOCIAL, GOVERNANCE FACTORS IN PLAN MANAGEMENT".
   https://dol.gov/newsroom/releases/ebsa/ebsa20211013

たZ世代の活動が大きい。また米国ではERISA法改正により年金基金の受託者責任の明確化が大きかった。

　温暖化については、たとえば、日本では台風シーズンに頻発する洪水被害の激化などから、外国では大規模な山火事——米国カリフォルニア州（Fried他（2004））、カナダ（Flannigan他（1991）、南欧（Lozano他（2016）など——から地球温暖化を含む気候変動の影響が多くの人々に生活の中でははっきりと認識されるようになってきた。人権尊重についても、米国・アジアなど多くの国や地域で指摘されるようになった。加えて、女性活躍やコーポレートガバナンスにおける課題についても、日本はおいてすらその対策の実施が始まったことが大きい。

　気候変動については、Fried, Torn and Mills（2004）には、二酸化炭素濃度が2倍になると、明確に温暖化の影響が表れ、米国のカリフォルニア州の北部では、山火事が起きやすくなると書かれている。本書を執筆しているのは2023年2月なので、この論文はその18年前に出版されているわけである。カリフォルニア州の山火事は、ここ数年毎年記事になっている。そして、やっと多くの人に、気候変動が人類の社会経済活動（特に化石燃料の燃焼）により起きているという合意が形成されるようになった。

　そのため、1992年に採択された国連気候変動枠組条約の批准国が、温室効果ガス排出削減策などを議論するCOP[10]を1995年から毎年開催してきた。京都議定書が策定されたのは、京都でCOP3が開催された1997年なので、25年、四半世紀も前のことになる。それが2015年のパリ協定へとつながっていく。

　ところが、最近になって、気候変動の進捗スピードが以前の予測より速くなっていることがわかってきた。2021年に、IPCC（気候変動に関する政府間パネル、Intergovernmental Panel on Climate Change）の第6次評価報告書第1作業部会報告書[11]によると、2011-20年の世界の気温は、1850-1900年比ですでに1度以上上昇しており、過去2000年間で例のない高レベルであ

10　United Nations Climate Change（UNCC）, "Conference of the Parties（COP）".
　　https://unfccc.int/process/bodies/supreme-bodies/conference-of-the-parties-cop
11　IPCC,（2021）"AR6 Climate Change 2021:The Physical Science Basis", IPCC, 2021.
　　https://www.ipcc.ch/report/ar6/wg1/

る。そのため大雨や干ばつが増加している。加えて、世界平均気温は、この報告書で考慮したすべての排出シナリオにおいて、少なくとも今世紀半ばまでは上昇を続け、むこう数十年の間に二酸化炭素およびその他の温室効果ガスの排出が大幅に減少しない限り、21世紀中に、地球温暖化は1.5〜2度を超える[12]、というのである。

　気候変動（温暖化）の進行を確認した主要国が、気候変動の対策目標を再公表した。日本は2050年までのカーボンニュートラルを2020年に菅義偉総理（当時）が宣言し、2030年に2013年比46％削減をめざすとしている[13]。

　経済産業省が2020年12月に公表した「2050年カーボンニュートラルを巡る国内外の動き」[14]によると、各国の発表した目標は下記の通りである。

- 米国：2050年までに温室効果ガス排出ネットゼロ
- 欧州：2050年にカーボンニュートラル、2030年に1990年比少なくとも33％減
- 英国：2050年に1990年比100％減、2030年に1990年比少なくとも68％減
- 中国：2060年にカーボンニュートラル
- ロシア：2060年にカーボンニュートラル
- インド：2070年にカーボンニュートラル

この目標達成にむけてさまざまな政策が次々と立案されている。一部の国での炭素税導入といった国内政策の変更のみならず、国境炭素税の導入、企業の環境関連の情報開示の促進など、国をまたぐ施策も導入が検討されている。

　一方、人権についても関心が高まっている。企業は自社の社員に加えてサプライチェーン上の企業の従業員の取り扱いまで、きちんと調査して問題が

---

12 国土交通省, 気象庁, （2021）, 「IPCC 第6次評価報告書 第1作業部会報告書 気候変動2021：政策決定者向け要約」。
　　https://www.data.jma.go.jp/cpdinfo/ipcc/ar6/IPCC_AR6_WGI_SPM_JP.pdf
13 地球温暖化対策推進本部、「国のNDC- Nationally Determined Contribution（国が決定する貢献）」、2021年10月22日。
　　https://www.mofa.go.jp/mofaj/files/100285591.pdf
14 経済産業省, （2020）「2050年カーボンニュートラルを巡る国内外の動き」。
　　https://www.meti.go.jp/shingikai/sankoshin/sangyo_gijyutsu/chikyu_kankyo/ondanka_wg/pdf/002_03_00.pdf

ないことを確認する必要が出てきた。

　また、気候変動は大きなリスクだが、それだけが世界にとってのリスクではない。ダボス会議を主催する世界経済フォーラムは、「グローバルリスクレポート」[15]を毎年公表して、そこでインパクトの大きい世界のリスクランキングを出している（図表2-2参照）。2023年1月に出されたレポートでは、今後10年のリスクのトップ3は、気候変動関連であった。バイオダイバーシティなども指摘されており、世界の課題であることは間違いない。また、こうやって指摘もされているので、企業でもそれにむけてきちんと準備しているところと、それができていないところがあるはずである。

　江川雅子教授の『現代コーポレートガバナンス：戦略・制度・市場』（江川（2018））によると、「1980年代から90年代にかけて、世界の資本市場の自由化・国際化が進み、機関投資家が物言う株主として台頭した。米国、英国などが先導する形で、各国でコーポレートガバナンス改革が進み、それを受けて、日本でも1990年代からコーポレートガバナンスへの関心が高まった」としている。そのため、ガバナンスの巧拙をどう企業価値に反映するかをしっかり吟味する必要が出てきた。

　また、多国籍企業等のアグレッシブな節税についても議論が高まってきた。政府は常に税収を増やすための検討に余念がない。昨今の株式市場の上昇は、MAMAA（GAFAM）[16]などの多国籍IT企業が牽引した。その一部には、アグレッシブな節税をし、実効税率が非常に低い企業がある。公平性の議論からも課税を望む国民の声が出ている[17]。

　法人税率が先進国間で大きく異なると、法人税率の低い国へ直接投資をする企業が増えてくる。そうすると、大企業を誘致しようとして、各国は次第に、法人税率引き下げ競争に巻き込まれることになる。

　そこで、2021年7月に、G20で法人税の最低税率を15%とすることが合意

15　World Economic Forum,（2023）"The Global Risks Report 2023".
　　https://www.weforum.org/reports/global-risks-report-2023/
16　Google、Amazon、Facebook、Apple、Microsoftの5社をかつてはGAFAMとよんでいたが、Googleが Alphabetに、FacebookがMetaに社名変更を行い、Microsoft、Amazon、Meta、Alphabet、Appleの頭文字をとって「MAMAA」とも呼ばれるようになった。
17　"EXPLAINER: Curbing tax avoidance by multinational companies", AP news, June 4, 2021.
　　https://apnews.com/article/donald-trump-europe-health-coronavirus-pandemic-business-1ad0c2e08fc61 4f06ce83aca9b34ae84

	今後 2 年間	リスク カテゴリー		今後 10 年間	リスク カテゴリー
1	生活費の上昇	社会	1	気候変動緩和の失敗	環境
2	異常気象と自然災害	環境	2	気候変動への適応不備	環境
3	地政学的対立	地政学	3	異常気象と自然災害	環境
4	気候変動緩和の失敗	環境	4	バイオダイバーシティの破壊	環境
5	社会の一体感の後退と社会的分断	社会	5	大規模難民の発生	社会
6	大規模な環境破壊	環境	6	自然破壊	環境
7	気候変動への適応不備	環境	7	社会の一体感の後退と社会的分断	社会
8	大規模なサイバー犯罪とサイバー不信	技術	8	大規模なサイバー犯罪とサイバー不信	技術
9	自然破壊	環境	9	地政学的対立	地政学
10	大規模難民の発生	社会	10	大規模な環境破壊	環境

出所：世界経済フォーラム、(2023)「Global Risk Report 2023」.

された。それまで、この動きに反対していたアイルランドも最低税率導入を支持した。実効税率の上昇は、企業価値評価に、ひいては株価に大きな影響を与える。後述するが、運用会社の一部にはこれに着目しているところもある。

　また、社会課題の顕在化の中で、ミレニアル世代を中心に企業に対する期待は、単なる商品・サービス提供者や雇用主以上のものとなってきている。ミレニアル世代（フォーブスによると1981-95年生まれ）やＺ世代（フォーブスによると1996-2010年生まれ）などの人々を中心に、企業に求めるものが、商品やサービスの質・対価としての適切な価格・雇用と報酬に加えて、人権や環境の尊重などに拡大している。顧客としての製品・サービスの購入や就職先選定において、気候変動適応や人権尊重の程度が基準の1つになってきているのである。また、ミレニアル・Ｚ世代の要求で、一部政府はサプライチェーン上の人権についても調査し、疑問がある場合には輸入を差し止める[18]ということも始めている。

　我々を取り巻く環境が大きく変化している。気候変動や人権、さらに最低税率や疫病についてもミレニアルやＺ世代は敏感だ。ガバナンスはもちろんのこと、ミレニアルやＺ世代が意識する社会問題全般にしっかり注意が払える企業でないと生き残れない。

18　ファーストリテイリング「米国における製品輸入差し止めに関する報道について」。
　　https://www.fastretailing.com/jp/sustainability/news/2105251100.html

＊　＊　＊

　ESG投資は、2004年提唱後しばらくは大きな動きとならなかった。とこ
ろが、2015年のSDGsの採択、パリ協定の採択、そしてそれを受けたミレニ
アル・Z世代を中心とした気候変動の重要性増加や社会課題の解決に関する
意識の高まりの中で、拡大してきたのである。

第3章

ESG投資の対象

　代表的な資産クラスである、株式、債券、投信、ヘッジファンド、プライベートエクイティ・ファンド、不動産のすべてにおいてESG投資を行うことができるし、実際行われている。

　その中で、比較的最近脚光をあびるようになったのが、ESG金融商品ともいえるグリーンボンドをはじめとするサステナビリティボンドやESGを冠する投信やファンドである。その中でも、グリーンボンドは、2008年から発行されており、定義が比較的はっきりして、認証機関もある。それでも複数の定義がある。ESG投信のほうは、はっきりした定義がない。ESG投資の定義がはっきりしないというのは、投資家にその判断が任されているということである。機関投資家であれば、きちんとESG投資を理解して投資することもできると思われる。一方で、個人投資家にそれを求めることは難しいのではないか。これが混乱をよんでいる。中には、業界別にみてマテリアルなファクターの検討をせず、競合企業同士の比較可能なデータもとれていないといった金融商品もある。投資家の中にはESG投信を社会課題解決のための金融商品だと誤解していて購入するものの、期待するようなインパクトがえられないこともある。ESG投資を社会課題の解決のための投資と誤解する投資家からは、社会課題の解決に直接つながらない投信等についてESGウォッシングだとする声が上がる。しかし、前にも述べたように、ESG投資は、ESGといった非財務ファクターを投資判断に織り込み、リスク対比投資リターンの向上をめざした投資であり、社会課題の解決や改善は、あ

くまでも副産物である。加えて、ESGのカバーする分野は大変広く、気候変動対策に優れた企業が必ずしもダイバーシティに優れていない、ということもある。したがって、ESGファクターを織り込んで投資判断をきちんと行っているのに、ESGウォッシングの汚名を着せられることがある。これは、問題であると考える。また、EUはサステナブルファイナンス開示規制（The EU Sustainability Finance Disclosure Regulation, SFDR）で、資産運用商品を3つに分類して、必要な情報開示量に差をつけることで、サステナブル投資運用商品とは何かをコントロールしようとしている。SFDRは、2019年に採択され、2021年3月より部分適用されている[1]。なお、SFDRではESG運用商品を規定しているわけではない。

　まずはESG投資の対象となるアセットクラスからみていこう。一般的に、投資には大きく分けて、個別銘柄を選択するアクティブ投資戦略と、インデックス連動で自動的に分散投資をするパッシブ戦略と、プライベートエクイティやヘッジファンドにより運用されるオルタナティブ投資の3種類がある。株式、債券、マネーマーケット・ファンド含む投資信託、ヘッジファンドやプライベートエクイティ・ファンドについては、どれにどの程度の資産が運用されているかを2003年から2020年までみてみよう。ボストンコンサルティンググループの「Global Asset Management 2022, 20th Edition, From Tailwinds to Turbulence」の調査レポートによると、運用資産に占める割合の中で大きく増えているのが、この16年間に運用資産に占める割合を約2.3倍にしたパッシブ投資と、1.6倍になったオルタナティブ投資である。その分減少したのがアクティブ投資である。ただし、運用資産の過半はまだアクティブ投資に振り当てられている（図表3-1参照）。

　それではESG投資は具体的にはどのように行われているのか、詳細をみていこう。まず、ESG投資の対象となる資産は何か、である。

　PRIの前マネージングディレクターのフィオナ・レイノルズ氏によると、ESG投資は、すべてのアセットクラスが対象となる（"ESG Integration Is

1　European Commission,（2021）"Regulations on Sustainability-Related Disclosure in the Finance Services Sector".
　https://ec.europa.eu/info/business-economy-euro/banking-and-finance/sustainable-finance/sustainability-related-disclosure-financial-services-sector_en

図表3-1　世界の運用資産のタイプ別（2005年–2020年、含む株式・債券・ファンド）

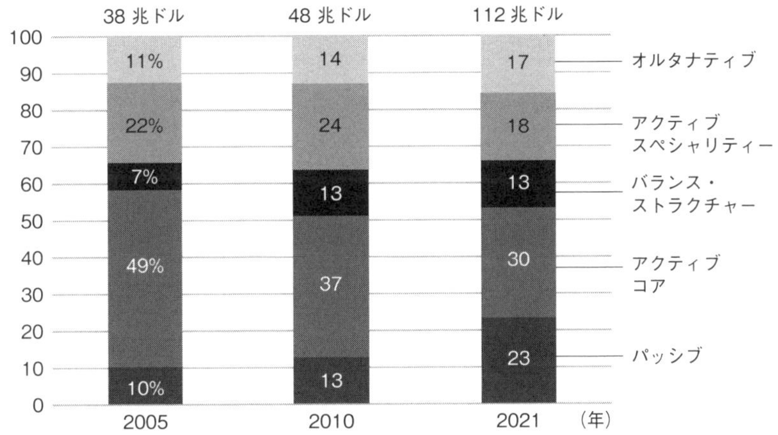

出所：BCG（2022）

Adapted Across Asset Classes."）。

①株式

　ESG投資は、財務ファクターに非財務ファクターであるESG関連の情報を織り込んで投資判断を行い、企業の経営陣とのエンゲージメントを通じて企業の経営判断に影響も与えることで企業価値が向上することをめざす。債券の保有者は、エンゲージメントの機会がないわけではないが、通常の企業経営幹部は株主との対話により多くの時間をさく。そのため、株式投資のほうが、エンゲージメントの機会は多いので、ESG投資を行いやすい。

　また、上場（公開）株も未上場（非公開）株も投資対象となりうるが、非財務ファクターであるESG関連の情報を織り込む必要があるため、従来型の運用より多くのデータを必要とする。情報取得には、企業からの開示、企業幹部とのエンゲージメント、それ以外の外部から、と大きく3つの情報源がある。外部からの情報には、地方紙・業界紙やネットなどからの情報マイニングや、衛星を利用した情報取得などもある。今後AIなども活用した第三者からの情報が増えていくと思われるが、2022年末時点の最大の情報源は、企業からの開示であろう。そのために、より情報公開量の多い上場・公

開株のほうが、ESG投資ではよりよい投資判断ができるはずである。

ESG投資は、個別株にも、ポートフォリオとしてのインデックスにも適用できる。インデックスについては、詳細は後述するが、MSCIというインデックスデータ会社によると、2023年2月時点では、少なくとも1500を超えるESGインデックスがあった[2]。現在、各業界・企業において、マテリアル（企業価値へのインパクトが大）なESGファクターを抽出し、そのファクターについて正確かつ比較可能な情報（競合他社や自社の過去の情報）を収集し、それらをきちんと織り込んだうえで、ESGファクターと財務ファクターを最適に統合して投資判断をすることは非常に難しい。ESGインデックスも、これを行う必要がある。投資家は、データ収集等さまざまな制約がある中で、ESG投資がより高いリターンに結びつくようなインデックスを選択する必要がある。またベンチマーク（指標）とするインデックスを決定したら、そのインデックスに近い動きをするように運用をする。この際、インデックスに含まれる全銘柄に投資をし、インデックスの変更にあわせて銘柄の入れ替えをすると、コストがかかる。そこで、いかに投資する銘柄数や入れ替えを抑えて、インデックスと似たような動き、パフォーマンスを上げるのかという運用の実行に優れていることも非常に重要となる。インデックス運用で最大の運用資産額をもち、ESG投資を強く推進しているのが、ブラックロック（BlackRock）である。

このように、株式投資では、公開株に加えて非公開株、インデックスにおいても、ESG投資が行われている。

②債券

債券は、エンゲージメントの機会は限られるものの、EGS投資は可能である。通常の財務ファクターにEGSファクターを加えて、債券のプライシングが妥当か分析することとなる。

また、債券には、グリーンボンドやサステナビリティボンド、サステナビリティ・リンク・ボンド（Sustainability Linked Bond）など債券発行体の

2　MSCI,"ESG Indexes".
　https://www.msci.com/our-solutions/indexes/esg-indexes

資金の使途をESG関連の設備投資等に指定するものがある。債券発行により調達した資金が、約束したとおり使われれば、債券全額がESG投資の対象となりうる。そして、資金の使途が指定されているもののうち、そこからのインパクトに定量的な目標が設定されていれば、IFCが認めるインパクト投資になるが、すべてのグリーンボンドやサステナビリティボンド、サステナビリティ・リンク・ボンドがインパクト投資であるわけではない。

グリーンボンドは、世界銀行が命名したもので、2008年に初めて世銀債の一種として発行された。世界銀行によるグリーンボンドの定義は、「資本市場から温暖化対策や環境プロジェクトの資金を調達するために発行される債券」である[3]。欧州投資銀行が前年の2007年にClimate Awareness Bondという名称で発行しているものも同種といわれる[4]。

また、グリーンウォッシングを避けるために、グリーンボンドには基準が設定されている。これは他のESG投資商品にはないことで、投資家にとっては投資がしやすい。しかし、基準が複数ある。主要な基準を以下にあげる。最初にできたのが、債券の引受者である投資銀行4行が共同で策定した、グリーンボンド原則である。これはその後、業界団体である国際資本市場協会（International Capital Market Association, ICMA）に事務局を移している。最初のグリーンボンド原則（Green Bond Principles）[5]は2014年に策定されている。中国政府も2016年にグリーンボンド・ガイドラインを策定している。日本もグリーンボンドの基準を設定している。2017年には環境省がグリーンボンド・ガイドライン[6]を策定し、2020年に改訂している。そのガイドラインでは、調達資金の使途、プロジェクト評価および選定のプロセス、調達資金の管理、レポーティングについて、詳細なガイドラインを設定している。世界的には、ICMAの原則がよく参照されており、日本の金融庁

3　世界銀行 財務局，（2015）「グリーンボンドとは」。
　　https://documents1.worldbank.org/curated/en/974791468001759054/pdf/99662-Japanese-Green-
　　Bonds-Box393223B-PUBLIC.pdf
4　EIB，（2007）"Climate Awareness Bonds"。
　　https://www.eib.org/en/investor-relations/cab/index.htm
5　ICMA, "Green Bond Principle"。
　　https://www.icmagroup.org/sustainable-finance/the-principles-guidelines-and-handbooks/green-bond-
　　principles-gbp/
6　環境省「グリーンボンド・ガイドライン」。
　　https://greenfinanceportal.env.go.jp/bond/guideline/guideline.html

図表3-2　グリーンボンド発行のガイドライン

発行元	ガイドライン	策定・改訂年
国際資本市場協会 （International Capital Market Association, ICMA）	グリーンボンド原則 （Green Bond Principles）*	2014年策定 2015, 2016, 2017, 2018, 2021,2022年 に改訂
EU	欧州グリーンボンド基準 （EU Green Bond Standard）	2021年
環境庁（日本）	グリーンボンドガイドライン ➡グリーンボンドガイドライン及び サステナビリティ・リンク・ボンドガイドライン	2017年に策定 2020年に改訂 2022年に改訂
中国国家発展改革委員会	グリーンボンドガイドライン ➡グリーンボンド適格プロジェクト・カタログ	2016年 2021年

注：*当初4投資銀行が策定し、ICMAへ移行。
出所：ICMA　"Green Bond Principles"，EU "EU Climate Bond Standard", 環境省 グリーンファイナンスポータル, 中国国家発展委員会"グリーンボンド適格プロジェクト・カタログ2021"

がICMAのガイドラインと環境省のグリーンボンド・ガイドラインを比較したりしているが[7]、日本の環境省のグリーンボンド・ガイドラインは、ICMAのガイドラインを尊重して作成されているという表記がある（図表3-2参照）。

　グリーンボンドに加えて、ソーシャルボンド、サステナビリティボンド、サステナビリティ・リンク・ボンドも発達してきた。ICMAを例にとると、ソーシャルボンド原則（Social Bond Principles）を2017年策定し2018年と2020年改訂、サステナビリティボンド・ガイドライン（Sustainability Bond Guidelines）を2018年策定し2020年改訂、サステナビリティ・リンク・ボンド原則（Sustainability—Linked Bond Principles）を2020年に策定している。日本の環境省は、これをうけて、図表3-2にあるように、グリーンボンドガイドラインを、2022年にグリーンボンドガイドライン及びサステイナビリティ・リンク・ボンドガイドラインとしている。

　ところが、上記のすべてのガイドラインには法的拘束力がなく、最終的に

7　金融庁，（2021）「第三回会合に向けての会合資料」（ICMA ソーシャルボンド原則と環境省グリーンボンドガイドライン）。
　　https://www.fsa.go.jp/singi/social_bond/siryou/20210413/04.pdf

グリーンか、サステナブルかは、投資家の判断にゆだねる形になっている。

　そこで、外部機関によるレビューを行っている債券もある。そのレビューには、4種類ある。

　　①セカンドパーティー・オピニオン（発行体・引き受け証券／投資銀行以外のレビュー）
　　②Verification（検証）
　　③Certification（認証）
　　④レーティング

　投資家にとってわかりやすいのは、③の認証であろう。筆者（本田）も世銀グループのMIGAで、トルコの病院建設のための債券を発行する際には、病院を環境に配慮したものとしたので、グリーンボンドにすべく、認証をとりにいった。また、トルコで使われたのはLEEDであった。また、LEEDの認定を受けているビルは、図表3-3のようなマークを掲げることができる。

　ところで、ESG投資関連ルールには、官がつくって強制力のある規制よりも、業界関係者の意見も取り入れて作成した緩やかなガイドライン的なも

図表3-3　LEED認定証の例

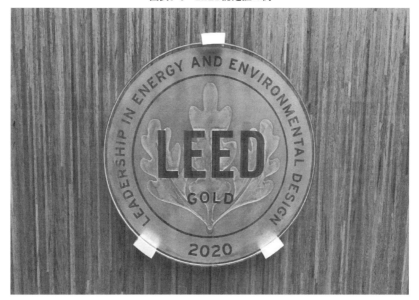

のが多い。そして、ガイドラインが複数存在する。これはグリーンボンドやサステナビリティボンドだけではなく、企業のESG情報の開示などでも同様である。あまりにも多くの団体と多くの「ガイドライン」が存在し、長い名称の頭文字をとった通称を使用するので、アルファベットが多く、「アルファベット・スープ」[8]（日本語では、アルファベットの海で泳ぐとでも表現したほうがよいのかもしれない）状態である。これは、上記グリーンボンドやサステナビリティボンドの認証にもあてはまる。

　次にグリーンボンドの市場規模をみてみよう。図表3-4にあるように2012年までは発行額も少なくマイナーな存在であった。2013年頃よりグリーンボンドによる調達が増えて、2020年は3,000億ドルを超えた。また、発行体は、国・地方公共団体、国際機関、企業などがある。当初は国際機関や国などが多かったが、コロンビア大学国際関係・公共政策大学院のキャロライン・フレマー教授[9]によるとグリーンボンド社債は増加していて、2013年に32億ドル、2017年に491億ドルであった。図表3-4は社債に加えて、国債・国際機関債等も含む数字である。

　また、図表3-5では、国籍別のグリーンボンドの発行者を示しているが、2021年のトップ4は米国、中国、フランス、ドイツで、日本は入っていない。

　債券投資にもESGファクターを加味すると、将来の環境や社会の急変のダウンサイドリスクを回避できることもあり、リスク対比リターンを結果として向上させることもありうる。株式と異なり、エンゲージメントの機会が限られる中で、グリーンボンドやサステナビリティボンドは通常の債券よりも情報開示が多いので、分析しやすい。

　一方、グリーンボンドやサステナビリティボンドは、起債により調達した資金によりどういう社会的なインパクトがあるのかを定量的に、起債前に提示できれば、インパクト投資になる。インパクトの定量化が難しく、スタン

8　アルファベット・スープとは、アルファベットの形（A, B, C, …）をしたパスタが入ったスープで、子供がスープを食べながらアルファベットを学ぶ、という目的があるものであるが、それから転じて、長い名称の頭文字アルファベットからなる略語が頻出する議論をアルファベット・スープとよぶようになった。日本語では、さしずめ、アルファベットの海で泳ぐ、とでも表現したほうがよいのかもしれない。
9　Flammer, Caroline, (2018) "Corporate Green Bonds."
　https://www.bu.edu/gdp/files/2018/11/GEGI-GDP.WP_.Corporate-Green-Bonds.pdf

図表3-4 グリーンボンド発行額

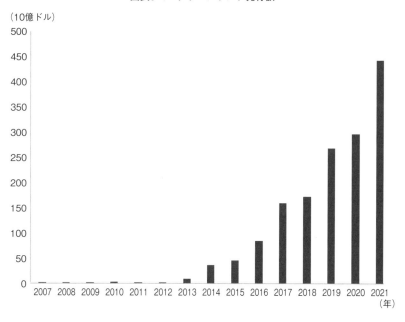

出所：世界銀行（2007-2013）、Climate Bonds Initiatives（2018-2021）"Interactive Data Platform".
https://www.climatebonds.net/market/data/

図表3-5 グリーンボンドの発行者の国籍（2021年）

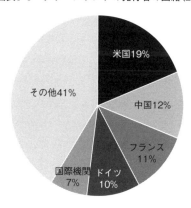

出所：Climate Bonds Initiatives,（2022）"Interactive Data Platform".

ダードも緩い状態であると、認証がきちんとしていない限り、グリーンウォッシングではない、という確認は投資家が行うことになる。

　また、サステナビリティ・リンク・ボンドも発行されている。これは、債券発行前に、二酸化炭素の排出量などの気候変動等のEやSの目標を決めておき、それが達成できると金利等の条件が発行体にとって有利になるというものである。S&P[10]によると、2020年は、欧州中東アフリカ（Europe Middle East and Africa, EMEA）での発行が86%だったが、2021年（1-4月）は欧州中東アフリカでの発行は62%と米州・アジアでも発行が増えてきていることがわかる。ニューヨークでは、サステナビリティ・リンク・ボンドで、発行者はより有利な条件で発行できるようになってきている。日本では、サステナビリティ・リンク・ローンを、3メガバンクに加えて中国銀行など地銀[11]も出しており、融資先も大企業に加えて、中小企業もある。

　グリーンボンドはあくまでも、債券発行により調達され資金の使途が「グリーン」であることが条件で、発行体のそもそもの事業全体がグリーンである必要はない。原油掘削企業が、太陽光発電（メガソーラー）設備建設のための債券を発行する場合も、グリーンボンドと認証される[12]。

③ファンド

　投資信託やプライベートエクイティ・ファンド、ベンチャーキャピタルでも、ESG投資は可能である。ESGを冠する投信は、先進国では多数販売されている。ESG投資の投信は、原則は個別株と同様で、これまで投資判断に十分反映できていなかったESGなど非財務ファクターを反映することで、マーケットリターンより高いリターン（アルファ）を狙うということである。そのためにはさまざまな戦略のものが出てきている。しかし、どういう

10 "Sustainability-linked bonds in 'rapid growth' as more firms tap ESG debt market", S&P Global, 2021.
　https://www.spglobal.com/marketintelligence/en/news-insights/latest-news-headlines/sustainability-linked-bonds-in-rapid-growth-as-more-firms-tap-esg-debt-market-65049789
11 「ちゅうぎんサステナビリティ・リンク・ローンの実行について（有限会社原田運送）」中国銀行、2021年10月1日。
　https://prtimes.jp/main/html/rd/p/000000110.000068743.html
12 実際に、BP（旧ブリティッシュ・ペトロリアム）は、大型のグリーンボンドを発行している。
　https://www.globalcapital.com/article/28mtubxhy9pht2m8yud4w/corporate-bonds/no-fear-of-climate-change-as-2-7bn-bp-bond-blows-out

戦略であれば、必ずアルファがとれる、という定番の戦略があるわけではなく、運用機関は試行錯誤中である。また、ESGデータの収集が難しいのは、投信にもあてはまる。そして、投信の運用者がきちんとESGファクターを投資判断に反映させているかについては、規制はもちろん、業界の自主ルールもないので、投資家が判断せねばならない。これを、投資家は十分に理解しておく必要がある。加えて、ESG投資に対する理解（期待）が運用機関と一部投資家の間で乖離している。ESG投資は、ESGインテグレーションによるリスク対比リターンの向上をめざした投資商品であるのに、投資家の中には社会課題解決のための金融商品だと誤解していることもある。そうすると、インパクトがないのでESGウォッシングではないか、という批判も起きうる。投資家はESG投信がESGファクターを加味し、長期的にみてより高いリターンを志向する商品であって、必ずしもESGの分野での社会的な課題の改善には寄与しないかもしれないことも理解しておく必要がある。この点については、ファイナンスや経済学の観点から後の章で解説する。

　プライベートエクイティ・ファンドやベンチャーキャピタルについてもESG投資は可能である。理論的には、もともと他のアセットクラスとは異なり、従来から長期投資であり、企業の幹部とのエンゲージメントも頻繁に行っているので、ESGファクターを加味するというところだけが新しい。ESG投資に限定するプライベートエクイティ・ファンドやベンチャーキャピタルはまだ少ないが、出てきている。プライベートエクイティ・ファンドの分野では、最大手のTPG（旧 Texas Pacific Group）が130億ドル（1兆6,900億円）規模のライズファンド（The Rise Fund）を立ち上げて、EやSといった分野でインパクトを出しつつ、リターンも追求している[13]。

　日本発のESG投資にフォーカスしたベンチャーキャピタルとしては、2021年に、キャシー松井、村上由美子、関美和の三氏が始めたMPower Partnersがある。ESG投資を、ベンチャーキャピタル投資の分野で以下のように行っている。[14]

---

13 TPG, The Rise Fund.
　 https://therisefund.com/
14 https://www.mpower-partners.com/

- ディールソーシングにおいて、まずたばこやギャンブルや化石燃料といったESGに反するセクターを除外しつつ、テクノロジーを活用した持続可能な生活を実現する投資機会を特定しています。
  また、投資先の経営陣のESGマインドを確かめたうえで、多様な創業チーム・経営陣への出資機会を確保することに努めます。
- デューデリジェンスにおいては、投資候補先に対する俯瞰的なESG分析を実施し、深刻なESGリスクが無いとみられる企業の投資検討を進めます。投資実行を決定する際には、投資先とESG目標を共に推進するための覚書に署名頂きます。
- 投資後は、投資先企業が独自で設定するESG目標が達成できるよう、各種ハンズオンのサポートを提供します。そして各企業のESGロードマップに関して継続的に対話を行います。

MPower Partnersは、SOMPOホールディングス、第一生命、三井住友トラストグループ、三菱UFJフィナンシャル・グループ、三井住友フィナンシャル・グループから出資を受け、すでに、保育施設むけDX企業、ウェブサイトの翻訳企業、気候リスク・レジリエンスのデータ予測とデータアナリティクス企業等の9社に投資をしている。PRIの署名機関でもある。

④不動産

　不動産もESG投資の対象になる。不動産は、環境性能を高めるポイントがたくさんある。電力等エネルギーの使用量、二酸化炭素の排出、水の使用、廃棄物の排出などである。プロロジス・リート・マネジメント株式会社の戸田淳取締役CFO財務企画部長（当時）によると不動産市場は次のような状況にあるという。「以前は、コストをかけて環境性能を向上させても、テナントはそれを評価せず、結果として、コストが上がるだけであった。昨今、テナントの意識が向上し、事務所からの温室効果ガス排出ゼロをめざす企業も増えてきて、環境性能のよい不動産にプレミアム賃料を払うところが出てきた[15]。ESGの取り組みに係るコストの負担をオーナーとテナントが分

15　不動産証券化協会，（ARES）「ESG投資の目的とパフォーマンス評価」不動産証券化ジャーナル Vol. 51。
　　https://www.ares.or.jp/publication/pdf/ARES51p6-18.pdf?open=1

担する場合も最近はあるようだ。」

　先に述べたように、年金基金などはストラテジック・アセット・アロケーションを見直して、不動産ファンドのようなリアルアセットの割合を増やしている。不動産にも ESG 投資が入ることで、リターン向上の可能性が出てくるのであれば、不動産での ESG 投資の余地が増えると考えられる。

＊　＊　＊

　ESG 投資は、株式、債券、投信、ヘッジファンド、プライベートエクイティ・ファンド、不動産というほとんどすべてのアセットクラスにおいて実践できるし、実際にすべてのクラスで ESG 投資の割合は高まってきている。グリーンボンドは基準もあり認証もあるが、ESG 投信では ESG であるかどうかの判断が難しく、現在は、投資家にその判断が任されている。そのため、個人投資家を中心に混乱があり、ESG ウォッシングの可能性も否定できない。また、ESG 投資は社会課題解決のための投資という誤解をする投資家もいる。ESG の非財務ファクターを投資判断に織り込みリスク対比リターンの向上をめざした投信であっても、社会課題の解決に直接つながらない投信もある。これらを ESG ウォッシングだとする間違った見解もある。ESG のカバーする分野は大変広く、気候変動対策に優れた企業が必ずしもダイバーシティに優れていない、ということもある。ESG の非財務ファクターを投資判断に織り込みリスク対比リターンの向上をめざした投資商品は、ESG ウォッシングではない。この点は注意が必要である。

第4章

ESG投資の方法論

　第1章で紹介したPRIは、6原則に賛同した団体から年次でESG投資の進捗のレポートを受け取り、それを公開している。加えてPRIでは賛同団体と研究調査を行い、それも公表している。その1つが、ESG投資をどのようにして行うかというシリーズのレポートである。これまでに以下の4本が公表されている。

- "Integrated Analysis: How Investors Are Addressing ESG Factors in Fundamental Equity Valuation"[1]（2013）
- "Fixed Income Investor Guide"[2]（2014）
- "Private Equity-An Introduction to Responsible Investment"[3]（2014）
- "A Practical Guide to ESG Integration For Equity Investing"[4]（2016）

これらのレポートは、賛同企業・団体つまり大手運用機関や年金基金等のオーナーが、実際にどのようにESG投資を行っているかを、理論編に加えてケーススタディを交えて書かれている。株式へのESG投資については、図表1-7にあげたように、①インテグレーション戦略、②テーマ・ポジティ

1　PRI,（2013）"Integrated Analysis: How Investors Are Addressing ESG Factors in Fundamental Equity Valuation".
　　https://www.unpri.org/download?ac=312
2　PRI,（2014）"Fixed Income Investor Guide".
　　https://www.unpri.org/download?ac=32
3　PRI,（2014）"Private Equity - An Introduction to Responsible Investment".
　　https://www.unpri.org/download?ac=10226
4　PRI,（2016）"A Practical Guide to ESG Integration For Equity Investing".
　　https://www.unpri.org/download?ac=10

ブ戦略、③エクスクルージョン戦略がある。

　PRI（2016）は、そのインテグレーション戦略をさらに、①ファンダメンタル②クオンツ③スマートベータ④パッシブに分けて、以下のように定義している。

　①ファンダメンタルは、企業の開示データなどをもとに将来の業績を予想して、投資判断するものである。その際、経済情勢や当該企業の製品・サービスのポテンシャル、競合状況、経営陣の質やオペレーションのマネジメント状況などを勘案する。また、企業の開示データに加えて、第三者の予想や投資レポートなど複数から情報を収集し、経営陣にも直接面談することが多い。そのような情報をもとに将来キャッシュフローを予想して企業価値を評価するモデルを作成し、それを株価（時価総額）と比較したうえで、株価が「高すぎる」あるいは「低すぎる」といった評価を行う。また、PERやROIC（投下資産利益率[5]）を業界他社と比較するマルチプル分析で企業価値を算定する運用機関もある。ファンダメンタルも、ベンチマークを上回るリターン（アルファ）を出すことを志向するものである。

　②クオンツは、データを活用し、数学的や統計学的な手法を駆使して、ベンチマークを上回るリターン（アルファ）をめざすものである。具体的には、以下のようなことを行う。

- 将来の資産価格や企業業績を、どのデータとどのような相関を示すかという分析をもとに予想する。
- 価格形成に誤りがあるような資産を探す。
- 投資リターンに大きな影響を与えるような要素をみつけだし、アルゴリズムを用いて投資モデルを作成する。
- 投資ポートフォリオの構成（ウェイト）の分析を行う。

　③スマートベータは、アクティブ投資とパッシブ投資の中間のアプローチである。パッシブ投資で用いるインデックスは、構成する企業の時価総額でウェイトを計算するのが通常である。そこで、ダウンサイドリスクを抑えつつベンチマークを上回るリターンを上げるために、ポートフォリオにおける

5　投下資産利益率は、（みなし税引き後 EBITDA）／（事業に使われている固定資産＋運転資金）。

各企業への投資の割合を、時価総額以外の配当利回り、ボラティリティ、PER、成長率といった企業価値を反映する要素などを検討して修正する。また、複数の要素を組み合わせて、リスク対比リターン最大化をはかるような最適化を志向することもある。

④次に近年顕著に増加しているのがパッシブ投資である。パッシブは、市場もしくは市場の一部と時価総額比でみて、ほぼ同じパフォーマンスを上げることをめざす投資である。目標とするインデックスを構成する全株式への投資もできるし、その一部にウェイトを変えて投資することで、同じパフォーマンスをめざすという手法もある。後者の場合、取引コストは削減できるが、トラッキングエラーは大きくなる。また、後者は、構成株式数が多い場合や、一部の株の流動性が高い場合に使われる。さらにデリバティブを使うこともある。パッシブ投資では、ESG投資は難しいという声もあったが、最大手のブラックロックはESG投資を全面に押し出し、ESGファクターのインテグレーション（ESGファクターを財務ファクターに加味して投資判断）して、エンゲージメントも行っている。ラリー・フィンクCEOが投資先・投資先候補のCEOにむけて、2022年まで出していたCEOレター[6]が有名である。

　投資家は、ESGファクターを投資判断に取り込むことで、ポートフォリオの長期的なリターン向上とリスク（ボラティリティとテールリスク）の低減を意図している。一方パッシブ投資では、インデックスを使うこととなる。インデックスでは、マテリアルなESGファクターを抽出し、そのファクターについて正確かつ比較可能な情報を収集し、それらをきちんと織り込んだうえで、ESGファクターと財務ファクターを最適に統合して投資判断することは非常に難しい。投資家は、データ収集等さまざまな制約がある中で、ESG投資がより高いリターンに結びつくようなインデックスを選択することが必要になる。

　株式へのESG投資のインテグレーション戦略を具体的に解説しているの

6　Fink Larry, "Larry Fink's 2022 letter to CEOs, The Power of Capitalism".
　https://www.blackrock.com/corporate/investor-relations/larry-fink-ceo-letter

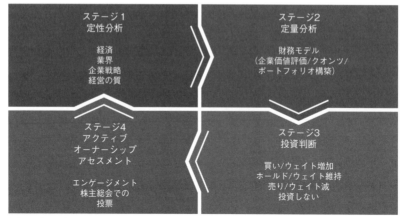

図表4-1　ESGインテグレーションモデル

出所:PRI,（2016）"A Practical Guide to ESG Integration For Equity Investing 2016", p.13

が、本章の冒頭にあげたPRI（2016）である。以下に、その要点を記しておく。基本プロセスとしては、図表4-1に示されている。

Stage 1　定性分析

①データの収集 − 経済・業界・企業の戦略・経営陣の質

　ESGに関するデータを投資先候補企業から直接入手し、加えて外部からも収集すると、PRI（2016）には書かれているが、具体的には企業によっては統合レポートを出しているところもあるし、ウェブサイトでもESG情報の開示が進んでいる。また、第三者とはいえ、EGSデータ会社がかなりたくさんのデータを提供している。これについては後述するが、ESGデータ会社は、地方紙や業界紙の記事を検索したり、衛星からデータをとったり、さらには、ビッグデータを収集しAIを活用して分析しているところもある。温室効果ガスの排出量を、外部データをもとに予測して、それを企業に送付して、反応をえて、その反応をさらにデータに反映するようなところもある。S&Pは、上記のような業務を行うTrucostを2016年10月に買収した。

②マテリアルなファクターの見きわめ

　PRI（2016）レポートによると、データを分析して、マテリアルなファク

ターは何かを考え、それについてさらにデータを集めることが適切である、と説明されている。実際には、①と②を行きつ戻りつすることになる。ESGはかなり広い分野をカバーしていると述べた。したがって、データも多種多様である。その中で、当該企業の企業価値に影響を大きく与えるものが何かを見きわめるのは大変難しいが、ここがESG投資の肝である。データを検討して、こういうことが企業価値に影響が大きいのではないかという仮説をたて、データを集めなおして検証する、ということを何度か繰り返す必要がある。第1章で紹介したSASBは、サステナブルなデータ開示基準をつくることを目標にしていた。そのSASBが業界ごとのESGについてのマテリアルファクターであるマテリアリティマップ[7]を作成している。

SASBのマテリアリティマップはよく考えられている。そのリターンについては、ハーバードビジネススクールのセラファイム教授のチームが論文を出している。これは、第11章で議論したい。なお、SASBは2021年にIIRCと統合して、VRFとなり、その後IFRS財団のISSBのもとで、CDSB（Climate Disclosure Standards Board、気候変動開示基準委員会）と2022年8月に統合した。ISSBはTCFD（Task Force on Climate-related Financial Disclosures、気候関連財務情報開示タスクフォース）や世界経済フォーラムのStakeholder Capitalism Metricsのチームとも協働しながら、ESG情報開示のスタンダードを作成することとなっている。

Stage 2　定量分析―収益予想・モデル（企業価値評価・クオンツ・ポートフォリオ構築）

　重要な要素が何かを特定ができ、そのデータも収集できたら、個別銘柄については、そこから主要事業の将来の市場規模を予想し、どの程度のマーケットシェアが獲得できるかを考え、必要な設備等への投資を予想し、過去の原価率などを参考にしつつ収益を予想し、将来キャッシュフローを算定して、企業価値評価モデルに落とし込む、という一連の定量分析を行う。企業価値分析の手法としては、DCF法とマルチプル法が主なものである。DCF

7　IFRS Foundation,"SASB Standard – Exploring Materiality".
　https://www.sasb.org/standards/materiality-map/

による企業価値分析を行う場合のターミナルバリュー（一定期間将来キャッシュフローを予想したのちに、EBITDAがどの程度成長するか、またそのためにはどの程度の投資が必要かを予想した価値）の算定においてどうESG要素を織り込むのかが重要となる。また、この作業を行う中で、従前の企業価値評価モデルでは不十分なところは、モデル自体の見直しも行う。なお、この定量化においては、ESGファクターを従来からある財務的なファクターと統合（インテグレート）する必要がある。これが、ESGインテグレーションの肝の部分となる。これをどうインテグレートするかによってリターンが大きく左右されることはいうまでもない。したがって、ESGファクター（あるいは数値化されたESGスコア）において優れている（たとえば、温室効果ガス排出量が少ない）企業であっても、財務的なファクターで競合に劣後する場合には、投資しないことも十分ありうる。逆に、現在はESGファクターで劣後しても将来は向上が予測される場合には、積極的に投資ができる。ESGインテグレーションにあたっては、現在のESGファクターよりも、将来のESGファクターの予測が重要になる。運用機関は投資のポートフォリオを組んで資金運用をしているので、投資先の選定にあたっては、個別銘柄の評価に加えて、ポートフォリオとしてみたときにリスク対比リターンを最大化する必要があるので、分散の観点も加味してモデルを構築している。

Stage 3　投資判断─新規投資・ウェイト増、保有継続、売却・ウェイト減、投資見送り

上記の定性・定量分析を経て、個別銘柄ごとに新規に投資するのか、買い増すか、現状の保有を継続するのか、一部もしくは保有全株の売却か、投資をしないのか、を判断する。加えて、その実行の時期も決めて、投資を実行する（図表4-2参照）。

Stage 4　アクティブ・オーナーシップ・エンゲージメントと議決権行使

投資した後は、株主として経営陣と議論の機会をもち、具体的な提案を行う。それには、これまで行ってきたような事業戦略・資本政策に加えて、

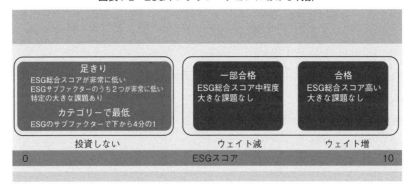

図表4-2 ESGインテグレーションにおける判断

出所：PRI,（2016）"A Practical Guide to ESG Integration For Equity Investing 2016", p.45

ESG面での提案も行い、企業経営陣に変革を促して、議論（エンゲージメント）を行う。また、このエンゲージメントで得た情報もデータとして、投資の分析・判断に使う。加えて、株主としての議決権行使を行う。このような形でのエンゲージメントは日本企業においても広く行われるようになってきた。また、一定の条件を満たす株主は株主総会において株主提案も可能である[8]。一般的に、年金基金などアセットオーナーは、アセットマネージャーを通じて株主提案への賛否の指示は可能である。なお、GPIFは、アセットマネージャーに自ら指示を出すことはなく、事後的に賛否の報告をさせている。

PRI（2016）には、これまで説明してきた①ファンダメンタル、②クオンツ、③スマートベータ、④パッシブごとに投資のケーススタディもある。

①ファンダメンタル投資の例
- <ケース>環境規制強化を織り込む（スタンダードライフインベストメント）
- <ケース>税制変更を織り込む（MFSインベストメント・マネジメン

---

8 一定の条件とは、株式を議決権ベースで1％以上保有するか、株式単位300個以上の議決権を有する。

ト）
- <ケース>労働者に対するスタンダード見直しを織り込む（ユニオンインベストメント）

特に興味深いのは、MFSインベストメント・マネジメントの多国籍企業の節税が認められなくなった場合とその企業価値ひいては株価へのインパクトを検討したものである。MFSインベストメント・マネジメントは、元はマサチューセッツ・インベスターズ・トラストといって、1924年に世界で最初の投資信託（投信）を出した運用会社である[9]。このケースは特にIT企業にフォーカスをあてていて、実効税率が現在の14%から20%に上昇した場合に企業価値が21%減少すると分析した。そしてMFSは、実効税率の見直しの可能性を2015年以前に考えて、そのインパクト分析を行っていた。税関係はGに入る。ESGのGは、日本では企業統治と訳されることが多いが、本来もう少し広い概念である。法令遵守に加えて、適切な納税もこのGに包含される。本書執筆の時点で、ITを中心とする多国籍企業のアグレッシブな節税が、ひとつの社会課題と議論されているが、確かに投資にあたっては、税制の変化の可能性も、検討しておくべきである。先進国と新興市場国の集まりであるG20は、法人税について最低税率を15%とすることで合意した。アイルランドも国際的な最低税率の支持表明を2021年10月に行った。

②クオンツ投資の例
- <ケース>モジュラー投資プロセスによる個別株の選択（アラベスク・アセット・マネジメント）

アラベスクは、2013年設立で、ウェブサイトによると、金融・数学・AI・サステナビリティを融合したフィンテックの会社である。資産運用に加えて、アドバイザリーとESGデータ会社もグループ傘下にある[10]。

PRI（2016）によると、アラベスク・アセット・マネジメントが2016年から行っているのは、運用対象になる会社7万7,000社を、会計基準の適切な

9　MFS,"Over 90 and still active".
　　https://www.mfs.com/en-us/individual-investor/about-mfs/our-history.html
10　Arabesque Asset Management,"Sustainable, evidence-based, AI-driven".
　　https://www.arabesque.com/asset-management/about-us/

使用、国連のグローバル・コンパクト[11]の遵守と、データ会社4社から購入したデータをもとに自社で作り上げたESGデータベースから算出されるスコアをもとに、ESG投資対象を1,200社に絞りこむことであった。アラベスクのESGデータベースには、当時ESGに関する200項目のデータが入っていた。200項目はEで5カテゴリー、Sで4カテゴリー、Gで3カテゴリーに分けられていた。業界ごとにESGのファクターのうち、マテリアルなものを抽出して、スコアに落とし込んでいた。この分析を四半期に一度行って、投資先の絞り込みを見直していた。

サンエジソンは、米国の太陽光・風力発電企業として大きく成長したが、アラベスクは、会計基準があまりにも「アグレッシブ」であるということで、投資をみあわせていた。同社は、2016年4月に米連邦破産法第11条の適用を申請したが[12]、総負債額は161億ドルを超えていた。2015年7月に33ドルを超えていた株価は、2016年4月に34セントに下落した。破産法申請時の主要株主は、オッペンハイマーファンド、ブラックロック、バンガード、アダージョキャピタルであった。また、サンエジソンは、年次報告書の提出期限の遅延が2回あったことがわかっている。

適切な会計基準の適用も当然Gの1つの項目である。これをしっかりみるのは簡単ではないが、投資先選択基準の1つにするというのは、合理的である。

③スマートベータ投資の例

- **<ケース>**財務ファクターにサステナブルファクターを組み合わせて、ウェイトを決定（アクサ・インベストメント）

アクサ・インベストメントは、フランスの保険会社アクサ傘下にある資産運用会社である。2022年末時点で8,240億ユーロ（約112兆8,880億円[13]）を運用しており、そのうち65％の運用資産は、2050年以前に、運用資産から

---

11 UN,"About the UN Global Compact".
https://unglobalcompact.org/about
12 Reuters,（2016）,"Solar developer SunEdison in bankruptcy as aggressive growth plan unravels".
https://www.reuters.com/article/us-sunedison-inc-bankruptcy-idUSKCN0XI1TC
13 1ユーロ＝137円で計算。2021年12月から2022年11月までの12カ月の月末（午後5時）値の平均を用いた。

図表4-3　ポートフォリオのウェイト決定にあたってのESGスコアのインパクト

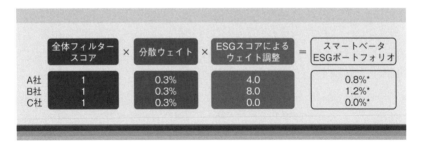

	全体フィルター スコア	×	分散ウェイト	×	ESGスコアによる ウェイト調整	=	スマートベータ ESGポートフォリオ
A社	1		0.3%		4.0		0.8%*
B社	1		0.3%		8.0		1.2%*
C社	1		0.3%		0.0		0.0%*

注：全資産を投資するよう、ウェイトは最終調整する。また、ポートフォリオの分散をはかるため、最終調整はリニアには行わない。
出所：PRI、(2016) "A Practical Guide For ESG Integration to Equity Investing 2016", p.45

の温室効果ガス排出ネットゼロを目指している[14]。

　アクサがポートフォリオのウェイト決定を行うプロセスは、ⓐ収益の質やボラティリティ等伝統的な投資判断に用いるファクターでスコアリング、ⓑ分散検討、ⓒESGファクターをインテグレートするという、いわば正統派である。そのうちESGファクターにおけるスコアリングに関しては、図表4-2にあるように、ESGをいくつかのセクターに分け、その中でボトム25%や極端にESGスコアの低い企業を排除する一方、ESGファクターに優れる企業のウェイトを引き上げるとしている。

　そして、伝統的な投資判断ファクター、分散の観点から望ましいウェイトとESGスコアによるウェイトを加味する。図表4-3は、伝統的な投資判断ファクターでは同程度の企業が、ESGスコアの差異によって最終的なウェイトが変わる例としてPRI（2016）の中で紹介されている図である。A、B、Cの3社は、財務ファクターによるスコアリングが全く同じ1で、分散効果のウェイトが同じ30%である。ESGスコアは異なり、A社が4、B社が8、C社が0であるとすると、ポートフォリオに組み込む割合は、A社が全体の0.8%、B社が1.2%、C社が0%となる。これをアクサ・インベストメントは、スマートベータとよんでいた。

14　アクサ・インベストメント、"AXA IM in numbers".
　　https://www.axa-im.com/who-we-are/axa-im-numbers

④パッシブ投資の例（MSCI）

　パッシブ投資の例としてあがっていたのは運用機関ではなく、インデックス会社のMSCIであった。どのようにESGインデックスを構築するかを、MSCIグローバル・ローカーボン・ターゲット・インデックスと、MSCIグローバル・ローカーボン・リーダーズ・インデックスを例に示している。

　MSCIグローバル・ローカーボン・ターゲット・インデックスは、二酸化炭素排出量の最小化と予想されるトラッキングエラーを30bpに抑えることをめざしている。

　一方、MSCIグローバル・ローカーボン・リーダーズ・インデックスは、時価総額比で二酸化炭素排出量と炭素排出の多い化石燃料等のリザーブが極端に多い企業を排除し、トラッキングエラーを最小化しつつ、時価総額比の二酸化炭素排出量と炭素排出の多い化石燃料等のリザーブを抑えることをめざすとある。どちらも2016年時点のインデックスの組成である。

　多くの運用機関が市場を上回るリスク対比リターンを上げることをめざす中、業界で、投資の戦略・戦術的なことを競合相手に披露するということはほとんどない。それを、PRI（2016）は、方法論とケーススタディとして紹介している。長いレポートで若干古くはあるが、よくまとまっている。このレポートの作成を賛同運用会社等と行ったPRIとそれを支援している国連が、ESG投資の拡大に果たした役割は、とても大きい。

第 5 章

主要な投資家

　本章では、ESG投資を行う、主な投資家について考察する。

　まず、アセットオーナー（資産の保有者）からみていきたい。主要なアセットオーナーは、年金基金、保険会社、個人投資家である。PWC（2022）[1]によると、アセットオーナーの保有する資産は、2020年に約292兆ドル（約3京7,960兆円）である。図表5-1のとおり内訳は、個人が66%（富裕層が36%、マスアフルエント層が30%）、年金基金が19%、保険が11%、政府系ファンドが3%である。

　また、これ以外に資金の出し手としては、融資を行う銀行や、事業の一環として出資をする一般企業がある。ちなみに銀行の融資残高は大きく、ロイターによると、IIF（国際金融協会、Institute of International Finance）[2]は、銀行の総融資残高は約298兆ドル（約3京8,740億円）と、2023年2月に発表した。IIFは、国際金融システムの安定を維持するため設立された国際的組織で、70カ国を超える国の500近い民間の金融機関が参加している。金融業界の健全な発展のためのリスク管理や支援を行い、業界を代表する機関として、金融に関する規制や基準の導入を政策当局などに提唱している。

　アセットオーナーは、一部もしくは全部を自主運用するケースもあるだろうし、一部もしくは全部を資産運用会社に委託するケースもある。これを図

1　PWC, (2022) "Asset and wealth management revolution: Exponential expectations for ESG".
　　https://www.pwc.com/gx/en/financial-services/assets/pdf/pwc-awm-revolution-2022.pdf
2　Reuters, (2023) "Global Debt Sees First Drop Since 2015",2023 年 2 月 22 日．
　　https://www.reuters.com/markets/global-debt-sees-first-annual-drop-since-2015-iif-2023-02-22/

図表5-1　アセットオーナーと資産（2020年）

100% = 292兆ドル

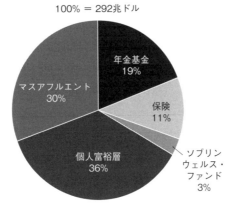

- 年金基金 19%
- 保険 11%
- ソブリン ウェルス・ファンド 3%
- 個人富裕層 36%
- マスアフルエント 30%

注:四捨五入のため合計が100%にならない。
出所:PWC（2022）"Asset and wealth management revolution: Exponential expectations for ESG".

図表5-2　投資家の種類と関係

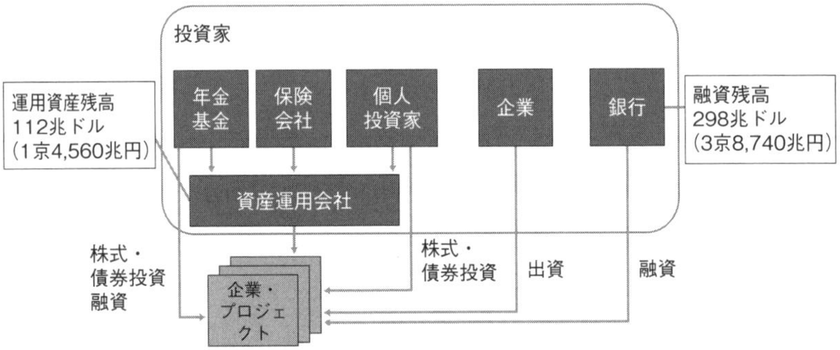

```
┌─────────────────────────────────────────────────┐
│ 投資家                                            │
│                                                   │
運用資産残高  │ 年金  保険  個人          企業    銀行  │ 融資残高
112兆ドル    │ 基金  会社  投資家                      │ 298兆ドル
（1京4,560兆円）│                                       │（3京8,740兆円）
│           ┌──────────────┐                        │
│           │ 資産運用会社  │                        │
│           └──────────────┘                        │
└─────────────────────────────────────────────────┘
  株式・          株式・           出資      融資
  債券投資        債券投資
  融資
         ┌──────────┐
         │ 企業・    │
         │ プロジェ  │
         │ クト      │
         └──────────┘
```

注:運用資産残高は2021年、融資残高は2022年で、ソブリン、個人向けの融資も含む。
出所:筆者作成。ただし、資産運用会社の運用資産残高はBCG（2022）、融資残高はロイター記事（2023年2月）より引用。

示したのが図表5-2である。

　年金基金も、自ら運用する場合もあるし、運用会社に委託もしている。保険会社は自主運用が多いと思われるが、委託もしている。個人投資家は、一部は銀行預金も含めて自主運用であるが、投信（含むETF）等で運用している人も多い。

　先にも述べたように、BCG（2022）では、機関投資家（年金基金・保険

84

図表5-3　投資家と投資する資産のタイプ

レレ：主な投資先
レ　：一部投資

投資家	資産タイプ（含む当該資産クラスに投資するファンド・投信）							
	上場・公開企業		国・国際機関等	非上場・非公開企業		プロジェクト		不動産
	株式	ローン	債券	株式	ローン	株式	ローン	
年金基金	レレ	レ	レレ	レ	レ		レ	レレ
保険会社	レレ	レ	レレ	レ				レレ
資産運用会社[*2]	レレ		レレ	レ		レ	レ	レ
銀行		レレ	レレ		レレ		レ	
事業法人						レ		
個人投資家	レレ		レレ					レ

注1：日本の金融機関・事業法人にみられる政策投資株投資は除く。
注2：プライベートエクイティ・ファーム、不動産投資ファンドも含む。
出所：GPIFと国連の年金の資産運用状況、ブラックロックとステート・ストリートのウェブサイト、JPモルガンの統合レポート等を参考に著者（本田）作成。

会社・資産運用会社）により運用されている資産は112兆ドル（約1京4,560兆円）である。

また、投資家によって主に投資をする資産のタイプが少し異なる（図表5-3参照）。投資家ごとにみていこう。

①年金

Pension & Investmentsの調査[3]によるトップ15の年金基金を図表5-4に示した。

日本のGPIFがトップであるが、米国の基金が5つ入っており、ノルウェーやオランダ、カナダなどESGに熱心な国からの基金も入っている[4]。

3　Pension & Investments, (2022) "The world's largest retirement funds:2022".
　　https://www.pionline.com/special-report-megafunds/worlds-largest-retirement-funds-2022
4　なお、ノルウェーの Government Pension Fund は、同国の原油採掘からの収入の一定割合を積み立てたもので、他の年金基金が年金保険料（あるいは社会保障税）を積み立てたものとは、原資が異なる。また、Government Pension Fund は、原油採掘収入の変動を吸収する目的と、現在世代と将来世代が原油収入からの恩恵を受けることができるようにするための長期的な貯蓄である、としている。明示的に退職者への年金に使途が限定されているわけではない。そのため、年金基金ではなく、ソブリンウェルス・ファンド（SWF）に分類されることも多い。

図表5-4　年金基金のグローバルトップ15（2021年末*）

ランキング	年金基金	国籍	資産額
1	年金積立金管理運用独立行政法人（GPIF）	日本	1兆7,309億米ドル
2	Government Pension Fund	ノルウェー	1兆4,371
3	National Pension	韓国	7,980
4	Federal Retirement Thrift	米国	7,742
5	ABP	オランダ	6,304
6	California Public Employees	米国	4,968
7	Canada Pension	カナダ	4,267
8	National Social Security	中国	4,068
9	Central Provident Fund	シンガポール	3,750
10	CFZW	オランダ	3,155
11	California State Teachers	米国	3,139
12	New York State Common	米国	2,678
13	New York City Retirement	米国	2,667
14	地方公務員共済組合連合会	日本	2,486
15	Employees Provident Fund	マレーシア	2,426

注：*米国の基金は2021年9月末時点。米国以外の基金は2021年12月31日時点。
出所：Pension & Investments,（2022）"The world's largest retirement funds:2022".

　年金は、投資と支払い（cash out）のスパンが長い。したがって、長期投資を考えているところが多い。そのため、長期のリターンを考えるESG投資とは親和性が高い。

　一方、年金基金の資産運用方針は、伝統的には、年金支払いとのデュレーションをマッチしつつ、リスク対比リターンを最大化することであった。年金基金に積み立てている政府の政治的配慮が入り込んだりしないためにも、また、それを受託して運用している年金基金の運用の責任を明確化するためにも、基金の目的（マンデート）をリスク対比リターンの最大化に絞ることが重要だった。これは、受託者責任といわれている。ESG投資が増えてくると、ESG投資がこの受託者責任に反しないのか、という議論が起きた。ESG投資の手法がエクスクルージョンであれば、リターンは低下するはずだ、というファイナンス理論の基本（第10章参照）に基づいて、ESG投資は受託者責任に反する、という意見が当初は多かった。また手法がポジティブなテーマであっても、グリーン投資のリターンが低いのであれば、それを

組み込むのは、やはり受託者責任に反することになる。

　このような状況で年金基金がESG投資をするには、次のような社会的な変化が必要になった。(A) 年金基金に対して、究極のアセットオーナーである政府（米労働省、日本の厚生労働省など）が、年金基金に対して、たとえ短期的なリスク対比リターンが低下しても、社会がよりよい形になる（気候変動を抑える、犯罪を減らす、など）のであれば、ESGに投資すべき、という受託者責任の変更をする。(B) ESG投資の中でもESGインテグレーションの場合には、リターンが、ESGを考慮しない市場リターンに遜色のないものである、と証明する。この場合はリターン至上主義の受託者責任のままでもESG投資ができることになる。傾向的には、(A) は欧州系とカナダの年金基金に当てはまり、(B) は米国の年金基金やエンダウメント（大学ファンドなど）に多いといえよう。

　PRIが国連環境研究・金融イニシアティブ（United Nations Environment Programme Finance Initiative, UNEP FI）と4年かけて行った研究結果[5]が発表されているが、ESGに配慮した投資をすることこそが受託者責任である、としている。原文は、以下である。

　The fiduciary duties of investors require them to：

- Incorporate environmental, social and governance (ESG) issues into investment analysis and decision-making processes, consistent with their investment time horizons.
- Encourage high standards of ESG performance in the companies or other entities in which they invest.
- Understand and incorporate beneficiaries' and savers' sustainability-related preferences, regardless of whether these preferences are financially material.
- Support the stability and resilience of the financial system.
- Report on how they have implemented these commitments.

　一方、年金の受益者によって、どのようなサステナビリティを志向するか

5　PRIと国連環境研究・金融イニシアティブ, "Fiduciary Duty in the 21st Century", PRI and UNEP FI.
https://www.unpri.org/download?ac=9792

は異なるので、それを理解した運用が必要とも説明している。この結論に至った理由としては、ESGファクターが企業価値に与える影響はマテリアル（ESG issues are financially material）であり、（個別国の名は明記されていないものの）諸国において年金基金がESGファクターを加味した投資を行うように規制が変更されている（Policy and regulatory frameworks are changing to require ESG incorporation.）、ESGファクターを投資判断に織り込むのは常識である（ESG incorporation is an investment norm）ことをあげている。なお、このレポートにはGPIFも参加している。

　日本においては、厚生労働省は、公的年金の積立金基本指針を2020年に以下のように改訂した[6]。

　　管理運用主体は、積立金の運用において、投資先及び市場全体の持続的成長が、運用資産の長期的な投資収益の拡大に必要であるとの考え方を踏まえ、被保険者の利益のために長期的な収益を確保する観点から、財務的な要素に加えて、非財務的要素であるESG（環境、社会、ガバナンス）を考慮した投資を推進することについて、個別に検討した上で、必要な取組を行うこと。

　これによって、日本でも上記のESG投資正当化の（A）が明示的に適用となった。また、GPIF[7]は、「年金事業の運営の安定に資するよう、専ら被保険者の利益のため、長期的な観点から、年金財政上必要な利回りを最低限のリスクで確保することを目標とする」というGPIFの投資原則を変えないものの、2015年にはPRIに署名し、ESG投資を、受託者責任を果たすことができる投資手法であると考える、としている。GPIFの場合は、原則的には、利回りの最大化が目標ではなく、「必要な利回り」を確保すればよいので、リスクが上がらない範囲で、ESGを組み込むことを正当化するのは、それほど難しくない。GPIFは、広範に投資をおこなっており、ユニバーサルな投資家（ユニバーサル・オーナー）である、と自らを定義した。従って、自らが社会に広くポジティブな変化をもたらすことは、自身に利するとしたの

6　厚生労働省、「第12回社会保障審議会資金運用部会資料−"積立金基本指針の改正について"」。
　　https://www.mhlw.go.jp/content/12501000/000577958.pdf
7　GPIF「ESG投資」。
　　https://www.gpif.go.jp/esg-stw/esginvestments/

である。これはハーバードビジネススクールのGPIFのケースに詳しい[8]。2017年には、ESG投資の適用を株式から全資産へ拡大している。なお、2022年4月時点で、GPIFは以下の8種類のインデックスを採用している。2022年3月末には、12.1兆円[9]を株式のパッシブ投資に、1.6兆円をESG債（グリーン、ソーシャル、サステナビリティボンド）に投資しており、委託運用機関の評価にESGを盛り込む、委託運用機関にESGに関してエンゲージメントを求めることも行っている。GPIFが投資をしているESGインデックスは次のとおり（詳細は第11章参照）。

日本株

FTSE Blossom Japan Index

MSCI ジャパン ESG セレクト・リーダーズ指数

S&P/JPX カーボン・エフィシェント指数

MSCI 日本株女性活躍指数（WIN）

FTSE Blossom Japan Sector Relative Index

外国株

S&P グローバル（除く日本）大中型株カーボン・エフィシェント指数

MSCI ACWI ESG ユニバーサル指数（除く日本、除く中国A株）

Morningstar 先進国（除く日本）ジェンダー・ダイバーシティ指数（GenDi）

　一方、GPIFではインパクト投資は行っていない。その理由を2020年度活動報告（GPIF（2020））に、以下のようにあげている。

　GPIFは「専ら被保険者の利益のために、長期的な視点から」将来の年金給付の財源となる年金積立金を運用することが法律で定められています。ここでいう「利益」とは「経済的な利益」と解釈されています。

8　Henderson,R.,George Serafeim, Josh Lerner and Naoko Jinjo, (2019) "Should a Pension Fund Try to Change the World? Inside GPIF's Embrace of ESG", HBS Case Collection, January 2019 (Revised February 2020).
　https://www.hbs.edu/faculty/Pages/item.aspx?num=55547
9　GPIF,「2021 年度 ESG 活動報告」。
　https://www.gpif.go.jp/esg-stw/esginvestments/2021_esg.html

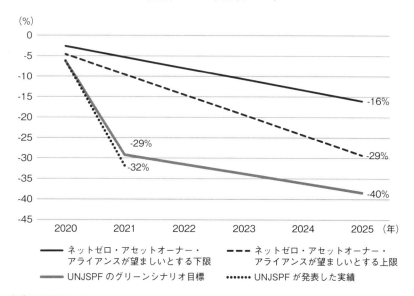

図表5-5　国連年金基金（UNJSPF）のポートフォリオから排出される二酸化炭素量削減目標
と実績（2020-25年、累積ベース）

出所:UNJSPF Net-Zero Target by 2025
https://www.unjspf.org/newsroom/united-nations-pension-fund-reaches-its-2021-carbon-reduction-target/

　GPIFのESG投資は、あくまで環境問題や社会問題が資本市場に与える負の影響を低減することによって、被保険者の長期的な「経済的な利益」を確保することを目的としています。このため「社会問題の解決に貢献する」こと自体を目的とする投資は、現行の法令及び当法人が行う投資行動の「目的」の下では行わない、という整理になっています。

　本書の序章で、ESG投資とインパクト投資の差異をあげたが、GPIFも同じように考えているようである。

　もう1つ別の年金基金の例をみてみよう。国連および国連機関の職員用の年金基金であるUNJSPF（United Nations Joint Staff Pension Fund）は、確定給付型年金を運用しており、2023年1月20日時点で運用資産額は約810億ドル[10]（10兆5,300億円）である。PRIの創設時から賛同しているが、ESG投資は、「フィランソロピーではないし、リターンを低下させることはしない」としている。退職した国連職員に、約束した年金を給付するには、イン

フレをのぞいて実質3.5%のリターンを上げる必要があり、こういった確定給付型年金基金の運用者には、「リターンを少々下げても」はとてもできないことである。その中で、2020年9月には石炭関連投資から撤退[11]した。国連環境研究・金融イニシアティブのネットゼロ・アセットオーナー・アライアンスにも加盟[12]している。ネットゼロ・アセットオーナー・アライアンスは、2050年に投資ポートフォリオからの温室効果ガス排出ネットゼロをめざす運用機関が84団体加盟しており、総運用資産は11兆ドル（1,430兆円）[13]である（2023年1月時点）一方、国連年金基金（UNJSPF）は、ネットゼロ・アセットオーナー・アライアンスの二酸化炭素の排出量削減目標を超える目標を図表5-5のように掲げている。加えて、2021年には、目標を上回る、運用ポートフォリオの二酸化炭素の排出量を32%削減したと、2021年10月18日に発表した[14]。

　米国の労働省は、企業年金において気候変動をはじめとするESGの考慮を促すという決定をした（2022年11月）。しかし、その後米国議会において、反対意見が出され、本書執筆時点（2023年2月）で最終決定は出ていない[15]。

　これに先立つ2020年12月に、図表5-4の大手年金基金ランキングで12位の米ニューヨーク州年金基金（New York State Common Retirement Fund）は、年金の長期的な価値棄損を防ぐため、投資ポートフォリオの二

10 UNJSPF（UN Joint Staff Pension Fund）, "Historical Fund Performance".
　　https://www.unjspf.org/the-fund/historical-fund-performance/
11 UNJSPF, （2020）"United Nations Joint Staff Pension Fund fully divested from Coal Energy Sector".
　　https://www.unjspf.org/newsroom/report/united-nations-joint-staff-pension-fund-fully-divested-from-coal-energy-sector/
12 UNEP FI, （2020）"United Nations Joint Staff Pension Fund Joins Net Zero Asset Owner Alliance".
　　https://www.unepfi.org/industries/investment/un-joint-staff-pension-fund-joins-net-zero-asset-owner-alliance/
13 UNEP FI, "UN-convened Net-zero Asset Owner Alliance".
　　https://www.unepfi.org/net-zero-alliance/
14 UNJSPF, （2021）"United Nations Joint Staff Pension Fund exceeds its 2021 carbon reduction target".
　　https://www.unjspf.org/newsroom/united-nations-pension-fund-reaches-its-2021-carbon-reduction-target/
15 US Department of Labor, "US DEPARTMENT OF LABOR ANNOUNCES FINAL RULE TO REMOVE BARRIERS TO CONSIDERING ENVIRONMENTAL, SOCIAL, GOVERNANCE FACTORS IN PLAN INVESTMENTS Protects the financial security of nation's workers, families in retirement". Press release, November 22, 2022
　　https://www.dol.gov/newsroom/releases/ebsa/ebsa20221122
　　https://www.federalregister.gov/documents/2022/12/01/2022-25783/prudence-and-loyalty-in-selecting-plan-investments-and-exercising-shareholder-rights

酸化炭素の排出量を2040年までにネットゼロとする、2025年までにエネルギー業界への投資方針を見直す、22社の石炭関連の株式をすでに売却したと発表した[16]。

図表5-4の世界の年金基金のランキングで第5位の、オランダ最大の年金基金であるABPも、2023年までに、化石燃料関係の投資（150億ユーロ、約2兆550億円）から撤退と2021年10月に発表している[17]。

また、世界の大手年金基金は最近、リアルアセットの比率を高めようとしている。リアルアセットには、不動産やインフラなどが含まれる。不動産にはこれまでも資産のある程度を投資していて、インフラなどはこれからである。

②資産運用会社

資産運用会社は、個人に加えて、年金基金・保険など法人投資家から受託した資金を運用している。年金基金の中にも、GPIFのようにほぼすべて外部の運用機関に委託しているところから、国連の職員年金基金のようにかなりの部分を自主運用しているところまでさまざまであるが、全額自主運用のところはほとんどない。112兆ドルの運用資産のうちかなりの部分が、資産運用会社で運用されていると考えるべきであろう。

資産運用業界全体をみてみよう。世界全体の運用資産は、BCG（2022）によると、過去18年間に、年約7.4%で大きく増え、2021年に112兆ドル（1京4,560兆円）に達した（図表5-6参照）。

図表5-7の運用資産対世界の名目GDP比率が示すように、名目GDPよりも高い成長率であることがわかる。

しかし、運用資産額の増加にもっとも寄与したのは、リターンが高かったことである。BCGの同調査によると、新規資金流入は2008-20年の平均で期初運用額の1.4%にすぎず、リターンを高く保つプレッシャーが高いと考え

---

16 New York State Comptroller, "New York State Pension Fund Sets 2040 Net Zero Carbon Emissions Target: Announcement Builds on Fund's Climate Action Plan. Review of Energy Sector Investments to Be Completed by 2025, With Potential Divestment for Riskiest Companies. Sponsors of Fossil Fuel Divestment Act Support Fund's Strategy" Press Release, December 9, 2020.
https://www.osc.state.ny.us/press/releases/2020/12/new-york-state-pension-fund-sets-2040-net-zero-carbon-emissions-target
17 ABP, (2021) "ABP stops investing in fossil fuel producers" .Press Release, October 26, 2021.
https://www.abp.nl/english/press-releases/abp-stops-investing-in-fossil-fuel-producers

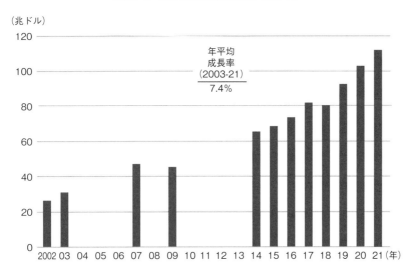

図表5-6　世界の運用資産（2002-2021年）

（兆ドル）

年平均
成長率
（2003-21）
7.4%

出所：BCG（2022）

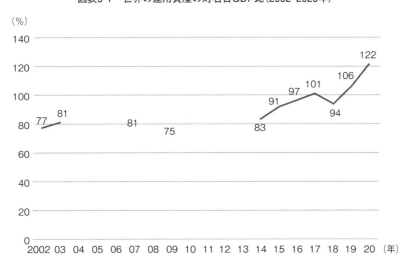

図表5-7　世界の運用資産の対名目GDP比（2002-2020年）

（％）

出所:BCG（2022）,（2021）,（2020）, World Bank,"GDP, Current US$P"
https://data.worldbank.org/indicator/NY.GDP.MKTP.CD

られる。2007-20年の運用資産の増加率平均は5.3％なので、運用資産増加の約74％はリターンからである。この傾向は近年も続いていて、2019年には、運用資産額の増加のうち、新規資金の流入によるものは約4分の1しかなく、残りの4分の3はリターンの再投資である[18]。2020年もほぼ同様で、運用資産額の増加のうち、新規資金の流入は28％で、残りの78％はリターンの再投資だった。2021年の新規流入額も期初運用額の4.4％であった。

　また、前出のBCGのレポートによると、世界の運用資産をタイプ別にみるとパッシブとオルタナティブが増加している。オルタナティブとはヘッジファンド、プライベートエクイティ、不動産・インフラ投資等の総称である。オルタナティブ資産の多くは専門機関で運用されることが多い。一般的に運用フィーはパッシブが低い（図表5-8参照）。

　BCG調査では、図表5-9からわかるように、2007-2021年は、運用資産は年平均6.4％で増加しているが、売上にあたるネット収入の増加率は、アクティブ投資からパッシブ投資への移動もあって、4.4％しか増加していない。一方、コストは年4.0％で増加している。

　次に、運用資産でみるトップ15の運用機関をみてみよう（ADV Ratings調べ[19]）。

　運用手法（パッシブ、アクティブなど）が異なるので、単純な比較はできないが、アセットオーナーの資産の約半分が米国にあることもあって、米国の運用会社が、ブラックロック、バンガード、フィデリティ、ステート・ストリート、モルガン・スタンレー、JPモルガン、キャピタルグループ、バンクオブメロンニューヨーク、ゴールドマン・サックス、ピムコとトップ15のうち7割を占めている。トップ15の残りは、UBS（スイス）、アリアンツ（ドイツ）、クレディ・アグリコル（フランス）、アムンディ（フランス）、リーガル・アンド・ジェネラル（英国）とすべて欧州の企業で、日本も含めてアジアからは1社も入っていない（図表5-10参照）。

---

18 BCG,（2020）"Global Asset Management 2020: Protect, Adapt, and Innovate".
　 https://www.bcg.com/ja-jp/publications/2020/global-asset-management-protect-adapt-innovate
19 https://www.advratings.com/top-asset-management-firms

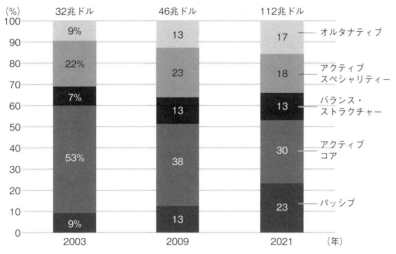

図表5-8　世界の運用資産のタイプ別（2003-2021年、含む株式・債券・ファンド）

出所：BCG（2021）,（2022）

図表5-9　世界の運用業界の運用資産・収入・コスト・利益（2007-2021年、2007=100）

出所：BCG（2020）,（2021）,（2022）

　米国資産運用会社の中でも、ESG投資で有名なのが、運用資産額世界最大のブラックロックのフィンクCEOである。ブラックロックは、1988年にフィンクCEOらがブラックストーン傘下で設立した、比較的若い企業である。その後ブラックストーン・グループから独立し、PNCの資産運用部門

図表5-10　資産運用会社のグローバルトップ15（2022年3月末*、兆ドル）

ランキング	運用会社	主拠点所在国	運用資産額
1	ブラックロック	米国	9.6
2	バンガード	米国	8.1
3	フィデリティ	米国	4.3
4	UBS	スイス	4.2
5	ステート・ストリート	米国	4.0
6	モルガン・スタンレー・アセット・マネジメント	米国	3.3
7	JPモルガン・アセット・マネジメント	米国	3.0
8	クレディ・アグリコル	フランス	2.9
9	アリアンツ	ドイツ	2.8
10	キャピタルグループ	米国	2.7
11	ゴールドマン・サックス・アセット・マネジメント	米国	2.4
12	バンクオブニューヨークメロン	米国	2.3
12	アムンディ	フランス	2.3
14	ピムコ	米国	2.0
15	リーガル・アンド・ジェネラル	英国	1.9

注：*UBS、クレディ・アグリコル、キャピタル、リーガル・アンド・ジェネラルは21年末。なお為替レートは2022年3月末時点。
出所：ADV Ratings, https://www.advratings.com/top-asset-management-firms

やメリルリンチの資産運用部門やバーグレイズ・グローバル・インベスターズなどを買収し、現在に至っている。ネットゼロ・アセットマネージャー・アライアンス[20]に加盟しており、ESG投資を積極的に提言している。フィンクCEO自らが、毎年、アセットオーナーむけ[21]と投資先企業および投資候補先企業のCEOむけに手紙を書き、それを公開している。

2021年初のアセットオーナーむけレターでは、サステナビリティを投資判断の中でどうインテグレートしているかについて語っている。2022年初の投資先企業のCEOむけには、以下のように記されていた。

"We focus on sustainability not because we're environmentalists, but because we are capitalists and fiduciaries to our clients."（我々がサステナ

20　"Net Zero Asset Managers initiative".
　　https://www.netzeroassetmanagers.org/
21　BlackRock,"Sustainability as BlackRock's new standard for investing".
　　https://www.blackrock.com/uk/blackrock-client-letter

ビリティにフォーカスするのは、環境志向だからではなく、我々が資本家であり、かつ受託者責任があるからである）。

ところが、2022年中ごろからESG投資に懐疑的なグループなどによる批判もでてきている。

また、ステート・ストリートのロン・オハンレーCEOも、コロンビア大学日本経済経営研究所（Center on Japanese Economy and Business, CJEB）主催のウェビナーに、2020年7月15日登壇し、ハーバードビジネススクールのセラファイム教授の論文などを例にひきつつ、ESGファクターのインテグレーションによる、投資の必要性を語った[22]。

③保険会社

保険会社においても、ESG投資はスタートしている。次章でESG投資に関するアセットオーナーと投資家のインタビュー調査のまとめを示すが、そこでインタビューした欧州と日本の保険会社はともにESG投資を行っていた。また、そのうち欧州の保険会社からは、投資リターンに加えて、保険の契約者が保険会社を選択する際に、資産運用においてESGを運用判断に反映しているかがひとつの基準になっている、と聞いた。保険会社の顧客である契約者が、ESG投資を強く推奨するという答えが多いのは、現代社会の投資家の考え方を象徴しているのではないか。

④個人投資家

前出のUS SIFは、個人投資家もESG投資を行っていると説明している[23]。その例として、投資信託を通じたESG投資をあげている。一方、個人投資家、特にマス層が投資をしている投信には、ESGと銘打っているが、どの程度のESGファクターを考慮に入れているのかはっきりしないものもある。これは第1章で述べたように、ESG投資の定義が緩やかなことに起因してい

---

22 CJEB,（2020）Webinar with Ron O'Hanley, Kathy Matsui Moderated by Keiko Honda and Takatoshi Ito,"ESG Investing in the Covid 19-era".
　https://www.youtube.com/watch?v=iXUCxhm5MiM
23 US SIF, "Sustainability Investing Basics".
　https://www.ussif.org/sribasics

る。これについては、各々の投資家の対応が現在必要になっているが、前にも述べたように、EUは、SFDRを通じて、ファンドを3種類に分類して、分類ごとに情報開示のレベルを変えることで、サステナビリティファンドの規定を打ち出した。

　年金基金、保険、個人以外の投資家というと、米国では大学の基金があり、洗練された運用でリスク対比高リターンを上げているところもある。また、大学基金では、早くから、銃メーカーやたばこ製造会社には投資をしない（エクスクルージョン）というところも多い。ESGの言葉が定着する前から、ESG投資のうちS投資を実践していたといえる。大学基金のうち最大級の規模を誇るハーバード大学の基金では、ポートフォリオから化石燃料・エネルギー関連を除外する[24]と、2021年9月に学長自らが発表した。ハーバード大学の基金も本格的にESG投資を公表するようになった。

　また、最後にアセットオーナーの地域別所在をみてみよう。図表5-13で示したように北米が約半分、欧州が約4分の1で、欧米で7割を超える。この資産を背景にESG投資に関するルールづくりのみならず、データ会社や格付け会社などの業界インフラの構築が欧米主導で進んでいるのは、不思議ではない。

＊　＊　＊

　規模の大きな投資家である年金基金、保険会社、ソブリンウェルス・ファンド（SWF）は、主に長期な視点で投資を行っている。長期投資とESG投資とは親和性が高い。年金基金がESG投資を行うことは受託者責任に反しないかという議論があったが、これについては、受託者責任の内容についてESG投資を認めるように書き換えたり、ESG投資は実は長期的には投資リターンは高いとされるようになるなど、ESG投資の正当化が進んでいる。

---

24 Harvard University Office of the President,"Climate Change：Update on Harvard Action" September 9, 2021.
　　https://www.harvard.edu/president/news/2021/climate-change-update-on-harvard-action/

図表5-11　地域別にみたアセットオーナーの割合（2020年）

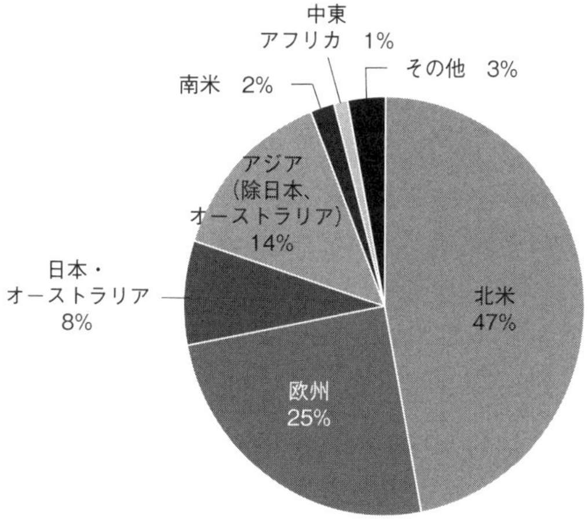

中東
アフリカ　1%
その他　3%
南米　2%
アジア
（除日本、
オーストラリア）
14%
日本・
オーストラリア
8%
欧州
25%
北米
47%

出所：BCG（2021）

欧州・日本に続いて、米国の労働省も、ESG投資を行うことが受託者責任には反しないという判断を2022年11月に行った。一方、米国議会でこれに対して反対意見がでており、本書執筆時点（2023年2月）で最終決定は出ていない。しかしながら、ESGと受託者責任との関係が米国の上下院議会で議論されるようになったこと自体が、ESG投資が政治の舞台においても大きなテーマとなったことを示している。ただし、現在の米国政治の動きは、ESGへの反対論の高まりの面が強く、ESG重視の資産運用会社を締め出そうとしたり、年金基金のESG重視が受託者責任に反するのではないか、という意見によるESG押し戻しの面が強い。このような反論も、ESG投資が、リターンを高めるものだ、という本書の定義が一般的に受け入れられれば、自然解消するはずである。

第6章

ESG投資の実態
——独自インタビュー調査

　第1章から第5章まで、ESG投資の投資総額の急増、金融商品のESG適格性、ESG投資手法、ESG投資主体、などについて議論してきたが、投資家（アセットオーナーと資産運用会社）が実際にどのような意識をもって投資をしているのかについての体系的調査は、これまでのところ行われていない。そこで、筆者（本田）は、投資家が本当のところどう考えているかを知ることが、ESG投資を理解するうえで必須のことと考え、主要投資家に直接調査（インタビュー）してみることとした。関心事項は次のとおりである。

- ESG投資は2004年の誕生から15年以上たった今なぜ増加しているのか。投資家はどういう動機でESG投資を行っているのか。
- 定義の曖昧なESG投資を、投資家はどう定義しているのか。
- どういうESG投資戦略をとっているのか。
- どういう体制でやっているのか。
- ESG投資にあたっての課題は何か。

具体的な調査方法は以下のようになる。

- 主要質問の設定と回答の予想：投資家は、なぜESG投資を行っているのか、具体的にはどのようにESG投資を行っているか、ESG投資を行ううえでの課題は何か、等の主要な問いを抽出し、どういう答えがありそうかを予想した。
- 質問票の作成：上記予想の検証をするうえで必要な質問と関連する質

問で質問票を作成した。

- 調査対象の決定：ESG投資を行っているか、もしくは行う可能性のある、アセットオーナー（年金基金、保険等）、資産運用会社、銀行、ソブリンウェルス・ファンド（SWF）のうち、情報開示をある程度行っていて（PRI賛同者の公開レポート[1]、統合レポート、アニュアルレポート、ウェブサイト等）、インタビューに応じてくれそうな投資家を、地域の分散を留意しながら選択した。

- 文献調査：（PRI賛同団体であれば）PRI賛同者の公開レポート、統合レポートを出しているところは統合レポート、そうでなければアニュアルレポート、ウェブサイトなどから上記質問票に関連のある情報を収集。PRI賛同者の公開レポートは、2021年分以降はレポートの質問形式の見直しが終了せず、各社のレポートが公開されていないので少し古くはなるが、アセットクラスごとにどのようにESG投資を行っているのか、ESG投資のポリシーの設定、自主運用の場合の投資実行、委託の場合の運用会社選定プロセスへのESGファクターの織り込み、モニタリングの実行方法から体制まで情報がふんだんにある。GPIFの場合で52ページあり、もっと長い投資家も多い。しかも同じ質問に各団体が回答しているので、比較も容易である。

- インタビューの依頼と実行：各投資家の戦略にふれる部分も多く、チャタムハウスルール[2]（投資家の名前を特定して何をいったかを開示することはしない）を適用した。

　本インタビューは2019年の12月から2022年の1月にかけて行った。コロナ危機の最中であったため、対面34％オンライン66％で行うこととなった。結果として図表6-1にある35のアセットオーナーと機関投資家に詳しい話を聞いた。

　この35の投資家の総運用資産は24兆ドル（3,120兆円）を超え、世界の運用資産の2割超である。大手のアセットオーナーと投資家が多いが、中小の

1　https://www.unpri.org/signatories/reporting-and-assessment/public-signatory-reports
2　https://www.chathamhouse.org/chatham-house-rule

図表6-1　インタビューした投資家

アラベスク	シュローダー
Affirmative Investment Management（AIM）	第一生命
MPower Partners	年金積立金管理運用独立行政法人（GPIF）
Guggenheim Investments	農林中金
Grantham, Mayo, & van Otterloo（GMO）	PGIM フィクスト・インカム
国際連合Joint Staff Pension Funds	PGIM リアルエステート
ゴールドマン・サックス・アセット・マネジメント	PGIMクオンティテイティブ・ソリューションズ
J.P.モルガン・アセット・マネジメント	ベイビュー・アセット・マネジメント
シンガポール政府投資公社（Government of Singapore Investment Corporation, GIC）	三井住友信託銀行
	三菱UFJ信託銀行
	テマセク・ホールディングス
	他　15社

総運用資産　24兆ドル

出所：ESG投資に関する調査・インタビュー

図表6-2　調査対象の投資家のタイプ

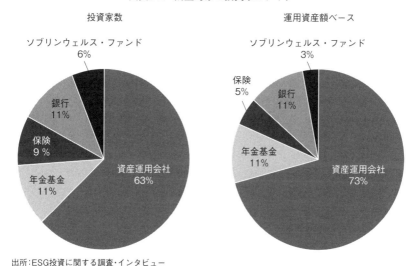

投資家数

ソブリンウェルス・ファンド
6%
銀行
11%
保険
9 %
年金基金
11%
資産運用会社
63%

運用資産額ベース

ソブリンウェルス・ファンド
3%
保険
5%
銀行
11%
年金基金
11%
資産運用会社
73%

出所：ESG投資に関する調査・インタビュー

運用会社・年金基金もある。調査対象をもう少し詳しくみてみよう。タイプとしては、資産運用会社がインタビュー先の6割強で、運用額でみると全体の73%をしめた。インタビュー先で次に多かったのが年金基金の11%で、

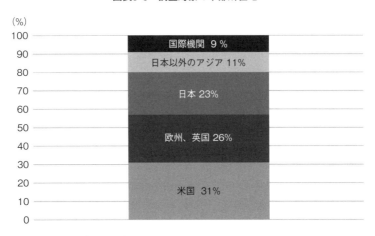

図表6-3　調査対象の本部所在地

出所:ESG投資に関する調査・インタビュー

運用額も11%であった。銀行もインタビュー先の11%で運用資産額も11%。保険会社がその次でインタビュー先の9%で運用額の5%であった。ソブリンウェルス・ファンドはインタビュー先の6%で運用額の3%であった（図表6-2参照）。

　次に地域的な分布をみてみよう。

　米国が一番多く31%、英国を含む欧州が26%、日本が23%、日本以外のアジアが11%で、国際機関等が9%であった（図表6-3参照）。運用機関の運用する資産額に比して、日本とアジアが少なく、米国が多い。米国基金の平均資産運用額が大きいことを示唆している。

　それでは実際の質問とその回答をみていこう。

Q1.　ESG投資を行っていますか?

　調査した35社のうち、1社を除く全社がESG投資を行っていると答えた。ESG投資の比率は97%に上る。

　調査対象に大手が多いことが一因かもしれないが、97%がESG投資を行っている。調査対象には、ESG投資の浸透度が高かった。

Q2. ESG投資の定義を教えてください。

　一方、ESG投資の定義については、インタビュー先によって答えが異なる。34%からは、ESGの定義はまだ検討中であるという答えが返ってきた。そして、定義があると返答した企業・団体からは、各社各様で23種類と似ているが少しずつ異なる定義を聞くこととなった。そのうち最も代表的だったのが、すでに第1章で引用した以下のものであった。

> 「環境、社会、ガバナンスの要素は非財務ファクターだが、リスクをマネージし事業拡大の機会を発掘するのに重要である」 "Environmental, Social and Governance (ESG) factors are non-financial considerations that are important for stakeholders to keep in mind when assessing a company's performance, and can be used both to mitigate risk and unlock opportunities in an investment portfolio."

また、類似した定義をしていた例を以下に2つ紹介したい。

> 「企業と社会や環境との関係および企業と株主の関係を鑑みながら行う投資」 "ESG investment covers the range of investment activities which recognize the relationship between companies and the societies and environments in which they operate, and between companies and the shareholders which control them."

> 「ESGは、企業が事業を行う中で影響を受ける、ないしは影響を与えるような非財務ファクターであり、経営が十分な留意を払わないと重大なリスクとなりうる。一方、再生エネルギー必要性の増大や発展途上国における社会課題の解決などにおいて、新たな事業機会ともなりうる」 "ESG factors are extra-financial factors that can influence, and be influenced by, our business activities. If not addressed appropriately they can escalate into substantial risks. Alternatively, ESG factors can also present opportunities to induce positive change, such as increased

requirements for renewable energy investments or offering solutions for emerging markets."

ESGの定義については、投資家も熟考を重ねているということは、本調査からよくわかってきた。そうした理由もあって、本書では、第1章をESG投資の定義から始めることとした。

Q3.（本書でのESG投資の定義を示して）いつからESG投資を開始しましたか？

各社に、筆者のESG投資の定義に基づいて、いつからESG投資を開始したのかを聞いた。

先述のようにESG投資という言葉が誕生したのは、2004年にアナン国連事務総長（当時）による "Who Cares Wins" 提言である。さらに、多くの投資家がESG投資を始めたのは、最近になってからではないかと私は予想していたが、それはまったく誤りであった。社会責任投資の流れをくみ1940年代から開始したという1社、1970年代には開始していたという3社は、ESGという言葉が生まれるはるか以前から、その内容を実践していた。90年代に始めたというところも3社あった。ESGが初めて提唱された2004年前後はあまり多くなく、急増したのは、2015年以降であった（図表6-4参

図表6-4　ESG 投資の開始時期

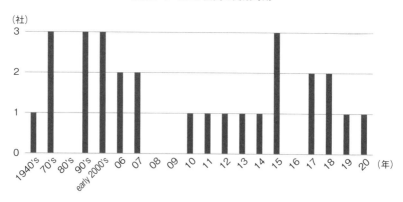

出所：ESG投資に関する調査・インタビュー

図表6-5　ESG投資の開始時期とPRIへの賛同時期

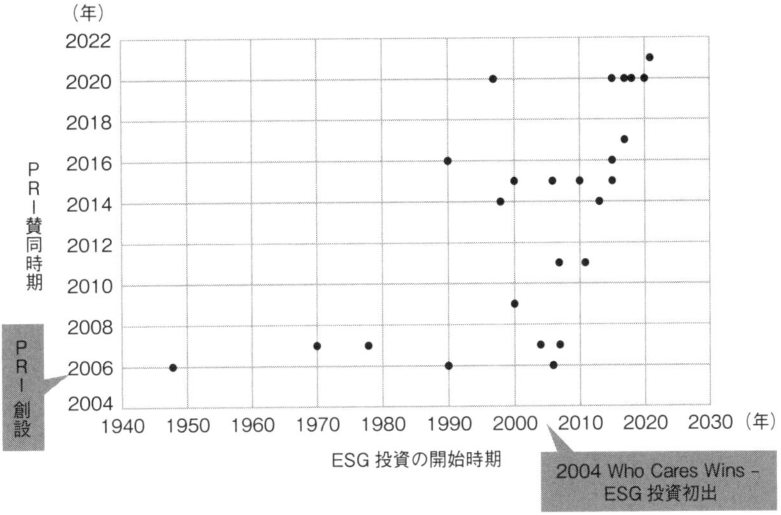

縦軸：PRI賛同時期（年）
2022
2020
2018
2016
2014
2012
2010
2008
2006
2004

PRI創設

横軸：ESG投資の開始時期（年）
1940　1950　1960　1970　1980　1990　2000　2010　2020　2030（年）

ESG投資の開始時期

2004 Who Cares Wins –
ESG投資初出

出所：ESG投資に関する調査・インタビュー

照）。ESG投資開始とPRI賛同が相関するかどうか比較してみたのが図表6-5である。

　調査先のうち27社がPRI賛同団体であり、銀行を除くとかなりがPRIに署名している。責任銀行原則（Principles for Responsible Banking、PRB）に署名している銀行もあるが、ここでは比較のため外した。PRIの署名年はばらばらである。近年急増したESG投資の検索回数とはかなり異なる。調査先には、ESG投資が最近運用業界でよく聞かれるようになったから始めた、というところはむしろ少数だったのである。自らよく考えて、ポリシーをもってESG投資に従事することにした投資家が過半数といってよい。

Q4.　ESG投資を行う理由は何ですか？

　次に、非常に重要かつ多くの人の関心項目であろう質問である、なぜESG投資を行っているのか。これに関しては、筆者（本田）が事前に予想した回答は、「顧客の要望と社員・社会の要望に応えて」であった。しかし、ここでも筆者の予想と異なる答えが返ってきた。「リスクをマネージして長

図表6-6　ESG投資を行う理由（複数回答）（図表1-8の再掲）

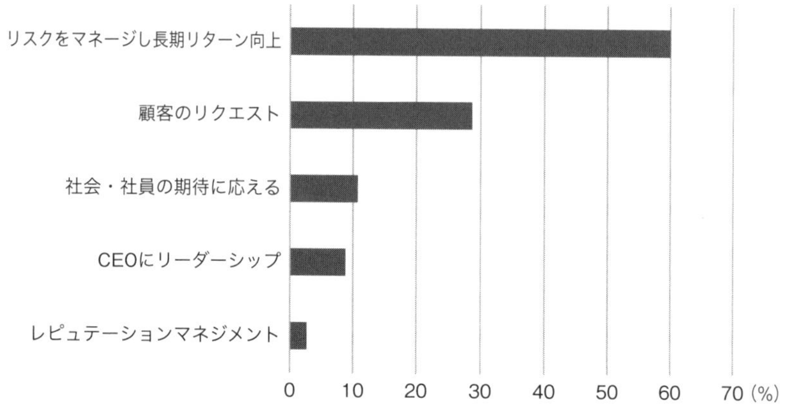

リスクをマネージし長期リターン向上
顧客のリクエスト
社会・社員の期待に応える
CEOにリーダーシップ
レピュテーションマネジメント

0　　10　　20　　30　　40　　50　　60　　70 (%)

出所：ESG投資に関する調査・インタビュー

期的リターン向上」を理由としたところが調査先の6割を占めた。社会に貢
献するからESG投資ではなくて、リスク対比リターンを長期的には向上で
きるからESG投資なのであった。もちろん、「社員・社会の要望に応えて」
や「顧客の要望で」が理由というところもあったが、少数であった。興味深
い答えが1つあり、「CEOの要望で」というものだったが、こちらは1社だ
けであった。第1章で使用した図を、参考までにここで図表6-6として再掲
する。

Q5.　採用しているESG投資の手法は何ですか？

　ESG投資の手法について質問した。インテグレーション、エクスクルー
ジョン、テーマ／ポジティブのうちどの戦略を採用しているのか、複数回答
可で答えてもらった。ESG投資を行う投資家すべてがインテグレーション
戦略を使っていた。

　本書でESGファクターのインテグレーション（統合）をESG投資の定義
に入れているのは、これが1つの理由である。また、37%がインテグレーシ
ョン、エクスクルージョン、テーマ／ポジティブの3つの戦略をすべて用い
ていると答えた。これは1つの投資にすべての戦略を用いるというよりも、

図表6-7　ESG 戦略の適用状況

(A) ESG インテグレーション 投資判断に、財務ファクターに加えて、ESGファクターを織り込む	(B) ESG エクスクルージョン ー特定の事業からの売上・利益の割合が一定をこえる企業を排除 ー ESG スコアで、業界で下から一定割合の企業を排除	(C) ESG テーマ・ポジティブ ESG ファクターで、 ー業界一番や優位企業を選択 ー業界内で改善がはなはだしい企業を選択 ー特定の ESG ファクターで優位な企業を選択	
☑	☑	☑	37%
☑	☑		31%
☑		☑	9%
☑			9%

出所:ESG投資に関する調査・インタビュー

いくつかの投資のファンドや顧客別の投資において、異なる戦略を使っているということであった。また、31%の投資家は、インテグレーション戦略とエクスクルージョン戦略を用いていた（図表6-7参照）。

　エクスクルージョン戦略はESG投資の以前からあった社会責任投資の時代では主流であったのに、今回のインタビューでは使用が限定的であったのでその理由をたずねてみた。

　　「株式を売却してしまえば、なんの影響も及ぼせない。それよりも経営陣とのエンゲージメントを通じて、問題がある事業の売却を促したほうがよい」"If we sell the stock of a company, we cannot exercise any influence over management. Rather, we would like to engage with management to navigate them out of the areas of business which ideally we would rather not have them in."

　　「顧客が規制や何らかの内規で特定の業界や企業へ投資ができない場合を除いて、投資先にできるだけ制約を設けたくない」"We do not seek to limit the investment universe or exclude sectors or companies except as required by client guidelines or regulations."

　ちなみに、エクスクルージョン戦略をとっている運用機関・アセットオーナーで、除外していた事業（その事業から上がる売上や利益が、全社売上・

利益のある一定以上の場合）は次のようなものであった。
- 地雷、クラスター爆弾、生物兵器、化学兵器
- 石炭火力発電
- 石炭事業
- たばこ
- ギャンブル
- 成人むけエンターテインメント
- 国連のグローバル・コンパクト（人権、労働者の権利、環境、汚職、バイオダイバーシティ、税、水の使用等関連）への違反
- 国連、EUや英国財務省や米国の外国資産コントロールといった規制やルールに反する事業

また、テーマ／ポジティブ戦略も少なかった。加えて、運用機関のテーマは非常に限られていて、インタビューで出てきたのは次の3つであった。
- 気候変動
- 再生エネルギー
- ジェンダー

また、テーマ／ポジティブ戦略をとらない理由としては、特定のESGファクターだけみるのではなく非財務ファクターすべてをみるべきで、かつ財務ファクターと一緒にして考えるべきという回答と、ESGファクターにおいてあまりにも劣位の企業には投資を避けるべきだからという回答が多かった。

Q6.　ESG投資のデータはどう収集していますか？

ESG投資ではデータ収集が難しい。ESGデータを提供する会社にどのようなものがあるか、どういったデータを提供しているか等を調査した後に、インタビューを試みた。

自社でESGに関するデータベースを独自に作成しているか、という質問に対しては、75%が独自データベースをつくっている、という答えであった。4分の3の投資家が、自らデータ収集をしており、データベースをつく

っているというのは、事前の予想よりはるかに高い割合であった。各業界もしくは企業ごとにマテリアルなESGファクターは何かを選択し、その情報を収集する必要があるからだ。収集といっても、多くの企業で開示が進んでおらず、また、開示をしていたとしても、競合との比較は難しかったりする。そこで、各企業の開示情報に加えて、独自の情報収集も必要となる。データマイニング先としては、地方紙やウェブサイトを細かくみるという投資家もあったし、オルタナティブデータと称して、衛星からのデータを反映させるというところもあった。

Q7. 外部のESGデータ会社のデータは信頼できますか？ 満足のいくものですか？

データについては、ESGデータ会社からのデータ購入があるかについても聞いてみたところ、80％の投資家がESGデータ会社からデータを購入していた。

外部のESGデータ会社のデータには、必ずしも満足してはいなかった。具体的なコメントとしては、次のようなものがあった。

「信頼はできない。データが限られるので、多くは推計である。しかも、必ずしも同意できないような前提をおいての推計もある」"We cannot rely on them. Given the limited availability of data, they estimate some numbers but some of their assumptions are questionable."

「データ会社のデータはカバーしている項目数は多い。しかし、運用判断に関係ないものも多い」"They have too many indicators. But many are not relevant."

信頼性が高くないため、複数のデータ会社からデータを購入し、それと自社で収集したデータを比較し、適切と思われるデータを使っているという答えがあった。一番多いところで、9社からESGデータを購入していた。

ESGデータ会社については、第8章でもう少し詳しく述べる。

Q8. ESG投資に従事する人は（フルタイム換算で）何人ですか？

ESG投資を行う体制について質問した。具体的には、フルタイムに換算

図表6-8　ESG 担当者数（フルタイム人員換算）

- 資産運用会社 A（米国）　73人
- 資産運用会社 B（米国）　40人
- 保険会社 C（欧州）　30人
- 資産運用会社 D（米国）　19人
- 資産運用会社 E（欧州）　18人
- 資産運用会社 F（日本）　18人
- 保険会社 G（日本）　15人
- 資産運用会社 H（米国）　13人
- 資産運用会社 I（欧州）　12人
- 資産運用会社 J（米国）　11人
- 資産運用会社 K（米国）　10人
- 保険会社 L（日本）　10人
- 資産運用会社 M（欧州）　8人
- 資産運用会社 N（米国）　5人
- 資産運用会社 O（米国）　5人
- 年金基金 P　3人
- 資産運用会社 Q（米国）　1人

出所：ESG投資に関する調査・インタビュー

すると何人くらいをESG投資にあてているかを質問した。これはPRIの署名団体の公開レポートにも回答欄があるので、そちらの数値を参考にしながら、インタビューでも聞いた。結果は、図表6-8にあるが、各社各様である。ちなみに、運用額とも、アクティブ・パッシブといった運用手法ともあまり相関がない。

　一方、インタビューをする中で、体制については、大きく分けて2つの進め方があることがわかってきた。

1. ESGチームを組成して、そこに知見を集めて投資を行う。

2. 一部ESG専任者はいるが、全員がESG投資を理解して、すべての投資にESGインテグレーションが反映されるようにする。

　筆者（本田）は、2018年くらいまでは、1.の形でESG投資を行っていると、いくつかの投資家から聞いていた。ところが、今回インタビューの中で、2.の体制でESG投資に臨んでいるという投資家が複数あった。残念ながら当初質問の構成を考える際にここまで考慮に入れておらず、定量的にどの程度の投資家が後者の体制を採用しているのかわからないが、ESG投資が運用資産の3分の1を超えるなど、ESG投資がニッチではなく、主流になってくれば、この体制移行は当然であるといえる。後者の体制になってくると、いかに全社員を巻き込んで、社員のマインドセットを変革し、ESG投

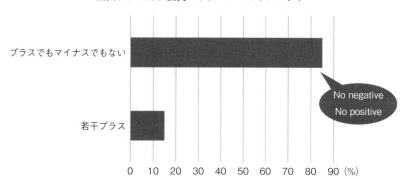

図表6-9　ESG 投資のリターンへのインパクト

プラスでもマイナスでもない

若干プラス

No negative
No positive

0　10　20　30　40　50　60　70　80　90 (%)

出所:ESG投資に関する調査・インタビュー

資に関する戦略を全員に伝達するか、ESG 投資の基本をどうトレーニング
するか、などが大事になってくる。

Q9.　ESG投資で、リターンは向上しましたか?

　ESG 投資のリターンへのインパクトについて聞いた。15％の機関がリタ
ーンに少しプラス効果があったと答えたが、8割は、短期的にはプラス効果
もマイナス効果もまだ確認されていないとした(図表6-9参照)。

Q10.　(資産運用会社)ESG投資を行うことで、新規資産流入額が増えましたか?

　多くの答えは、「ESG投資を行うだけで新規流入額が増えるという時代で
はない」というものであった。一方、ESG投資をポリシーとしてやらない
ということになると、運用資産額は減少するだろうという回答もあった。

Q11.　ESG投資の課題は何ですか? (複数回答)

　筆者(本田)は、データの信頼性が最大の課題と予想していた。この予想
は当たった。データの確保と信頼性・比較性がやはり最大の課題として8割
の投資家からあげられた。さらに、投資家の37％はESGウォッシングにつ
いて憂慮していた。データの開示が限られることもあって、ESGという名

図表6-10　ESG投資を行う上での課題

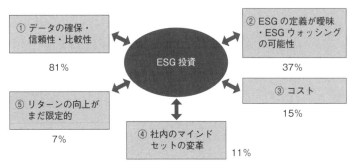

① データの確保・
　信頼性・比較性

81%

② ESG の定義が曖昧
　・ESG ウォッシング
　の可能性

37%

ESG 投資

③ コスト

15%

⑤ リターンの向上が
　まだ限定的

7%

④ 社内のマインド
　セットの変革

11%

出所:ESG投資に関する調査・インタビュー

図表6-11　ESG投資のコスト

■ ESG 投資を行うとコストは確かに増える

■ ESG 投資を行うに伴い生じるコストをしっかり把握している投資家はいなかった

■ コスト増加分を顧客に転嫁できているところはない。運用会社が負担するのが当然
　のようになっている

出所:ESG投資に関する調査・インタビュー

前のついたファンドが、きちんとESGファクターを織り込んでいないとい
ったことが起きていて、ESG投資への嫌悪が生まれる可能性が否定できな
いことに対する憂慮であった（図表6-10参照）。

　また、ESG投資を行うと、コストが増える。これについては、ESG投資
を行う大きな問題になるのではないか、と思われたが、コストが課題とした
のは15%にすぎなかった。また、ESG投資によるコスト増を定量的に計測
している投資家もほとんどいなかった。しかし、増えたコストについては、
顧客であるアセットオーナーに転嫁はできていない、ということであった
（図表6-11参照）。

＊　＊　＊

インタビュー調査の結果を要約すると次のようになる。ESGファクターを従来の投資判断に織り込むことでリスク対比リターンを上げることが、投資家がESG投資を行う最大の理由であった。それに伴い、ESG戦略もインテグレーションが最も多い。また、調査対象の97%と大半の投資家は、ESG投資を行っている。第1章で述べたように、ESG投資はもはやニッチではない。そこで、専属のチームをつくってそこだけでやるというよりも、全社・全社員を巻き込む展開になっている。また、ESG投資遂行上の課題として、データの確保と信頼性と比較可能性の担保に加えて、ESGウォッシングが起きないようにすることがあげられているのは、大変適切である。この二大課題については、第9章で取り扱いたい。

第7章

ESG投資は同床異夢なのか

　第1章で詳述したように、ESG投資は、投資家が自らの役割であるより高いリターンをめざし、ESGといった非財務ファクターを投資判断に織り込むというものである。そして、社会課題の改善は一義的な目的ではなく、あくまでも副産物である。

　しかし、機関投資家はそう考えていても、ESG投資の定義が確立されていないこともあって、ESG投資に対して、異なる期待をする人々もいる。これが本書で定義するESG投資を行う一部投資家への、的外れの批判にもなっているので、本章では、異なるステークホルダーがESG投資をどう理解して、何を期待しているのかを考えてみたい。

①投資家にとってのESG投資

　機関投資家の年金基金・保険・資産運用会社の合計運用額は、112兆ドル（約1京4,560兆円）にのぼる。彼らの最大の目的は、リスク対比のリターン最大化と、負債である将来のキャッシュ支出を実行できるようなポートフォリオの構築である。年金、特に確定給付型年金は、一定のリターンを上げることを前提に年金保険料を設定しているので、リターンが下がると公的年金であれば社会的、政治的な問題に発展するし、企業年金であれば企業は追加で拠出が必要となる。したがって、軽々にリターンを犠牲にしてでも、社会問題を解決するための投資判断を行うとはいえない。第2章で説明したように、これが受託者責任の解釈である。ESG投資はあくまでもリターンを上

117

げるための投資手法ということであれば、ESG投資も受託者責任の範囲内ということになる。そこでESG投資インテグレーションであれば、受託者責任には矛盾しないという判断が下されたことは第2章で述べたとおりである。

年金基金・保険・資産運用会社は共に競争にさらされている。上場企業株式や債券の投資をする際には、その資産内容にあわせてベンチマークとなる指標を決める。そのベンチマーク対比で運用リターンが比較優位だったか劣後したかを、四半期ごとに比較しているところがほとんどである。

将来の成長や競合を鑑みて、株・債券・リアルアセット等に投資をするわけだが、年金基金・保険・資産運用会社は何を根拠に投資判断をしているのだろうか。

株価の妥当性の判断には少なくとも、①長期でみた企業の価値（valuation）、②当該株の需要と供給、③ポートフォリオの分散への寄与の3つがあげられる。

①については第1章で述べた。

②株価や債券の価格動向は、企業や事業の価値に加えて、その株や債券の需要と供給も1つの決定要因である。特に短期においては、この需要と供給が大きな影響を与える。

③また、年金基金・保険・資産運用会社は、単独の株・債券だけに投資するわけではない。単独の株・債券価格下落リスクをマネージするために、リスクを分散するためにポートフォリオを組む。理論的には、分散投資（diversification）対象が幅広いほど、リスクがドがることになる。特定株や債券を、「正しい」投資の対象から除外すると、分散効果をフルに発揮できず、リスク増やリターン減になることも考えねばならない。これは後述するESG投資の戦略の1つの問題と関連がある。

また、ESG投資は、投資の一手法なので、投資家がESGをどうとらえるか、は非常に重要である。先にも書いたように、投資家の根源的な目的は、リスク対比のリターン最大化である。一部のパブリックセクター関係者や、NGO・NPOの一部には、この根本的なポイントがうまく理解されずに、投資家も社会貢献すべきでそれにあたっては少々のリターンを犠牲にすべき

だ、という考えが以前はあったし、今でもあるかもしれない。これに関しては、リターン重視の投資家と、リターンを犠牲にしても社会貢献をめざしてほしいNGOやNPOなどは、「ESG投資」という同じ言葉を使いつつも、同床異夢となっている。

②企業経営者にとってのESG投資

　企業はESG投資をどうとらえているのであろうか。米国のビジネスラウンドテーブルのメンバー181名が企業のパーパスを再定義するとの発表を、筆者（本田）は2019年8月に驚きをもって読んだ。これはコロナパンデミックの前のことである。これまで株主価値向上・収益の最大化を明言していた、米国主要企業のトップが、めざすところを変えるというものだったのだ。

　WTW（旧ウイリス・タワーズ・ワトソン）[1]が、2020年に北米の168人の企業役員を対象に行った調査をみてみよう。

　ESGを経営に取り込んでやっているとしたのは84%。一方、企業の中の個別事業戦略から、オペレーションの計画、商品・サービス計画といった、企業のすみずみにまでESGをしっかり反映しているのは48%であった（図表7-1参照）。

　ESGといっても、その潜在的な投資対象は幅広いと述べた。それでは何をめざしているのだろうか。

　倫理的に正しいことをする、と長期的な企業価値向上がほぼ同じで8割程度であった（図表7-2参照）。

　長期的な企業価値向上は、投資家が長期的なリターンの向上（＝企業価値の向上）をめざしているので、これはよくわかる。一方、倫理的に正しいことをするが指針の上位にあがっているのは、注目に値する。

　北米においては、企業経営者側も、ESG投資を行う投資家がESG分野からの企業価値向上を期待していることを、理解しているようである。一方、

1　WTW（旧Willis Towers Watson）, (2020) "2020 ESG Survey of Board Members and Senior Executives". https://www.wtwco.com/en-US/Insights/2020/12/2020-esg-survey-of-board-members-and-senior-executives

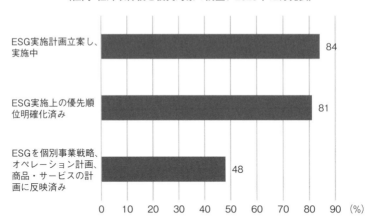

図表7-1　北米企業におけるESGへの取り組みの進捗
（社内・社外取締役と役員対象の調査、2020年12月発表）

出所：WTW（2020）"2020 ESG Survey of Board Members and Senior Executives".

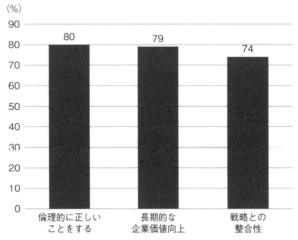

図表7-2　北米企業におけるESGへの取り組みの指針
（社内・社外取締役と役員対象の調査、2020年12月発表）

出所：WTW（2020）"2020 ESG Survey of Board Members and Senior Executives".

人種や性差別、所得格差等が近年社会問題として大きく取り上げられている
こともあり、顧客・採用にあたっての候補者や社会が、倫理的に正しいこと
をする企業を求めていることも理解して、それをESGに反映させようとし

ているのではないだろうか。

　企業のESGは、投資家のESG投資と整合性がありそうである。

③NPO等からみるESG投資

　近年NPOやNGOの役割が増している。NPOとはNon-Profit Organizationまたは Not-for-Profit Organizationの略称で、さまざまな社会貢献活動を行い、団体の構成員に対し、収益を分配することを目的としない団体である。NGOは、Non-governmental Organizationである。収益を目的とする事業を行うこと自体は認められているが、事業で得た収益は、さまざまな社会貢献活動に充てることになっている。日本の外務省によると、NPOとNGOは、どちらも市民が主体となり、課題を解決したり、よりよい社会をつくる活動を行うが、外務省によると、日本では、海外の課題に取り組む活動を行う団体をNGO、国内の課題に対して活動する団体をNPOとよぶ傾向にあるそうだ。NPOやNGO共に社会課題の解決をめざしているといってよいと思われる[2]。

　そのNPOやNGOの中には、企業の株式を取得して、株主提案を行うところも出てきた。これは欧米だけではなく、日本でも行われるようになってきている。そのことにより、各NPOやNGOの目的である、気候変動適応推進などを企業に要求するようになってきた。また、NPOやNGOの動きに、一部投資家が同意をしたりしている。NPOを発端とする動きは、今後も増加するのではないかと考える。

④国際機関からみる民間ESG投資

　筆者（本田）が、ESGのうち環境と社会（E、S）問題にかかわったのは、民間から世界銀行グループへ移籍した2013年であった。これは近年急増したESG投資の検索回数と比べても、比較的早いほうだったのではないか。

　国際機関は、開発上の課題解決にむけて、民間投資家に発展途上国にある事業に投融資してもらうインセンティブとして、民間投資家のリスク削減な

2　外務省、「国際協力とNGO」。
　https://www.mofa.go.jp/mofaj/gaiko/oda/shimin/oda_ngo/kyoumi/faq01.html

どを国際機関が支援する場合に、「正しい」投資となるよう、その民間投資がESGの分野の一定の条件を満たすことを条件としている。そして、国際機関は民間を中心とする投資家のESG投資に関して以下の3つの役割を担っている。

①リスク削減などのインセンティブをもって投資家を発展途上国に誘導するのみならず、プロジェクトにおけるESGについては一定水準以上に保つ。

②ESGのスタンダード設定。

③ESG投資の1つであるグリーンボンドを定義（世界銀行）。

どのようにしてこういう考えに至ったかの背景を説明したい。発展途上国への海外からの流入する資金のうち長期資金には、主に、ODAとFDIの2種類がある。ODAは、開発途上地域の開発を主たる目的とする政府および政府関係機関による国際協力活動のために貸付・贈与される公的資金である[3]。FDIは、民間によるクロスボーダーの経営に影響を与えるような（通常10%以上の）株式投資（新規に工場を建設、あるいは他社に出資や買収をすることも含む）である。世界銀行のデータをもとに、年間の発展途上国へのODAとFDIによる流入額を1970年から2019年まで各年で比較したのが、前出の図表1-2である。1970-80年代は、ODAがFDIを上回っていた。ところが、1993年に逆転し、その差は開いていき、資源価格の高かった2012年にはFDIがODAの8倍となった。2019年にはFDIがやや減少したものの、ODAの6倍である。このように途上国への資金流入でも、政府の役割よりも民間の役割のほうが大きくなってきた。

　世界銀行グループにおいても、発展途上国へ世界銀行の資金で融資することに加えて、民間投資をどう誘導するか、が大きなテーマとなった。図表7-3にあるように、その役割を担っているのが、1956年設立のIFCと1988年設立のMIGAの2つである。

3　外務省、「ODA（政府開発援助）、ODAって何だろう」。
https://www.mofa.go.jp/mofaj/gaiko/oda/about/oda/oda.html

民間企業は、投資家から得た資金に対して、合理的に期待されるリターンを上げる努力をする義務がある。ハイリターン・ハイリスクとよくいわれるが、ハイリスクであれば、ハイリターンが確約されるわけでは、もちろんない。したがって、民間企業は自身がとれるリスクを理解したうえで、投資を行っている。発展途上国ならではのリスクは存在する。民間企業に発展途上国に投資を促すために、IFCやMIGAは、リスクを軽減するような支援をインセンティブとするために行い、民間資金による発展途上国へ投資を促している。

　IFCやMIGA以外にも図表7-4にあるように、アジア開発銀行（Asia Development Bank, ADB）、欧州復興開発銀行（European Bank of Reconstruction and Development Bank）をはじめとして、多くの国際開発金融機関（Multilateral Development Banks, MDBs）が、民間企業による途上国投資を支援している。

　筆者（本田）は、民間企業が発展途上国においてインフラ等の投資をする際の政治リスクを保証するMIGAに勤務した。MIGAでは、保証を依頼された民間投資案件において、ESGの各分野でこれだけは満たさねばならないという基準をもち、それらをクリアしているかを調査していて、全件、保証

図表7-3　世界銀行グループ　グループ全体のゴール: 極度の貧困の撲滅と繁栄の共有

	IBRD 国際復興開発銀行（通称 世界銀行）	IDA 国際開発協会（世界銀行の低所得国向バランスシート）	IFC 国際金融公社	MIGA 多数国間投資保証機関
設立	1944年	1960年	1956年	1988年
役割	各国の経済と組織的な開発支援		民間セクター開発支援	海外直接投資の増加
クライアント	中所得国	低所得国	加盟国への投資家	加盟国への投資家
支援内容	アドバイス（政策、技術）		出資 長期融資 アドバイス	政治リスク保険 クレジットエンハンスメント
	融資	低利融資 補助金		

図表7-4　開発を支援する国際開発金融機関

（カッコ内は設立年）

世界銀行グループ

THE WORLD BANK	国際復興開発銀行（1944年）
IFC	IFC（1956年）
MIGA	MIGA（1988年）

	アフリカ開発銀行（1964年）
ADB	アジア開発銀行（1966年）
European Bank	欧州復興開発銀行（1991年）

IDB	米州開発銀行（1959年）
	イスラム開発銀行（1975年）
CAF	ラテンアメリカ開発銀行（1968年）

| AIIB | アジアインフラ投資銀行（2015年） |
| New Development Bank | ニューディベロップメントバンク（2015年） |

前（投資前）のデューデリジェンスと投資後のモニタリングを行っている。この基準をE&Sパフォーマンススタンダードとよんでいる。このスタンダードは、181カ国の加盟国を代表する理事との議論を経て、理事会で承認されたものを、実際の案件のデューデリジェンスに適用し、投資や保証の判断をし、かつ案件をモニタリングした結果をふまえて、何度かの改訂をしたものである。最新版は2013年版である。また、同じ世界銀行グループのIFCとほぼ同じ基準である。そのE&Sパフォーマンススタンダードの主要領域は前出の図表1-5である。かなり広い領域を表していることがわかる。

Eは、温室効果ガス（GHG）排出量の削減に加えて、空気のクオリティ、水、バイオダイバーシティ、廃棄物、希少動植物等のさまざまな問題をみる。環境悪化の緩和（mitigation）に加えて、環境への適応（adaptation）も考慮することになっている。

またSは、さらに広い分野をカバーしている。人権、児童労働、コミュニティ全体の健康・安全・セキュリティ、個人情報保護、データセキュリティ、製品の品質と安全性、プロジェクトに携わる職員の健康と安全、プロジェクト企業職員の多様化とインクルージョンやエンゲージメント（性別・人種・国籍を超えて）、先住民族、文化遺産の保護をはじめとする多くのことを考えねばならない。

Gにおいては、法令遵守、汚職回避、ビジネス倫理にのっとる、寡占・独

占の回避、適切な納税から、プロジェクトで土地の取得や立ち退きがどうしても必要な場合には、土地の保有者とどのように話を進めるかなども詳細に検討方針が示唆されている。その他のリスクマネジメントにもふれている。

　国際機関にとってのESG投資は、民間の発展途上国への投資推進を支援するにあたり、公的な資金を使うため、「正しい」投資となるように、ESG面での基準を設定し、その基準をクリアする投資を選択することであるが、当初、民間投資家からは、提出資料が多い、支援できるかどうかの検討（含むデューデリジェンス）に時間がかかる、投資後のモニタリングも手間である、といったフィードバックもあった。しかし、欧州企業などを中心に、きちんとESGをチェック・モニターしているということで株主や顧客からも評価される、といった声が2019年までには増えてきた。なお、このE&Sパフォーマンススタンダードは、発展途上国のプロジェクトを念頭に作成されたものではあるが、純民間のビジネスにも参考になると考える。

　以上をまとめると、国際機関は、開発に民間資金を活用するという性格上、投資家よりもずっと昔からESGに注目し、かつ、実際に行ってきた。しかし、国際機関がESG投資を支援する目的は、発展途上国の課題解決にあたり民間投資家に資金やノウハウを出してもらい、開発効果を上げることである。したがって、ESG投資をめぐる他のステークホルダーとは目的が異なる。国際機関が支援しているのは、先に定義したインパクト投資に分類されるべきなのである。

　途上国のみならず、先進国でもインフラ等の強化が社会課題となっている。そういう社会課題の一部を、民間投資家の活用によって解決したいと考える政府は多く、発展途上国・先進国の双方含めて多く、少なくともMIGAの加盟国である181カ国は皆そうであった。

*　　*　　*

　ESG投資は、それを行う投資家にとっては、ESGファクターを投資判断に織り込むことで、より高いリターンをめざす投資手法の1つである。その結果として、ESGにより社会課題の改善が副産物としておこることがある。

国際機関は、投資家の発展途上国への投資を促すために、リスク低減など
の支援をするが、その際公的資金を使うことから、ESGファクターについ
ても一定基準をクリアすることを条件としている。加えて世界銀行グループ
のIFCとMIGAにおいては、投資前に、投資の社会に対するインパクトを
定量的に予測している。したがって、IFC/MIGAの支援するプロジェクト
は、ESG投資かつインパクト投資となっている。

　一方、NPOやNGOの一部は、本来副産物であるはずの社会課題の解決・
改善を主な目的として、ESG投資に期待している。これが、ESG投資は同
床異夢にあると、ここで主張している理由である。

　企業経営者は、欧米日に加えて発展途上国でも、ESG投資による運用額
の増加に伴い、ESG分野の改善・強化を始めたところが多い。北米の経営
者は、ESG分野のてこ入れは、企業価値向上と倫理的に正しいことをする
ためとして、投資家の目的と整合性がある。一方、日本においては、ESG
とSDGsがよく一緒にして語られる。ESG分野の強化を投資家と完全に目的
を共有するところまでいっている企業がどの程度あるのかわからない。ここ
もまた同床異夢である。

　このような同床異夢が存在する背景には、ESG投資の定義がはっきりし
ないことがある。本書では、この同床異夢を解消するために、明確な定義づ
けをしている。

第8章

関連サービス業界の勃興

　ESG投資やインパクト投資に関する情報の今後の開示の方針については、大きく2種類ある。

　1つは、企業価値評価や投資判断の材料として使う。これを SASB、IIRC、GRI（Global Reporting Initiative）、CDSB（Climate Disclosure Standards Board）、CDP（Carbon Disclosure Project）が共同で2020年12月に出したレポート "Reporting on Enterprise Value Illustrated with a Prototype Climate-related Financial Disclosure Standard" では Enterprise Value Reporting（企業価値算定にむけての開示、シングルマテリアリティ）とよんでいる。これは中長期的には金銭的なリターンに結びつくものである。もう1つは、インパクト投資などにあたり、投資の社会に対するインパクトの分析に用いる。

　ESG情報の開示の観点からは、企業価値へのインパクトを中心にするシングルマテリアリティに対して、企業価値に加えて社会へのインパクトも考える場合には、ダブルマテリアリティの開示となる。

　本書で提案しているESG投資の定義では、前者のシングルマテリアリティが重要となる。

　企業価値算定にむけての開示では、データ収集が鍵である。しかし、企業においてはESG関連情報の開示を始めたばかりで、また全社が開示しているわけではない。加えて、データの信頼性も担保されておらず、各社の過去データとの比較ができず、データ開示の基準が統一されていないので競合他

社との比較もできないと、問題山積である。

　データ開示の標準化については、自主ルールの策定を促すというやり方を採用してきた結果、多くのイニシアティブが立ち上がり、長きにわたって並立してきた。ところが、2021年に大きな変化が起きた。マテリアリティマップを作成した前出のSASBとIR（統合）レポートを提案しているIIRCが統合し、VRFが立ち上がった。次にVRFとCDSBが統合し、IFRS財団のもとにISSBとさらに統合して、統一してESG情報開示の基準づくりをすることになった。ISSBは、上記の2つのデータ開示については、シングルマテリアリティでの開示基準をまずは設定すべく活動している。

　一方、ESG投資の資産額は大きく増え、情報開示の標準化を待つだけではいられない。加えて、運用会社側にも、ESGに詳しい社員がたくさんいるわけでもない。そこで、ESG関連のデータ会社やESG格付け会社や、ESGインデックス会社を活用する投資家が多くなった（図表8-1参照）。

　サービスに対する需要増の結果、ESGデータ・格付け会社が増えてきた。ESGデータ・格付けでは、1983年創業のフランスのVigeo Eirisは先駆者であるが、2019年にムーディーズの傘下に入った。1988年に米国で創業したKLDがVigeo Eirisの次に設立されたといわれている。KLDは、2009年にリ

図表8-1　ESGデータ会社とESG格付け会社

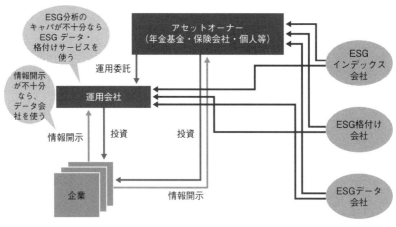

出所：筆者（本田）作成

スクメトリクス（RiskMetrics）に買収され、翌年MSCIがリスクメトリク
スを買収している。ここでは、大手の企業をみてみよう。

MSCI

　MSCIは、ESGを含めて、さまざまなインデックスを幅広く提供して
いる会社で、MSCI ACWIというインデックスはグローバルな株式投資
において、よく用いられるものの1つである。MSCIはESGのインデッ
クスや格付けにも早くから取り組んできた。1990年からESGインデッ
クスを提供し始め、1999年にはESGの格付けをスタートさせた[1]。

　MSCIは、もともとは、運用会社キャピタル・インターナショナルの
子会社で、1965年にインデックス会社として創業した。モルガン・ス
タンレーと1986年に提携を開始し、1988年に出資を受けて、2社の頭文
字を2つずつとって、社名がMSCIとなった。βの予測で有名なバーラ
を2004年に買収した。モルガン・スタンレーは、2009年にMSCIの持
ち分を売却したが、名称の変更はなかった。上場企業である。また、
ESGデータ・インデックス業界では、関連企業の買収が相次いでいる
が、MSCIはかなり以前からESG関連企業の買収により事業拡大をはか
ってきた。2010年にリスク分析のリスクメトリクスを15.5億ドル（約
2,015億円）で買収した[2]。先に述べたように、そのリスクメトリクス
は、2009年に社会責任投資インデックスの分野でFTSEやサステナリ
ティクスと提携していた前出のKLDを買収しており、同年にESG関連
のリサーチ会社のイノベスト（Innovest）を買収。2014年にコーポレ
ートガバナンスの調査格付けのGMIレーティング（GMI Rating）を買
収している。議決権行使助言会社のISSも一時傘下にあったが、2014年
に売却している。今は、MSCIが、KLD、Innovest、GMIレーティング
等を傘下においていることになる。

　MSCIのESGにおけるフレームワークと鍵となるファクターは、ウェ

1　MSCI,"ESG Investing"
　https://www.msci.com/our-solutions/esg-investing
2　Integrity Research Associates,（2010）"MSCI buys RiskMetrics".
　https://www.integrity-research.com/msci- buys-riskmetrics/

図表8-2　MSCIのESG投資で鍵となるイシュー—例

MSCI ESG Score									
Environment Pillar				Social Pillar				Governance Pillar	
Climate Change	Natural Capital	Pollution & Waste	Env. Opportunities	Human Capital	Product Liability	Stakeholder Opposition	Social Opportunities	Corporate Governance	Corporate Behavior
Carbon Emissions	Water Stress	Toxic Emissions & Waste	Clean Tech	Labor Management	Product Safety & Quality	Controversial Sourcing	Access to Communication	Board	Business Ethics
Product Carbon Footprint	Biodiversity & Land Use	Packaging Material & Waste	Green Building	Health & Safety	Chemical Safety	Community Relations	Access to Finance	Pay	Tax Transparency
Financing Environmental Impact	Raw Material Sourcing	Electronic Waste	Renewable Energy	Human Capital Development	Consumer Financial Protection		Access to Health Care	Ownership	
Climate Change Vulnerability				Supply Chain Labor Standards	Privacy & Data Security		Opportunities in Nutrition & Health	Accounting	
					Responsible Investment				
					Insuring Health & Demographic Risk				

注1：⬭ Key Issues selected for the Soft Drinks Sub Industry (e.g. Coca Cola)　　注2：⬤ Universal Key Issues applicable to all industries

出所：MSCI
https://www.msci.com/our-solutions/esg-investing/esg-ratings/esg-ratings-key-issue-framework

ブサイトに以下のように示されている。

　　　MSCIの格付けは、AAA・AA・A・BBB・BB・B・CCCと信用格付けのようなレーティングである。その中で、AAA・AAはESG分野におけるリーダー、A・BBB・BBは平均的、BとCCCは劣後とされている。

　またESGの鍵となるイシューの例を、図表8-2のように示している。MSCIのESG格付けで人権について強化を表明した花王をみてみよう。2016年7月のESG格付けはBBBと平均だが、2017年7月にはA、2019年7月にはAAと、平均からESGのリーダーへと格付けが上昇している。MSCI ACWIが格付けしている業界競合他社の中でどの程度の地位にいるかもわかる。花王の場合、Household & Personal Productsという業界にあって、その業界の企業のうちESG格付けAAAは5％、AAは35％であるから、花王は、平均以上、具体的にはトップから6-41％のどこかにいるということになる。ちなみに、他の日本企業の格付けをみてみると、過去5年でESG格付けが向上した企業は少ないので、花王はESG

分野での改善に非常に力を入れて取り組んでいるということになる。

サステナリティクス

　サステナリティクス（Sustainalytics）も、MSCIとならぶ大手である。サステナビリティにフォーカスし、ESG投資のデータ・格付け・調査を中核とする会社である。ESGの格付けは、こちらは点数制である。もともと運用関係のリサーチ会社のJantzi Researchとして1992年にスタートした。2000年にダウ・ジョーンズと前出の資産運用会社であるステート・ストリートと提携してJantzi Social Indexを発表している。その後、Jantzi Researchは、関連企業を相次いで買収した。

2009年	サステナリティクスと合併し、サステナリティクスに社名変更
2012年	Responsible Researchを買収
2012年	Share Dimensionを買収
2019年	GESを買収
2020年	OMXを買収
2020年	モーニングスターにより買収され傘下入り
2023年2月現在	世界で1万6,000社をカバー

ESG Book

　アラベスク（Arabesque）は、バークレイズ銀行の資産運用部門を経営陣がマネジメントバイアウト（Management Buy-out, MBO）して、2013年にできた資産運用会社であるが、ロンドンを本社として、サステナブルな株式投資に注力している[3]。そこから2018年に生まれたのがアラベスクS-Rayである。2022年5月に社名をESG Bookに変更した。ESGスコアに加えて、二酸化炭素排出量データ、グリーン売上データなどを開示している。ESGBookのESGスコアも点数形式である。2023年1月時点で、世界9,000社のスコアを開示している[4]。

3　Morningstar Sustainalytics, "ESG Risk Ratings, A consistent approach to assess material ESG risk".
https://www.sustainalytics.com/esg-data

図表8-3　ESG データ格付け会社の例

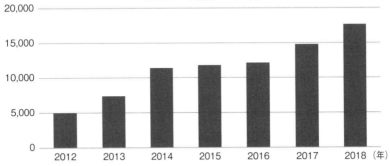

| ブルームバーグL.P.
Bloomberg L.P. | ・1981年に元ソロモン・ブラザーズのトレーダーであったブルームバーグ氏により金融情報サービス会社として創業
・オンラインに加えて、ラジオ、テレビでも金融情報提供
・2015年にバークレイズ(Barclays)よりインデックス事業を買収
・ESG分野は、11万5,000 社をカバー |

ESG データ使用ユーザー数

出所:3BL Media(2019)"Nearly 18,000 Bloomerg Customers Are Using ESG Data".
https://www.3blmedia.com/news/nearly-18000-bloomberg-customers-are-using-esg-data

ブルームバーグL.P.

　機関投資家からリテール投資家までの幅広い層に、金融関係の情報を提供しているブルームバーグL.P.（Bloomberg L.P.）も、ESG投資関連情報の提供を始めている（図表8-3参照）。

　これ以外にも次のような会社がESG格付け・スコア・指数を公表している（図表8-4参照）。

S&P Global（S&P）

　S&Pは債券等の格付けで有名であるが、ESG関連事業を大きく拡大している。ESGスコアに加えて、指数、分析、評価とセカンドオピニオンなども出している。2016年に Trucost という外部情報から企業の二酸化炭素排出量を推測する企業を買収した[5]。2019年に、RobecoSAM

4　ESG Book, "The global leader in ESG data and technology".
　https://www.esgbook.com/about-us/

図表8-4　ESG 指数会社

出所：筆者（本田）作成

のESG格付け事業を買収している[6]。また、ダグ・ピーターソンCEO
は、コロンビア大学CJEBの「公的年金とソブリンウェルスファンド」
という会議の2020年10月のスピーチ[7]で、ESG投資への強いコミット
メントを話していた。

FTSE ラッセル

　FTSE ラッセル（FTSE Russell）は、ロンドン証券取引所の子会社
であり、多くの株式債券等の指標を出している。加えて、ESGのイン
デックスも、ESG格付けも行っている[8]。

5　S&P Global,"S&P Global Trucost has been assessing risks relating to climate change, natural resource constraints, and broader environmental, social, and governance factors since 2000".
　https://www.spglobal.com/esg/trucost
6　S&P Global, "S&P Global Acquires The ESG Ratings Business Of RobecoSAM".
　https://www.spglobal.com/marketintelligence/en/media-center/press-release/sp-global-acquires-the-esg-ratings-business-of-robecosam
7　CJEB, (2020) "Conference on Public Pension and Sovereign Funds The fifth annual conference of CJEB's Program on Public Pension and Sovereign Funds Live Webinar" p.2.
　https://business.columbia.edu/sites/default/files-efs/imce-uploads/CJEB/Events/2020-2021/CJEB%205th%20Annual%20PPPSF%20Conference%20Summary%20Report.pdf
8　FTSE Russell, "About FTSE Russell Global provider of benchmarks, analytics, and data solutions with multi-asset capabilities".
　https://www.ftserussell.com/about-us

リフィニティブ

　投資関係のデータ・分析を提供しているが、ESG、サステナブル投資についても、ESGスコア等を出している。もとトムソン・ロイターの金融情報部門が切り出されてリフィニティブ（Refinitiv）となった。なお、トムソン・ロイターは2009年にESGデータ会社のASSET4を買収している。ロンドン証券取引所がリフィニティブを2019年に買収した[9]。

ムーディーズ（Moody's）

　2019年4月に前出のVigeo Eirisを買収し、ESGのリサーチやインデックスなどを公表している[10]。

　なお、これらESGデータ・格付け会社の中には、ESG指数を出しているところも多い。代表的なものを、図表8-4にあげておく。
　本書であげたのは、ESG格付けやデータを出している会社のうち大手のごく一部であるが、これらから次のようなことがわかる。
- 格付け会社、金融情報会社から証券取引所まで、金融関連サービス会社が多く参入している。
- 独立系のESGデータ・リサーチ会社やESGデータ格付け会社もあったが、大手による買収・統合、業界再編がハイスピードで進行。
- 多くのESGデータ会社・格付け会社は米国にあるが、欧州にも一部ある。しかし、アジア発のESGデータ・格付け会社はまだ大手はない。

　また現在、実務家および研究者の間で話題になっているのが、ESGスコアや格付けの手法が、各会社ごとに異なっているため、結果も異なるところがあることである。これについては、アカデミックから多くの論文が出ている。
　チャタルジ他（2015）で、ESG格付け・スコアが格付け会社によって異

9　Refinitiv An LSEG Business, "FINANCIAL TECHNOLOGY,DATA and EXPERTISE Our data,your way".
　　https://www.refinitiv.com/en
10　Moody's, "Moody's ESG".
　　https://esg.moodys.io/moodys-esg

なると指摘した。ただ、本論文を詳しく読むと、フォーカスしているのは、CSR（Corporate Social Responsibility）である。社会責任投資とESG投資を一緒にみていることの弊害の考察が必要かもしれない。加えて、使用しているデータが2002-10年と古い。ESG投資におけるこの10年の変遷は大きい。もちろん、直近だけみるとデータが不十分であり、これは、ESG投資の分野で研究を行う際の共通課題ではある。

　バーグ他（2020）で、MSCI、サステナリティクス、KLD（現在はMSCIの一部）、Vigeo Eiris（現在はムーディーズの傘下）、Roberco SAM（現在はS&Pの傘下）、ASSET4（現在はリフィニティブ／ロンドン証券取引所の傘下）という代表的な6社のESG格付けの差異がどこからきたのかを研究した。この研究の対象には日本企業も含まれている。上記6社のESGデータ会社のスコアの相関は、ESG全体では0.54、Eが0.53、Sが0.42で、Gが0.3であった。6社のESGデータの差異は、ESGのスコープ、定量的計測方法とウェイトの3つから生じており、その中で最大の要因は計測方法で、その次にスコープであり、ウェイトはあまり重要でないと結論づけた。また、ESG格付けの高い企業はESG格付け会社による差異が大で、格付けの非常に低い企業は格付け会社間の差が小さかった。また、格付け会社ごとの差（バイアス）も指摘されている。ESG格付けのESGデータ会社間の相関を信用格付け会社の信用格付けの相関（0.99）と比較もしているが、ESGには明確な定義がないので、ESG格付け会社がESGを定義していること、データ開示はまだ緒についたばかりであることを指摘していて、これは筆者も同意である。

　また、本論文では指摘されていないが、ここでいうスコープは現在ESGのデータ開示等ルールづくりで活発な議論が続くタクソノミーとほぼ同義であるが、この研究からタクソノミーだけが明確でもESGの評価では異なる結果が出るということがわかる。なお、ESG格付け・スコア会社でもその方法論の見直しをしているところが多く、加えて業界では合従連衡が盛んで、比較対象会社の7割が途中で買収されており、M&Aにともなう変化も多いようである。したがって、直近のデータで同じ分析を行うと相関が異なる可能性は否めない。

　また、筆者（本田）は、ESGスコア・格付け会社を、債券信用格付け会

図表8-5　ESGデータ・格付け会社への規制の可能性

AMF　　　**AFM**

***Position Paper*: Call for a European Regulation for
the provision of ESG data, ratings, and related services**

This paper aims at contributing to the current debate about the accuracy, reliability and transparency
of Environmental, Social and Governance (ESG) data, ratings, and related services offered by
Sustainability-related service providers to financial market participants.

In this position paper the AMF and AFM note that:

- The demand for ESG data and services is surging among investors and asset managers
  looking for sustainable investments.
- Investors and asset managers need reliable ESG data and ESG-related services to support
  the shift towards greener economies and comply with European regulatory framework
  on sustainable finance.
- Sustainability-related service providers (SSPs) remain largely unregulated.
- Lack of transparency on methodologies of SSPs, and risk of conflicts of interest, lead to
  risks of misallocation and missed opportunities.

Therefore the AMF and AFM advocate:

- An ad-hoc European mandatory regulatory framework for SSPs.
- A framework requiring establishment of SSPs in the EU and their supervision by ESMA.
- A regulatory focus on transparency about methodologies, potential conflicts of interest,
  and governance and internal control requirements.
- Allowing for proportionality and continued market innovation.
- A step by step approach: a set of core requirements for SSPs that serves as a starting
  point, to be reviewed periodically taking into account market developments and, where
  appropriate, complemented by additional measures.

出所:AMF, AFM,（2020年12月15日）.
https://www.amf-france.org/sites/institutionnel/files/private/2020-12/amf-afm-position-paper-call-for-a-european-regulation-for-providers-of-esg-data-ratings-and-related-services.pdf.　https://www.amf-france.org/en/news-publications/amfs-eu-positions/french-and-dutch-financial-market-authorities-call-european-regulation-esg-data-ratings-and-related

社の発展と比較して考えてみた。欧米日といった先進国のみならず、発展途
上国においても、投資家は、債券投資の際に、民間大手の格付け会社
（S&Pやムーディーズなど）の格付けを主要な投資判断材料としている。ま
た、経営者や各国首脳までも、民間大手の格付け会社の格付けをみて、経営
や国の財務方針の決定の判断材料としている。そして、大手の格付け会社は
米国企業が過半である。欧州も出遅れた。日本は、債券の有担保原則が外れ
ることになった1984年頃に、格付け会社の重要性に気づき、銀行等から人
材を採用して独自の格付け会社（日本格付研究所、JCR）を1985年4月に設
立した。また、日本経済新聞社の公社債研究会（その後日本公社債研究所）
が、1998年に日本インベスターズサービスと経営統合、格付投資情報セン
ター（R&I）が設立された。しかし、依然として日本でも米国大手格付け会
社の格付け（ムーディーズ、S&P、フィッチ）の利用が多い。

　ESG投資においても、ESG格付け会社による格付けやスコアが投資のう
えで重用されるようになり、米国を中心とする大手会社がそこで大きな役割
を果たす可能性がある。JCRもR&IもESG関連のサービスを提供している

図表8-6　ESG格付けデータ会社への規制—証券監督者国際機構IOSCO

MEDIA RELEASE

IOSCO/MR/20/2021

Madrid, 26 July 2021

IOSCO consults on ESG Ratings and Data Providers

The market for ESG ratings and data has grown considerably over the past few years due inter alia to a lack of consistent information disclosures at the entity level, the increasing interest of investors in ESG products and the legislative and regulatory focus on financial market participants' consideration of the ESG characteristics of potential investments……

This market, however, currently does not fall within the typical remit of securities regulators, hence leading IOSCO to propose key considerations for securities regulators in this area.

出所:「証券監督者国際機構(IOSCO)による最終報告書(2021年11月23日)「ESG格付け及びデータ提供者」の公表について」。
https://www.iosco.org/news/pdf/IOSCONEWS627.pdf

が、ESG格付けは行っていない。

　欧州では、すでに米国勢中心であることを心配した動きがある。フランスとオランダの証券監督を行う、AMF（Autorite des Marches Financiers、フランス金融市場庁)[11]とAFM（The Netherlands Authority for the Financial Markets、オランダ金融市場庁)[12]が、ESG格付け会社に対して、規制を試みようとしているのである。図表8-5がAMFとAFMのプレスリリースであ

11　AMF（Autorité des Marchés Financiers)、フランス金融市場庁。金融商品の適切性や、投資家への情報提供、金融機関の監督などを行う公的機関。
　　https://www.amf-france.org/en/amf/presentation-amf/amf-glance
12　AFM、オランダ金融市場庁（The Netherlands Authority for the Financial Markets)。
13　筆者（伊藤）が間近でみた格付け会社の問題の経験が2回ある。1997年のアジア通貨危機が進行して、韓国へ波及した際に、（ムーディーズ）の韓国国債の格付け（ソブリン・レーティング）が1日のうちに4ノッチ引き下げられたことがあった。この格下げをきっかけに韓国ウォンはさらに激しく下落して、通貨危機が悪化したことがあった。危機をあらかじめ予測してリスクについて警告することが格付け会社の役割なのに、現実に遅れをとって、危機を増幅するのは、おかしい、と批判にさらされた。また、2008年のサブプライム危機が世界金融危機に転換していく際にも、証券化された住宅ローンから組成されたCDO（債務担保証券）の格付けを危機が始まってから急速に格下げさせたことがあり、危ない商品だということを、事前に警告していないと批判にさらされた、さらに格付けにあたって格付け料を徴収しているところは、利益相反もあると、さらなる批判にさらされた。格付け会社を批判して、規制の対象にしようという議論が巻き上がると、格付け会社のおきまりの反論がある。格付け機関は、「意見を表明している」だけで、それを採用するかどうかは、利用者の勝手である。意見の表明は表現の自由で守られるべきものだ。したがって、規制される筋合いはない。この問題は、危機のたびに問題になるものの、規制当局が規制に乗り出すには、この反論を打ち崩す論理が必要となる。

る。ESG格付け会社の規制には、格付け会社の抵抗が予想される[13]。

　加えて、図表8-6にあるように、証券監督者国際機構（International Organization of Securities Commissions, IOSCO）も同様の発表をしている。

＊　＊　＊

　ESGの定義が不明確、データが不完全という中で、投資家がESGデータ格付け会社を活用し、ESGデータ格付け会社が増え、そして、金融サービス会社主導の合従連衡が進んでいる。一方、ESGデータ格付け会社により差異があるので、投資家としては注意する必要がある。各社の差異の源泉がどこにあるのか、どういうデータを定量化するかを考察する必要がある。活用する場合には、各社のアプローチや方法論をよく理解したうえで、どこの会社のデータを使うのか、また複数購入して"業界平均"的な数値を作成する等の工夫が必要となる。また、ESGデータ格付け会社に対して、証券監督の当局が規制を検討しているというのも興味深いポイントである。

第9章

二大課題と自主ルールと規制

　第6章で述べたように、筆者（本田）が独自に行ったリサーチから、ESG投資を行うにあたっての二大課題は、信頼できるデータ収集とESGウォッシング（の予防）であることがわかった。データ開示の標準化については、各国政府などが進めているものと、民間の非営利団体が自主ルールの策定を模索しているものが並行して進んできた。まずは、民間レベルの動きをみてみよう。

　10年ほど前から民間の非営利団体が自主ルールの策定を模索してきた。その結果、長い名前のイニシアティブが多く立ち上がり、一本化できていなかった。あまりにも多くの団体と多くの「ガイドライン」が存在し、長い名称の頭文字をとった通称を使用するので、「アルファベット・スープ」状態であった。ニッセイアセットマネジメントが、GPIFからの委託研究で、「ESGに関する情報開示の調査研究」という237ページにわたる報告書[1]を出しており、その中の表を、図表9-1に転載しているが、2021年初頭までの状況を端的に表している。

　このうち、前出のSASB、IIRC、GRI、CDSB、TCFDの5つは、大きな存在であった。

　SASBは、2011年にジーン・ロジャーズがサンフランシスコで設立したNPOである。ロジャーズはエンジニアとして汚染された土壌の洗浄に従事

1　ニッセイアセットマネジメント，(2019)「GPIF 委託調査研究 ESG に関する情報開示についての調査研究」。
https://www.gpif.go.jp/investment/research_2019_full.pdf

図表9-1　ESGデータ開示におけるイニシアティブ

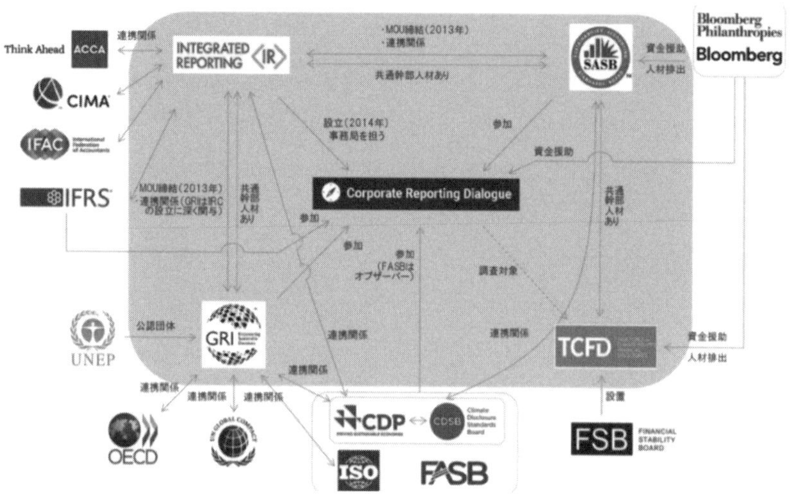

資料："GPIF委託調査研究 ESGに関する情報 開示についての調査研究"、ニッセイアセットマネジメント
https://www.gpif.go.jp/investment/research_2019_full.pdf

したことがあり、企業は環境に関してももっと開示を促進すべきという考え
をもっていた。ブルームバーグ財団が支援し、のちにロックフェラー財団も
支援に加わる。ブルームバーグ氏が自ら理事会議長をしていたこともある。
SASBは、多くの企業、投資家、国際機関などとも議論を重ね、77業界に対
し、業界ごとにESGファクターの中で企業価値に対してマテリアル（重要
な影響を与える）ファクターを2018年に提示、それに関する情報開示を提
言した[2]。これをマテリアリティマップと名付けた。このマテリアルファク
ターには、たとえば銀行だとサイバーセキュリティもあげられ説得力があ
る。企業がどのようにESG情報を開示すべきかのコンセプトも示している。
　IIRCは、統合レポート（Integrated Report）を提言し、広めた。チャー
ルズ英皇太子（当時）のよびかけで始まり、2011年に正式に委員会として
設立にいたった。日本でも統合レポートをだす企業が増えてきている。団体
名がIRとなった。

2　https://materiality.sasb.org/

GRI は、1997 年 に CERES（Coalition for Environmentally Responsible Economies, 環境に責任をもつ経済のための連合）と Tellus Institute が、国連環境研究（United Nations Environment Programme、UNEP）の支援を受けて設立したNPOである。サステナビリティに関する情報開示のガイドライン案を出している。現在本部は、アムステルダムにある。

TCFDは、日本でもよく知られているが、財務に影響のある気候変動関連情報の開示の自主ルール作成をめざして、各国の中央銀行・金融当局や国際機関が参加する金融安定理事会（FSB）が2015年に設立したものである。

CDSBは、温室効果ガスや自然資本の情報を、ファイナンス情報と統合することをめざしているNGOである。2007年に設立された。

この5機関はすべて、政府や国際機関の一部ではない。しかし、投資家、企業、政府とも議論を重ねて、自主的なルールの設定をめざしてきた。これは崇高なやり方であるとは思うが、設立以来6—10年ほど経過しても、ESG情報開示のルールの一本化には至っていなかった。

ところが、2021年に大きな動きがあった。6月にSASBとIIRCが統合して、VRFとなった。その後11月に、IFRS財団が、ISSBを発足し、そのもとにVRFとCDSBを統合すると発表し、2022年8月に統合が完了した。

次は政府レベルの企業のESG情報開示への動きをみてみよう。欧州が、他地域より先行しているので、欧州から始めたい。

EU　Societas European Law[3]が企業に開示を求める基礎となっている。

- 2003年　大企業に非財務の気候変動（E）と従業員（S）に関するキーパフォーマンス・インディケーター（KPI）の開示要求。
- 2006年　コーポレートガバナンス・コードにより、法令遵守（G）に関する開示要求。
- 2013年　大企業（従業員500人以上もしくは社会に大きな影響を与える企業）にEとSについてマネジメントレポートに、ダイバーシティについてはコーポレートガバナンス・レポートに開示要求。
- 2017年　非財務情報に関し、ポリシーとKPIについて何を開示すべ

3　EUR-lex access to European Union law,"European Company".
https://eur-lex.europa.eu/EN/legal-content/glossary/european-company.html

きかのガイドライン公表。

- 2020年　EUがいわゆるEUタクソノミー[4]（何をサステナブルとするかその分類）を発表。
- 2021年　EUタクソノミーのうち、気候変動において、すでに脱炭素活動、トランジション活動、それらを支える活動とは具体的に何かを発表。
- 2021年　ESGに関する開示を中小企業へ拡大するとともに、開示情報監査、開示情報のリンクの発表を含んだ企業サステナビリティ報告指令（Corporate Sustainability Reporting Directive, CSRD）[5]を発表。
- 2021年　EUが投資家保護・グリーンウォッシングの予防のために、機関投資家・アドバイザーむけ情報開示規則であるSFDR[6]を施行。
- 2022年2月　EUはEUタクソノミーに合致する企業活動を示す補完的な委任規則について、移行期においては、一定の条件のもとに、原子力や天然ガスを含めると発表[7]。

米国においての動きをまとめると次のようになる。

4　European Commission,（2020）"EU Taxonomy for Substantiable Investment".
　 https://finance.ec.europa.eu/sustainable-finance/tools-and-standards/eu-taxonomy-sustainable-activities_en
5　European Commission,（2021）"Corporate Sustainability Reporting Directive- CSRD ".
　 https://finance.ec.europa.eu/capital-markets-union-and-financial-markets/company-reporting-and-auditing/company-reporting/corporate-sustainability-reporting_en
　 法令は、EU,（2022）"DIRECTIVE（EU）2022/2464 OF THE EUROPEAN PARLIAMENT AND OF THE COUNCIL of 14 December 2022 amending Regulation（EU）No 537/2014, Directive 2004/109/EC, Directive 2006/43/EC and Directive 2013/34/EU, as regards corporate sustainability reporting".
　 https://eur-lex.europa.eu/legal-content/EN/TXT/?uri=CELEX:32022L2464
　（改訂版は、EU,（2023）, "Directive（EU）2022/2464 of the European Parliament and of the Council of 14 December 2022 amending Regulation（EU）No 537/2014, Directive 2004/109/EC, Directive 2006/43/EC and Directive 2013/34/EU, as regards corporate sustainability reporting（Text with EEA relevance）".
　 https://eur-lex.europa.eu/legal-content/EN/TXT/?uri=CELEX:32022L2464
6　EU,（2019）"Regulation（EU）2019/2088 of the European Parliament and of the Council of 27 November 2019 on sustainability‐related disclosures in the financial services sector（Text with EEA relevance）".
　 https://eur-lex.europa.eu/legal-content/EN/TXT/?uri=CELEX:32019R2088
　（注：これがSFDRと一般的によばれている）。改訂版は、EU,（2020）"Consolidated text: Regulation（EU）2019/2088 of the European Parliament and of the Council of 27 November 2019 on sustainability‐related disclosures in the financial services sector（Text with EEA relevance）Text with EEA relevance".
　 https://eur-lex.europa.eu/legal-content/EN/TXT/?uri=CELEX%3A02019R2088
7　EU,（2021）"Regulation Commission delegated regulation（EU）2021/2139 as of 4 June 2021".
　 https://eur-lex.europa.eu/legal-content/EN/TXT/PDF/?uri=CELEX:32021R2139&from=EN
　（注：これがEU Taxonomyと一般的によばれている）

- 1933年証券法と1934年証券取引所法からなるRegulation S-Kは企業に投資家へのSとGの開示を要求していることが、企業の情報開示の基礎である。
- 2010年　米国証券取引委員会（SEC）が気候変動に関する情報開示の委員会ガイドラインを発表。
- 2010年　ドッド・フランク・ウォールストリート・リフォーム法は、従業員と役員の報酬の差と紛争地域由来の鉱物使用についての開示を要求。
- 2022年　SECが、気候変動に関する情報開示のガイドラインのドラフトを発表[8]。

日本の動きは以下のようになる。

- 開示の基礎となるのは、1948年に制定された証券取引法（2006年に金融商品取引法に改題）で、2003年に一部改正されていたが、「金融・資本市場をとりまく環境の変化に対応し、利用者保護ルールの徹底と利用者利便の向上、「貯蓄から投資」に向けての市場機能の確保及び金融・資本市場の国際化への対応を図ることを目指し再改定されたものが、2006年に公布されている[9]。
- 2017年　経済産業省が「価値協創のための統合的開示・対話ガイダンス―ESG・非財務情報と無形資産投資」[10]を公表。
- 2021年　環境省が「TCFDを活用した経営戦略立案のススメ〜気候関連リスク・機会を織り込むシナリオ分析実践ガイド2021年度版」[11]を公表。

金融商品取引法は開示を明確に要求しているが、それ以外はガイドライン

8　SEC,（2022）"SEC Proposes Rules to Enhance and Standardize Climate-Related Disclosures for Investors".
https://www.sec.gov/news/press-release/2022-46
9　金融庁,（2006）「金融商品取引法について」。
https://www.fsa.go.jp/policy/kinyusyohin/index.html
10　経済産業省,（2023）「企業と投資家の対話のための「価値協創ガイダンス 2.0」（価値協創のための統合的開示・対話ガイダンス 2.0 －サステナビリティ・トランスフォーメーション（SX）実現のための価値創造ストーリーの協創―）」。
https://www.meti.go.jp/policy/economy/keiei_innovation/kigyoukaikei/ESGguidance.html
11　環境省,（2021）「TCFD を活用した経営戦略立案のススメ〜気候関連リスク・機会を織り込むシナリオ分析実践ガイド 2021 年度版」。
https://www.env.go.jp/content/000104074.pdf

という位置づけである。

　加えて、TCFDは民間主導のタスクフォースであるが、G20が金融安定理事会（FSB）に依頼をしてきた。

　ESGデータ開示については今後も進むと思われるが、財務ファクターが現在の会計情報のように整理され、こなれた形で開示されるまでにはかなり時間がかかると予想される。というのは、財務情報は、有利子負債が返済できるか、将来の企業業績を予想して株式の価値がどの程度かを推定するという比較的明確な使途がある。

　一方、ESG投資においては、2つ課題がある。第1には、第13章でも述べるように、企業価値にインパクトのある情報の開示―シングルマテリアリティか、サステナビリティへのインパクト用の開示―ダブルマテリアリティかという問題がある。現在は、企業価値にインパクトのある情報の開示が重要とする声が多いようにも思うが、反対意見も欧州などを中心にある。

　第2には、ESGの中の何が含まれ、何が重要か（ファクターおよびそのうちマテリアルファクターの特定）、その計測方法には何がよいか（例として、社員の満足度をみるのに、退職率か、労働争議の件数かなど）、ファクターの中でどういうウェイトをつけるべきか、など、ESG投資とは何かを定義していく過程が含まれるからである。加えて、企業側も開示以前に、そういったデータをとっていない、という問題もある。

　次に、ESG投資の商品レベルでの規定であるが、現在、行われていることとして、グリーンボンド、サステナビリティボンドの基準設定と、ファンドの規制の2点について説明する。

　第1に、グリーンボンド、サステナビリティボンドの基準設定である。これは議論がかなり進んでいる。しかしながら、第3章で述べたように複数の基準がある。主要な基準を以下にあげる。

- ICMA：最初にできたのが、債券の引受者である投資銀行4行が共同で策定した、グリーンボンド原則である。これはその後、業界団体であるICMAに事務局を移し、2017年にサステナビリティボンド・ガイドラインを出している。
- 日本の環境省のグリーンボンド・ガイドライン：環境省が2017年に

グリーンボンド・ガイドライン[12]を策定し、2020年と2022年に改訂している。これは、調達資金の使途、プロジェクト評価および選定のプロセス、調達資金の管理、レポーティングについて、詳細なガイドラインである。

- EUグリーンボンド・スタンダード：EUは、2021年にEUグリーンボンド・スタンダードを出したが、これは企業の自主的な開示の際の参照という位置づけである[13]。
- 中国政府のグリーンボンド・ガイドライン：中国政府も2016年にグリーンボンド・ガイドラインを策定している。

　図表9-2として図表3-2を再掲する。世界的には、ICMAの原則がよく参照されており、日本の金融庁が、ソーシャルボンドのガイドライン策定にあたっての会合で配布した「第3回会合に向けての参考資料（ICMAソーシャルボンド原則と環境省グリーンボンドガイドライン）」でICMAのガイドラインと環境庁のグリーンボンドガイドラインを比較している。また、金融庁のソーシャルボンドのガイドラインが2021年10月末に発表された。このガイドラインは、資金の使途、プロジェクトの選定と評価の基準、調達資金の管理とレポーティングの4分野をカバーしている。

　ところが、上記のすべてのガイドラインは、法的拘束力がなく、最終的にグリーンか、サステナブルかは、投資家の判断にゆだねる形になっている。

　そこで、外部機関によるレビューを行っている債券もある。そのレビューには、4種類ある。

①セカンドパーティーオピニオン　（発行体・引き受け証券/投資銀行以外のレビュー）

②Verification（検証）

③Certification（認証）

---

12 環境省，（2022）『グリーンボンド及びサステナビリティ・リンク・ボンドガイドライン グリーンローン及びサステナビリティ・リンク・ローンガイドライン　2022年』。
https://www.env.go.jp/content/000062348.pdf
13 European Commission,（2020）"EU Green Bond Standard（EUGBS）".
https://ec.europa.eu/info/business-economy-euro/banking-and-finance/sustainable-finance/european-green-bond-standard_en

図表9-2　グリーンボンド発行のガイドライン（図表3-2の再掲）

発行元	ガイドライン	策定・改訂年
国際資本市場協会 （International Capital Market Association, ICMA）	グリーンボンド原則 （Green Bond Principles）*	2014年策定 2015, 2016, 2017, 2018, 2021, 2022年 に改訂
EU	欧州グリーンボンド基準 （EU Green Bond Standard）	2021年
環境庁（日本）	グリーンボンドガイドライン ➡ グリーンボンドガイドライン及び 　サステイナビリティ・リンク・ボン 　ドガイドライン	2017年に策定 2020年に改訂 2022年に改訂
中国国家発展改革委員会	グリーンボンドガイドライン ➡ グリーンボンド適格プロジェクト・ 　カタログ	2016年 2021年

注:*当初4投資銀行が策定し、ICMAへ移行。
出所:ICMA　"Green Bond Principles" , EU "EU Climate Bond Standard", 環境省 グリーンファイナンスポータル, 中国国家発展委員会"グリーンボンド適格プロジェクト・カタログ2021"

　④レーティング

　投資家にとってわかりやすいのは、③の認証であろう。第3章で述べたように、ESG投資関連ルールには、官がつくって強制力のある規制よりも、業界関係者の意見も取り入れて作成した緩やかなガイドライン的なものが多いが、グリーンボンドやサステナビリティボンドでも例外でない。

　第2には、ファンドを規制するという動きがある。

- EUが2021年に出した、SFDRは、機関投資家とアドバイザーを中心に、情報開示を促すものであるが、SFDRの中で金融商品を3つに類型化している。

① ②と③以外（第6条商品）

② 環境・社会面を考慮するがサステナビリティを主目的としない（第7条商品）

③ サステナブル投資を目的とする（第8条商品）

筆者は、②はESG投資、③はインパクト投資とほぼ同義と解釈した。

なお、2023年2月から一部適用が始まっている。

　商品自体の発売を規制するわけではないが、情報開示を通じて、商品の規制を意図していると考えられる。米国と日本では、2023年2月現在商品レベ

ルの規制はまだない。

＊　　＊　　＊

　ESG投資の二大課題であるデータの収集とESGウォッシング（の予防）
は、進捗はあるものの、いまだ決定打はない。企業におけるESG情報開示
においても、ESG投資商品・インデックスの策定においても、自主ルール
の設定をめざし、さまざまな団体が提言を行ったが、意見の収束がみられた
のは、グリーンボンド関連だけである。そのグリーンボンド基準も統一には
至っていない。情報開示については国際会計基準のIFRS財団が要請を受け
て、検討グループを立ち上げた。

　そういった状況を鑑み、2021年にEUはEUタクソノミー（サステナブル
ファイナンスに含まれるべきことの明示と分類化）、CSRDによる企業の
ESG情報開示、SFDRによる機関投資家・アドバイザーへの情報開示と商品
の3分割によるプレッシャーをかけている。米日が、欧州による標準化をそ
のまま受け入れるのか、それとも別の基準を打ち出すのか、難しい判断が迫
られることになる。

　このように、ESG投資における二大課題であるデータとESGウォッシン
グの問題は、すぐには解決しない。投資家・運用機関がデータを収集して、
よりよいESG投資を行う努力を自ら行うこと、投資家は何がESG投資なの
かを見抜く目をもつことが依然として重要である。

第 10 章

ファイナンス理論から
みたESG投資

1. 効率的フロンティア

　2016年、筆者（伊藤）が、コロンビア大学日本経済経営研究所（CJEB）で公的年金・国家ファンドをテーマとするコンファレンスを計画していたとき、あるヘッジファンドの共同経営者（元ビジネススクールの教授）にESGについての考え方を聞いたことがある。その時は、「（エクスクルージョン手法による）ESG投資のリターンは（リスクを一定とすると）、必ず（ESGではない投資に比べて）低くなる。投資のユニバースに制限をかけるのだから。ESGは、ただの流行（fad）よ」という答えだった。ESG投資をエクスクルージョンの手法に限るのであれば、このような考え方には、ファイナンスの専門家の間には、今でも賛同者が多い。ESG等の非財務ファクターを重視するESG投資が、通常の投資よりも高いリターンを追求するというのであれば、その高いリターンの源泉は何か、ということを説明できないといけない。本章では、ファイナンスの基本理論の枠組みの中で、ESG投資がリスク対比リターンを高くする可能性の理由がどこにあるかを考えることにする。

　次のような例を、概念図を使って考えてみよう。図表10-1のA線は、投資対象となりうる株（たとえば、東京証券取引所上場株）すべて（ユニバース）を投資対象とする場合に描かれる効率的フロンティアを表しているとする。縦軸は期待リターン、横軸はリスク（標準偏差）である。投資対象のすべて、つまり東証上場株の各銘柄のリターンの平均と標準偏差、さらに銘柄

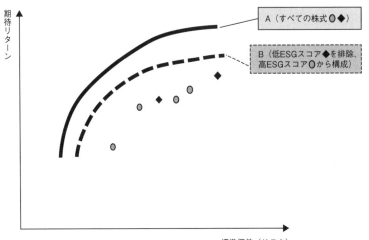

図表10-1　効率的フロンティア（概念図）

期待リターン

A （すべての株式⊙◆）

B （低ESGスコア◆を排除、
高ESGスコア⊙から構成）

標準偏差 （リスク）

出所：筆者(伊藤)作成

　間の分散共分散行列がわかっていると、A線のような効率的フロンティアを
描くことができる（図表10-1のA線の位置は例示であって、実際の計算に
基づくものではない）。実務的には、過去の株価の動きからリターンと標準
偏差を計算することが多い。図上の個々の企業の点は、財務情報に基づいた
リスク・リターンと考えることもできる。個々の企業のうち高ESGスコア
の企業を⊙で表示、低ESGスコアの企業を◆で表示している。
　ユニバース（たとえば全東証上場株）の特定の組み合わせのポートフォリ
オで、リターンとリスクの組み合わせの点が決まる。図中では、例示として
いくつかの企業の、個別の平均分散の点を示している。これらの企業の株の
組み合わせを連続的に変化させることで、無数の点が面となり、その上辺
（フロンティア）だけを取り出したものが効率的フロンティア（efficient
frontier）である。
　次に、ユニバースの中から、たばこ製造販売会社、武器・銃製造会社、石
炭・原油採掘・石油精製会社などを排除する投資手法（エクスクルージョン
戦略）を考えてみよう。実際に、多くの年金基金などが、たばこ製造販売会
社や武器・銃製造会社などをポートフォリオから除外している。また、化石

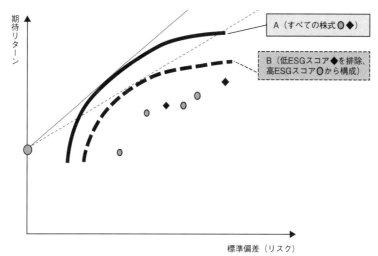

図表10-2　シャープレシオ（概念図）

期待リターン

A（すべての株式 ●◆）

B（低ESGスコア◆を排除、
高ESGスコア●から構成）

標準偏差（リスク）

出所：筆者（伊藤）作成

　燃料関連の会社をポートフォリオから排除する投資家も（数は多くはない
が）いる。このようなエクスクルージョン戦略をとると、効率的フロンティ
アの上から、除外された株をポートフォリオに組み込むことで可能になって
いた点が消滅する。そのため、エクスクルージョン戦略をとる場合の効率的
フロンティアは、図表10-1のように、必ず投資制約のない効率的フロンティ
アよりも下方に来る。これがB線として描かれている。つまり、一定のリ
スクに対して、リターンは必ず低くなる。

　図表10-2では、安全資産を導入することで、安全（リスクフリー）資産
を含むポートフォリオのリスク・リターンの最大シャープレシオ（Sharpe
ratio）を表している。すべての資産を含むポートフォリオのシャープレシ
オは、エクスクルージョン戦略のポートフォリオのシャープレシオよりも常
に高くなる。この点は、Pedersen, Fitzgibbons and Pomorski（2021）に詳
しく解説されている。

　このようなエクスクルージョン戦略がポートフォリオ全体のリターンを下
げることは理論的には明らかで、これを盾にESG投資に否定的な意見をも
つ投資家や、ESG投資に懐疑的な投資家も多い。しかし、リターンが下が

ることが理論的に明らかなので、エクスクルージョン戦略だけをとるESG投資家は、実際には多くない。

以下で説明するように、ESG投資の手法は、エクスクルージョン戦略のみではない。むしろ主流の手法は、それ以外にある。理論的な問題は、それ以外の手法によるESG投資は果たして（ESGではない）通常の投資に比べて（リスクをコントロールしたうえで）リターンを高めることができるのかということである。換言すると、ESG投資で通常の投資よりも高いリターンを得ることができるとの主張では、図表10-1、図表10-2のような状況を、どのように覆すかを説明しなくてはいけない。

ESGファクターも含めて、より企業価値の高い企業のリターンが高くなる（かもしれない）理由はいろいろ考えられる。第1に、消費者が環境・健康や社会倫理を重視するようになると、環境にやさしい、健康によい、労働者に配慮して生産された製品は、値段が高くても購入するようになる。こうして環境にやさしい商品を提供する企業の収益が上がり、株価が上がり、既存の商品をつくり続ける企業の収益が下がる。この説明では、財務情報も変化するのであり、ESG投資では、将来の財務情報の変化を予想して投資を行うということと同義である。

本章では、図表10-1のような、効率的フロンティアによる分析枠組みを使って、次の5つの仮説を検討する。

①長期投資

長期投資では、効率的フロンティアは、通常の短期の期待リターンと標準偏差から導かれる効率的フロンティアとは異なり、（高）ESG投資の企業のリターンが高まることになるので、効率的フロンティアが上方にシフトする。

②ESGインテグレーション

特定の指標に注目するのではなく、非財務ファクターであるESG要素を考慮に入れる。総合的評価により、ESGファクターを使って長期的なリスク、リターンを評価することで効率的フロンティアは変化する。

③ESGエンゲージメント

アセットオーナーやアセットマネージャー（資産運用会社）が企業に
ESGを重視するように行動変容を働きかける（エンゲージメント）こ
とで、個別企業のリターン、分散が変化する。その結果としてリターン
が向上する。またはリスクが軽減される。

④外部性問題の解消

EとSに関しては、1社の行動変容（たとえば、温室効果ガス排出量削
減のための投資）だけでは社会あるいは地球規模の問題解決にはなら
ず、社会経済は変わらない。大多数の企業の行動がESG重視へ変化す
ると、環境そのものが変化して、すべての企業にプラスの変化となる。
つまり、効率的フロンティアが上方にシフトする。

⑤バブル

ESGへの投資が大規模に推奨されて、多数の投資家がその推奨にした
がって投資すると、（たとえ企業価値に変化はなくても）需給の変化か
ら推奨銘柄の価格は上昇する。

2. ESG投資の超過リターンの源泉、構成効果と個別企業効果

アセットオーナーやアセットマネージャーは、多くの株を運用するにあた
り、その構成（取捨選択）とウェイトを選択して保有、運用する。

ESG投資が超過リターンをもたらすかどうかは、投資ポートフォリオの
構成・ウェイト付けにあたり、ESG要素を加味して投資対象企業の取捨選
択、比重のオーバーウェイト、アンダーウェイトすることで、（たとえば、
単純な時価総額ウェイトによる標準ポートフォリオに比べて）ポートフォリ
オ全体のリスクを軽減できるか、リターンが上がるか、という設問と考える
ことができる。この場合、超過リターンの源泉は「構成効果」と「個別企業
価値効果」に分けて考えることができる。

企業が属する業種、企業の活動拠点の特性の違いなどから、そもそも
ESG要素が異なる企業がポートフォリオの中に混在している。「構成効果」
とは、長期的なリターンを考える際に、ESG要素が高評価の業種や企業を
オーバーウェイトすることで、将来のリスクを軽減、リターンを引き上げる
ことができることである。この場合、個別の企業がESG評価を上げるよう
な活動をしなくても、ポートフォリオのリスク・リターンは向上して、超過
リターンにつながる。現在の企業価値（株式市場での評価）には、ESGファ
クターが十分に反映されていない場合、アセットオーナーやアセットマネ
ージャーがESGファクターを吟味のうえ、ESGファクターの評価が高い（た
とえば化石燃料の利用が低い、人権を無視した工場経営などをしていない、
リスク管理の企業ガバナンス体制がしっかりしている）企業をオーバーウェ
イトする。そうすることで、中長期的には、気候変動対策の規制強化（炭素
税の導入や増税）や、人権意識の高まりによる製品ボイコット、企業内の経
営体制のほころび、などのリスクを軽減することができる。将来の企業価値
の変化を、現在のESGファクターをみることで、株式市場評価よりも、より
よく予測することができる、という前提がある。株式市場の多くの投資家は
短期のリターンを重視するので、ESGファクターには興味を示さない。一方、
年金基金など長期投資家は、中長期のリターンを重視するので、結果的に現
在の株式市場による評価を上回る超過リターンを生み出しても、株式市場の
伝統的な（短期のリターンを重視する）効率性仮説に反するとはいえない。
　「個別企業価値効果」とは、個々の企業が、アセットオーナーやアセット
マネージャーからの圧力やエンゲージメントにより、ESGファクターに関
する行動を変えることから、企業価値が変化する効果である。たとえば、ポー
トフォリオを取捨選択しなくても、ウェイト付けを（時価評価ウェイトか
ら）変化させなくとも（構成不変）、個々の企業がESGファクターを意識し
た経営を行うことで企業価値を高めれば、結果として超過リターンを実現す
ることができる。ここでは、個別企業のレベルで、ESG活動が、中長期的
には純利益を高める、という考え方に基づいている[1]。ここでESG活動とよ

1　「ESG活動」という言葉は、たとえば、花王、ベネッセのホームページで使われている。

ぶのは、ESGファクターを向上させ、強化する活動を指すが、CSR（企業の社会的責任）、サステナブル投資の指標とも重複がみられる。個々の企業の経営努力のなかで、ESGファクターの重要性に気づかせる、誘導する役割をアセットオーナーやアセットマネージャーが担っていると考えることができる。

この「構成効果」と「個別企業効果」の区別は、学術的な理論、実証にとっては重要だが、ESG投資の実践では峻別は難しい。本章の残りの理論的な説明では、「個別企業効果」があることを前提に、個々の企業のリスク・リターンが中長期的には変化することを前提として、ポートフォリオの構成を考える理論的なフレームワークを説明している。また、次章では、ESG投資の実証研究を紹介するが、そこでも、構成効果と個別企業効果の区別が重要となる。企業のESG活動（CSR、サステナブル投資との重複もある）により、たとえば企業の資金調達コストが下がるかどうか、最終的に株価が上昇してリターンが向上するかどうかの（主にコーポレートファイナンス系の）実証分析のアプローチは、個別企業効果の実証分析と位置づけることができる。一方、ESGスコアなどで取捨選択、ウェイト付けをしたポートフォリオが超過リターンをもたらすかどうかは、構成効果の実証研究である、と位置づけることができる。

3. 長期投資としてのESG投資

ESG投資を実践している年金基金などでは、ESG投資の利点について、長期投資のリスクを軽減する、という認識を示している。たとえば、世界最大の公的年金基金であるGPIFは、ESG投資について、「ESG投資は、（中略）、環境、社会、コーポレート・ガバナンスの視点を投資判断に組み込むことにより、長期的なリスク調整後のリターンを改善することが期待されています」[2]と説明している。第1章で説明したように、ESG投資では、これまで認識できていなかったリスク（第1章の例は、気候温暖化に伴い火災が

2　https://www.gpif.go.jp/esg-stw/GPIF_ESGReport_FY2021_J_02.pdf

発生しやすくなるリスク）を重視することで、長期的なリターンの上昇をめ
ざすものである。たとえば、再生エネルギー発電の技術革新などにより、化
石燃料による火力発電は陳腐化するリスクを負っている。人権を無視して短
期的利益を追求する経営をしている企業も、長期的には、労働者の安全性に
問題があれば、労働生産性が落ちて、退職者が増加するだろう。市場での評
価も落ちる。さらに、政策が人権重視に変更されて工場の閉鎖を余儀なくさ
れる、というリスクがある。こう考えると、反ESGファクターの長期にわ
たる影響に配慮していない企業は、将来にわたる長期的標準偏差（リスク）
は、高くなる。

　そこで図表10-1に、将来のESG関連のリスクを考慮に入れるように、修
正を加えるとどうなるか、考えてみよう。本章では、（自社の企業価値に影
響が大きいと考えられる）ESGファクターの評価が高い企業を高ESG企業
とよび、評価が低い企業を低ESG企業とよぶことにする。各企業のESG評
価は、ESG格付け会社（複数）が「ESGスコア」を発表しているので、ESG
スコアによりESG評価の数値化も可能である。ただし、各社のESGスコア
の間の相関は低いことも知られている[3]。本章で「ESGスコア」というとき
には、特定の会社のESGスコアを指すわけではなく、ESG評価を数値化し
たもの一般を指している。高ESG企業の株式は、将来にむけての長期投資
でのリスクは低く、リターンは高くなる一方、低ESG企業の株式のリスク
は大きく上昇する。したがって、長期投資の場合には、過去のデータから計
算されるリスクとはかなり異なるリスク・リターンに直面することになる。

　しかし、将来にむけての長期投資では、高ESG企業の株式は、リターン
は高く、リスクは低くなる可能性がある。一方、低ESG企業の株式は、政
策変更（たとえば温室効果ガス排出規制や炭素税率の大幅引き上げ）、気候
温暖化による災害の激化による影響を受けやすいので、長期投資のリターン
が低くなる。図表10-3では、このような個別株式の長期投資のリスク・リ
ターンの図表10-1からの変化を矢印で示している。このような長期のリス

3　よく使われる数値化されたESG評価には、MSCI, Sustainalytics, Bloomberg ESG, FTSE ESG index, ISS
ESG Governance Quality Score, Thomson Reuters ESG Score（過去のEikon databaseを含む）, S&P（過
去のRobeco, SAM, Trucostを含む）などがある。

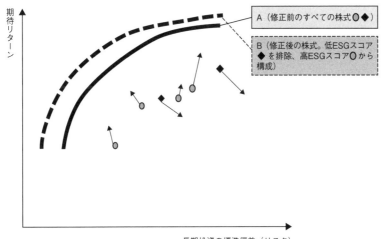

図表10-3　ESG修正効率的フロンティア(概念図)

期待リターン

A（修正前のすべての株式〇◆）

B（修正後の株式。低ESGスコア ◆ を排除、高ESGスコア〇 から構成）

長期投資の標準偏差（リスク）

出所：筆者（伊藤）作成

ク・リターンを前提として効率的フロンティアを描きなおすと、図表10-3のように、通常の（ESG情報を使わない）図表10-1の効率的フロンティアよりも上方にくる可能性がある。このように（過去データではなく将来への）長期のリスク・リターンは、短期のリスク・リターンとは異なることを前提として、長期のリスク・リターンを推計するためには、開示されているESG情報、特に企業価値に影響の大きな（マテリアル）なESG情報が重要である。このように考えると、長期投資では、ESG投資によりリターンを高く、リスクを低くすることができる。

　もっとも、ESG投資を説明するにあたって、この効率的フロンティアの分析枠組みそのものを批判することも可能だ。この分析の基礎になっている仮定は、投資家の効用（満足度）が、投資の平均（期待リターン）と標準偏差（リスク）で表現される、また投資対象の資産（この場合株式）のリスクが平均と標準偏差で十分に表現されている、である。しかし、投資家の中には、標準偏差だけではなく、リターンの最小値（最大ロス）を重視する投資家も多いかもしれない。実際のリターンは往々にして、確率は低い大きな損

失と、確率は高くそれほど大きくはない利益がある投資も多い。つまり、分布が平均の左右非対称である歪度（skew）や、分布の尖りを示す尖度（kurtosis）が重要な指標となる場合もある。このようにみると、図表10-1のようなリスク・リターンは分析枠組みとしては不十分であるということもできる。その中で、ESG投資は、ESG重視の政策変更などによる、非ESG投資の突然の大きな損失を防ぐのに有効である、という考え方も成り立つ。

4. ESGインテグレーション

　大多数の大手投資家は、ESG投資をエクスクルージョンではなく、ESGインテグレーションの手法を採用していると表明している[4]。これは、特定の指標に注目するのではなく、ESG要素を総合的に考慮するということである。具体的には、たとえば、GPIFはESGインテグレーションを「ESGを投資分析及び投資決定に明示的かつ体系的に組み込むこと」と定め、「2019年度からはこの定義に基づきESGインテグレーションの評価基準を策定し、新評価基準による運用会社の総合評価を開始しました。既存の委託先運用会社の評価に加え、新規の委託先運用会社の選定時にも新基準による評価を行っています」としている。

　このようなESGインテグレーションの手法は、効率的フロンティアの枠組みでどのように考えるのが適当だろうか。ESGインテグレーションの利点は、長期的視点に立って、将来の大きなリスクを、ESGというファクターを通じて推測して、これを避ける、また将来の有望株をあらかじめ仕込んでおく、と理解することができる。ここで、「長期的視点」というのが重要だ。短期のノイズを無視することができる、また短期的な解約リスクも無視することができる、という長期投資家にとっては、「リスク」の定義が、通常の効率的フロンティアを描くときの「リスク」とは異なる可能性が高い。

　長期投資とは、長期保有を前提として、頻繁な売り買いはしない、という投資手法である。したがって、短期の変動はリスクとしては認識せず、長期

4　ESGインテグレーションの解説には、林（2018）がある。そこでは、ESGインテグレーションが、投資手法の傍流から主流に躍り出た、という解説がされている。

的なトレンドを重視する。ヘッジファンドや投資銀行では、何らかのマクロの要因で相場が大きく下落した際に、資金の引き出し（解約）に直面することがある。2008年秋の世界金融危機や、2020年春のコロナ危機がこれにあたる。しかし、市場全体がパニック売りになっているときは、（解約リスクに直面しない）年金基金など長期投資家にとっては、実は買い場である。このような考察から、ESGインテグレーションを採用する長期投資家にとっては、効率的フロンティアの横軸のリスク（標準偏差）の定義が、通常のリスク（標準偏差）ではない、と解釈することができる。たとえば、日次変動のリターンと標準偏差と、月次変動のリターンと標準偏差、さらに年次のリターンと標準偏差では、異なるリスク・リターンのパターンを示すことになる。このような、ESG投資の長期的リターンとリスクを短期的リターンとリスクに対比したのが図表10-3である。

　では実際に、ESGインテグレーションを実施する場合に、年金基金はどのような投資方針で臨むのだろうか。年金基金の組織内部で（in house）アナリストが個別株（公開株、未公開株）やオルタナティブについて分析、精査をするのは非常に人件費コストが高い。そのコストに見合う、リターンを出せるかが、課題となる。この高コストを嫌ってアセットマネージャーに投資方針を伝えて、運用してもらう（outsource）割合が高い公的年金基金も多い。内部運用と外部委託の比率は、公的年金基金の生い立ちや監督当局の意向により大きな違いがある。またGPIFのような超大規模公的年金基金基金の場合には、資産規模が大きいために、分散投資をする場合には、公開株（上場株式）のほとんどに投資するユニバーサル投資（universal owner）の手法をとることとなる。具体的には、TOPIXのようなインデックス連動の投資を主に行うことになる。個別企業を評価して積極的（active）に取捨選択するのではなく、市場全体を売買する受け身の（passive）投資であることが多い。しかし完全にユニバーサルな受け身の投資では、ESG投資にはならない。ユニバーサルではあるが、TOPIXの時価総額ウェイトに、ESGファクターのうち、企業価値への影響が大きな情報を加味したインデックスを開発して、そのようなESG重視インデックス商品に投資することが考えられる。エクスクルージョン手法が、投資をするか、しないかの二者択一に

図表10-4　GPIFが採用しているESG指数

ESG総合指数

	FTSE Blossom Japan Index	FTSE Blossom Japan Sector Relative Index	MSCI ジャパン ESG セレクト・リーダーズ指数	MSCI ACWI ESG ユニバーサル指数（除く日本・除く中国 A 株）
指数のコンセプト・特徴	・世界でも有数の歴史を持つ FTSE Russell のESG指数シリーズ。FTSE4Good Japan Index のESG評価スキームを用いて評価。 ・ESG評価の絶対評価が高い銘柄をスクリーニングし、最後に業種ウェイトを Industry レベルで中立化したESG総合型指数。	・FTSE Blossom Japan Index と同じ FTSE Russell のESG評価をベースに、一部のカーボンインテンシティ（売上高当たり温室効果ガス排出量）が高い企業については、企業の気候変動リスク・機会に対する経営姿勢も評価に反映。 ・業種内でESG評価が相対的に高い銘柄を組み入れ、最後に業種ウェイトを Sector レベルで中立化。	・世界で 1,000 社以上が利用する MSCI のESGリサーチに基づいて構築し、様々なESGリスクを包括的に市場ポートフォリオに反映したESG総合型指数。 ・業種内でESG評価が相対的に高い銘柄を組み入れ。	・MSCIのESG旗艦指数の１つ。ESG格付けとESGトレンドをもとにしたウェイト調整を主眼として指数全体のESG評価を高めた総合型指数。 ・親指数と同様の投資機会及びリスクエクスポージャーを維持しつつESGインテグレーションを行うことを目指す大規模投資家向けに開発された指数。
指数構築	選別型（ベストインクラス）	選別型（ベストインクラス）	選別型（ベストインクラス）	ティルト型
組入対象資産	国内株式	国内株式	国内株式	外国株式
指数組入候補（親指数）	FTSE JAPAN ALL CAP INDEX [1,395 銘柄]	FTSE JAPAN ALL CAP INDEX [1,395 銘柄]	MSCI JAPAN IMI TOP 700 [699 銘柄]	MSCI ACWI（除く日本・除く中国 A 株）[2,180 銘柄]
指数構成銘柄数	229	493	222	2,111
運用資産額（億円）	9,830	8,000	20,990	16,187

ESGテーマ指数（女性活躍/気候変動）

	MSCI 日本株女性活躍指数（愛称「WIN」）	Morningstar 先進国（除く日本）ジェンダー・ダイバーシティ指数（愛称「GenDi」）	S&P/JPX カーボン・エフィシェント指数	S&P グローバル（除く日本）大中型株カーボン・エフィシェント指数
指数のコンセプト・特徴	・女性活躍推進法により開示される女性雇用に関するデータに基づき、多面的に性別多様性スコアを算出、各業種から同スコアの高い企業を選別して指数を構築。 ・当該分野で多面的な評価を行った初の指数。	・Equileap ジェンダー・スコアカードによる企業のジェンダー間の平等に対する取組み評価等に基づき投資ウェイトを決定。 ・評価は①リーダーシップ及び従業員の男女均衡度、②賃金の平等とワークライフ・バランス、③ジェンダー間の平等を推進するためのポリシー、④コミットメント・透明性・説明責任という４つのカテゴリーで実施。	・環境評価のパイオニア的存在である Trucost による炭素排出量データをもとに、S&P ダウ・ジョーンズ・インデックスが指数を構築。 ・同業種内で炭素効率性が高い（温室効果ガス排出量/売上高が低い）企業、温室効果ガス排出に関する情報開示を行っている企業の投資ウェイトを高めた指数。	・環境評価のパイオニア的存在である Trucost による炭素排出量データをもとに、S&P ダウ・ジョーンズ・インデックスが指数を構築。 ・同業種内で炭素効率性が高い（温室効果ガス排出量/売上高が低い）企業、温室効果ガス排出に関する情報開示を行っている企業の投資ウェイトを高めた指数。
指数構築	選別型（ベストインクラス）	ティルト型	ティルト型	ティルト型
組入対象資産	国内株式	外国株式	国内株式	外国株式
指数組入候補（親指数）	MSCI JAPAN IMI TOP 700 [699 銘柄]	Morningstar Developed Markets（除く日本）Large-Mid [2,177 銘柄]	TOPIX [2,175 銘柄]	S&P Global Large Mid Index（除く日本）[3,080 銘柄]
指数構成銘柄数	352	2,149	1,855	2,428
運用資産額（億円）	12,457	4,195	15,678	33,906

（注）データは2022年3月末時点。
出所：GPIF、「ESG活動報告2021」(p.20), https://www.gpif.go.jp/esg-stw/GPIF_ESGReport_FY2021_J_02.pdf

なっているのに対して、ESGインデックス投資はESG要素を取り入れるという投資比率にグラデーションを取り入れる手法といえる。ウェイトは、時価総額比率をベンチマークとしてESGスコアにより比率を上下させる。どのようなESGスコアを用いて、どの程度比率を上下させるかが、アセットマネージャーの腕のみせどころになるだろう。

　GPIFにおける、ESGインデックス投資は、図表10-4にまとめられている。上段の4つは「ESG総合指数」と分類されていて、元になるユニバースは広くとり、ユニバースの業種構成をなぞるようにしつつ、ESG評価の高い企業のウェイトが高くなるような工夫がされている。ESG評価が高い企業の選別方法が、各社の工夫のしどころだ。下段の4つは、「ESGテーマ指数（女性活躍／気候変動）」で特化したテーマを選ぶとともに、そのテーマの中でもESG評価の高い企業を選んでいる。

　このうち2つを例にあげて、どのようにESG評価を利用しているかをみてみよう。

　ESG総合指数のうち、FTSE Blossom Japan Sector Relative Indexは、指数の構成について、次のように説明している。

　　「日本市場におけるESG 統合を促進：FTSE ESG Ratingsレーティングを用いて、ESGの取り組みの成果向上改善を支援サポートし、企業のサステナビリティに関するパフォーマンスと活動を強化促進します

　　●インダストリー業種・セクター別ウェイトをニュートラルに忠実：実際の日本株式市場の構成比率がなるべく反映されるようにし、ベースとなるFTSE All Cap Japan Index とのトラッキングエラーを防止し低く抑えます

　　●企業エンゲージメントを実現：資本市場における透明性の高い基準を確立し、企業のエンゲージメントや情報開示、投資家のスチュワードシップ活動を促進します」[5]

　さらに業種内のESG評価については、次のように選択している。

5　https://www.ftserussell.com/ja/products/indices/blossom-japan

「セクター・ニュートラル。親インデックスに対応したウェイト付けによってセクターの偏重を最小化。各セクターの上位 50％かつ ESG レーティング 2.0 以上の日本企業を選定。低炭素経済への移行をサポート。TPI 経営品質（MQ）スコアを用いて各企業の気候ガバナンスと気候変動に関する取り組みを評価」[6]

S&P/JPX カーボン・エフィシェント指数は、そのウェイトを次のように説明している。

「本指数は、日本市場の動向を示す代表的な株価指数である TOPIX をユニバースとし、環境情報の開示状況、炭素効率性（売上高当たり炭素排出量）の水準に着目して、構成銘柄のウェイトを決定する指数です。環境情報の開示を十分に行っている企業や炭素効率性の高い（売上高当たり炭素排出量が少ない）企業のウェイトを引き上げるなどのルールを採用することで、市場全体の環境に関する取り組み、情報開示を促し、株式市場の活性化を目指しています」[7]

もちろん ESG インデックス投資が、ESG インテグレーション手法のすべてではないが、具体的に ESG 要素がどのように使われているかを理解するうえではわかりやすい投資手法といえる。

このような ESG インデックス投資がどのように投資リターンを引き上げるかの理解は、基本的に図表 10-3 で表されたものと同じで、ESG スコアが高い企業の株価が長期的には上昇して ESG 効率的フロンティアを押し上げると理解できる。本当にそうなっているかどうかは、TOPIX 連動インデックスと ESG インデックスを比較することで判定することができる。

GPIF は、これらの ESG 指数が、2017 年から 2022 年にかけて、TOPIX よりも収益率で上回り、リスクを加味したシャープレシオ（図表 10-2 参照）においても TOPIX を上回っていることを示している[8]。

6　https://www.ftserussell.com/ja/products/indices/blossom-japan
7　https://www.jpx.co.jp/markets/indices/carbon-efficient/index.html
8　GPIF「ESG 活動報告 2021」（P.41-42）。

5. エンゲージメント

ESG インテグレーションの1つの手段は、企業経営者との対話を通じて、その企業がより高いリターン、より低いリスクを達成するようにE、S、G活動を変更するようなリクエストを行うことである[9]。アセットオーナーあるいはアセットオーナーの意向を代弁するアセットマネージャーが、経営について注文を付けることがごく普通に行われている。どのような注文を付けるのかは、アセットオーナーがリターンの向上をめざすESG投資家なのか、社会へのインパクトを求めるインパクト投資家なのかによって異なるだろう。

ESG投資家が、温室効果ガス排出の削減のための投資（の加速）を求めて、企業に働きかけることが、（そうでない場合と比べて）長期的に企業価値を高める理由はいくつか考えられる。将来、炭素税が導入（税率引き上げ）される可能性もあるし、化石燃料規制が強化されるなどとして（突然）コストが急騰するリスクがある。今から環境にやさしい投資（たとえば、温室効果ガス排出量の削減）を行うのは長期的にリターンを高めることになる。

このような観点から考えると、今は温室効果ガス排出量の大きい会社（たとえば、エクソンモービル）へ投資をして、取締役を送り込み、新規採掘を止めさせて、再生エネルギー投資を加速するように影響力を行使することもESG投資に含めることができる。化石燃料関連会社を投資対象から排除するのではなく、そこへ積極的に投資して影響力行使をするというのは、逆説的ではあるが、ESG投資にカウントされる[10]。

ガバナンス（G）の改善を求めることは、リターンの向上に直接結びつく可能性が高い。またそのようなガバナンスの改善が企業の中で自発的に起きるように、社外取締役を重視する改革を提案することも重要だ。基本的にコ

9　エンゲージメントの意義や実態については、光定（2018）が詳しい。
10　2021年に Engine No.1 という（有名ではなかった）ヘッジファンドが、エネルギー大手のエクソンモービルに 0.02％の投資をしたうえで、取締役2席を獲得した。この取締役提案は、大手の投資家によって支持されて実現した。
　https://www.nytimes.com/2021/06/23/magazine/exxon-mobil-engine-no-1-board.html

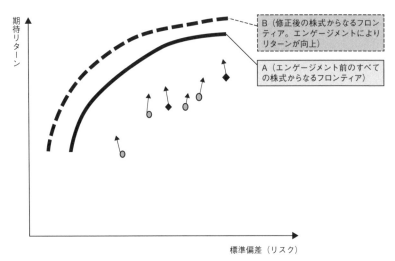

図表10-5　エンゲージメントによるESG効率的フロンティアのシフト

B（修正後の株式からなるフロンティア。エンゲージメントによりリターンが向上）

A（エンゲージメント前のすべての株式からなるフロンティア）

期待リターン

標準偏差（リスク）

出所：筆者（伊藤）作成

ーポレートガバナンス・コードの採用を促すことと整合的である。資本効率を高める、不採算部門を売却する、リターンの低い政策投資株を売却するというような改革が、現執行部の何らかの非経済的な理由で行われていない場合などに、エンゲージメントにより、これを正すことは、リターンを高めことになる[11]。企業と対話するところは、いわゆるアクティビストのような提案型に似ているが、より長期の利益の上昇についての提案型対話をすることになる。

　このような対話は、インテグレーションの場合と同様に、長期的なリターンを高める可能性が高い。もともとのリスク・リターンが何らかの理由で企業の可能性を完全に引き出していなかった、という場合に一番当てはまるケースといえる。たとえば、雇用を守るために赤字子会社の改革を怠る、社長が思い入れのある不採算事業を再編することを拒んでいるような場合であ

---

11 議決権行使助言会社、Glass Lewis は、2022 年の日本むけ Policy Guidelines において、政策投資株を一定以上保有する企業・金融機関の幹部（取締役会議長もしくは筆頭取締役）への再任に反対票を投じるように推奨している。
https://www.glasslewis.com/wp-content/uploads/2021/12/Japan-Voting-Guidelines-GL-2022.pdf?hsCtaTracking=898224c4-0005-4b27-a16a-bf14a667323d%7C0f0ef09c-ec1d-4e8f-8674-1c864c49a265

る。一般的に、資本効率が落ちているような場合に、外からの圧力（この場合は、エンゲージメント）により経営を改善して、リターンを高めることができる。この場合も、図表10-5のようにESGスコアの高い低いにかかわらず、フロンティアを押し上げることができる。

6. 外部性（囚人のジレンマ）の解消

近年のESG投資への関心の高まりの中で、ESG分野の強化に積極的かどうか個別企業に開示を求めるアセットオーナー、アセットマネージャーが増えている。多くの投資家による要求で企業がESG関連情報（たとえば自社の活動による温室効果ガス排出量）を開示するようになり、しかも投資ウェイトの増減を投資家からの圧力としてESG活動に配慮する行動をとる（たとえば、温室効果ガス排出量の削減に取り組む）ようになることで、このような活動は、（ESGに配慮した活動をしない場合に比べて）個別企業の収益を上げ、社会にインパクトを与えるのであろうか（前者は、ESG投資でリターンは高まるかという設問であり、後者は、インパクト投資は成功するかという設問である）。

ESG投資が盛んになる前は、企業がESGのスコアが上がるような活動・投資（たとえば温室効果ガスの削減）をするためには費用がかかり、それに見合うリターンがない、と考えられる（そうでなければ、すでにそのような活動を行っていたはずだ）。では、ある企業がESG活動・投資を行うかどうかは、他の企業がESG活動・投資を行うかどうかに影響を受けるだろうか。

理論的には次のように考えることができる。温室効果ガス削減を1社で行っても社会的なインパクトはないし、コストがかさむだけでリターンも上がらない。他社に比べてコストが上がれば、競争上不利になる。しかし他社も同時にESG活動を行えば、コスト増は他社も同じであり、競争上不利にはならない。また、実際に社会的インパクトがあり環境（温室効果ガス、従業員の労働環境、企業ガバナンス）が改善すれば、すべての企業にとってよりよい経済社会になる可能性がある。温暖化が止まり、気候変動適応（adaptation）の費用を節約することができれば、企業のコストも節約でき

図表10-6　ESGと囚人のジレンマ

		B社がESG活動・投資	
		しない	する（4億円支出）
A社がESG活動・投資	しない	$(\pi A, \pi B) = (0, 0)$ E=0	$(\pi A, \pi B) = (2, -2)$ E=2
	する（4億円支出）	$(\pi A, \pi B) = (-2, 2)$ E=2	$(\pi A, \pi B) = (1, 1)$ E=5

出所：筆者（伊藤）作成

る（もちろん、ESG費用をかけない企業も恩恵を被るというフリーライダーの問題はある）。このように、1社の努力では、その努力をする企業のリターンも上がらないし、社会的なインパクトもないものが、多くの企業が同時に努力することで、個別の企業のリターンも上がり、経済社会の課題も解決にむかう、という論理を立てることができる。

　経済学的には外部性がある課題の1つの解決法（詳しくは第12章参照）である。あるいはゲーム理論でよく知られる「囚人のジレンマ」の解決（協調解をみつける）方法ということもできる。

　図表10-6で、囚人のジレンマの状況を示している。A社、B社、それぞれESG活動・投資は4億円かかるとする。どちらか1社のESG活動は社会的環境（E）を2単位改善する。両社がともにESG活動を行うと（相乗効果もあり）5単位改善する。社会的環境が2単位改善すると、両社に2億円ずつの金銭的リターンをもたらすとする。また社会的環境が5単位改善すると、両者に5億円ずつの金銭的リターンをもたらすとする。A社のみがESG活動・投資をすると、A社は4億円の支出に対して、社会的環境改善から2億円の利益を得る、差し引き2億円の損となる（πA=-2）。この場合、Bは支出なしに社会的環境改善から2億円の利益を得る（πB=2）。A社が単独でESG活動・投資をするインセンティブはない。逆にB社のみがESG活動・投資をする場合は、対称的な損得となり、B社が単独でESG活動・投資をするインセンティブはない。A社とB社がともに4億円のESG投資をする場合は、社会的環境改善から、両社に5億円の利益がもたらされるので、A社とB社ともに、差し引き1億円の利益となる。

　A社とB社が、協調して社会的最適（他社の利益を損なわずに自社の利益

166

を高める解が残されていない、というパレート最適）解を探すと両社が ESG 投資を実行する（図表 10-6 の右下のセル）ことになる。しかし、「協調」がなければ、相手の行動にかかわらず、ESG 投資をしないことが自社の最適な戦略となるので、ESG は進展しない。ESG 投資の情報開示や、投資家からみた ESG 評価の向上（具体的にはインデックス会社が付与するスコア上昇）への圧力は、両社が同時に ESG 投資を行うような、「協調」への圧力とみなすことができる。ESG がブームになることは、このような協調を促すことから、各企業にとっても歓迎すべきことであり、全企業による ESG 投資は各企業、ひいては市場全体のリターンを高めることになる。この場合も図表 10-3 のように ESG 効率性フロンティアが、通常の効率性フロンティアよりも高くなる。

7. バブル

ここまで検討したケースでは、投資家の判断が、短期（従来ケース）または長期（ESG 投資の投資期間）の投資を考えて、いかに効率的フロンティアの意味でリターンが向上する（かもしれない）理由を考察してきた。しかし、リターンは企業価値だけではなく、超短期的には市場の需給で決まることもある。つまり、投資家の中には、何らかの理由で、特定の株（のグループ）が値上がりすると考えれば、その株を買い、値下がりすると考えれば、その株を売る、という行動をとる投資家（アセットオーナーとアセットマネージャー）、いわゆるモメンタムトレーダーがいる。多くの投資家が、同じ理由で、同じ特定の株（のグループ）を買えば、実際にその株価は上昇する。しかし、企業価値が変化しない中で、株価だけが上昇して、値上がり期待だけで需要が高まって実際に株価が上昇することを、バブルとよぶ。バブルはどこかで期待が裏切られると一気に崩壊することになる。

たとえば、多くの投資家が ESG スコアをみながら ESG 投資を行うようになって、実際に（高 ESG 企業の）ESG 株の株価が上昇すると、モメンタムトレーダーも ESG 株を買うようになる。こうして、ESG 株のリターンは実際に上昇することになる。これがさらに幅広い投資家の関心をよび、ESG

株への需要を高める。このように、ESGを精査せずに、値上がりしているという理由だけで投資するアセットマネージャーが多くなる状況を、ESGバブルとよぶことができる。

2000年の頃に起きたITバブルでは、IT株が企業価値をはるかに超えて株価が上昇した。そしてそれは崩壊した。日本でも、1980年代後半の不動産と株の資産価格バブルは、1990年代に崩壊した。バブルは崩壊して初めてバブルだったことがわかる、といわれているので、株価上昇が起きている最中に、それがバブルかどうかを判断するのは難しい。

ESG「ブーム」がバブルに変質することを防ぐことができるかどうかは、ESG投資を推進する投資家が、企業のESG活動を精査して判断しているかどうかがカギとなる。

8. 罪な投資家（sin investor）

ESG投資の手法としてエクスクルージョンがあると説明した。実際に多くの公的年金基金、機関投資家は、倫理的な理由で、たばこ製造販売会社、武器・銃製造販売会社、などを投資対象から外している。また多くのESG投資家は、原油採掘の会社、石炭採掘の会社、石炭火力発電所を運営する電力会社等はESG評価が低く、投資対象にならないか、投資のウェイトを引き下げるとしている[12]。

企業の既存財務データに加えて、ESG評価によって株式投資（あるいは直接の出資などの手段）の割合を変えようという投資家の中には、リターンの向上を求めるESG投資家と、投資を通じて企業活動を変化させる、あるいは企業の参入・退出を通じて社会にインパクトを与えようというインパクト投資家が混在している可能性がある。

リターンの向上をめざすESG投資家にとっては、ESG評価が高い企業は、

---

12 ただし、原油採掘の会社については、ロシアによるウクライナ侵略以降、天然ガス価格、原油価格が上昇する中で、（エクスクルージョン戦略を採用しているところは別として）ポートフォリオにおけるウェイトを引き上げている会社もある。理論的および長期投資の観点から、原油価格の上昇が継続するとは考えられないとして、ウェイトを上げない考え方、選択肢も有力である。天然ガスについては、トランジション期間中は、石炭よりも温室効果ガス排出が少ないことから、大多数のESG投資に含めて問題がないと考える。

ESG評価の低い企業よりも長期的なリスクを調整したリターンが高いことが投資の理由になっている。

　ESG投資家もインパクト投資家も、ESG評価を加味して投資判断することで、ESG評価の低い企業株価のレベルあるいは（リスク調整後の）リターンが下落することを前提としている。

　しかし、投資家の中には、ESG評価を気にしない、社会へのインパクトは利潤最大化をマンデートとする民間投資家の役割ではないと考え、単にリターンの最大化を狙う投資家も存在する。投資先は何らかの理由で企業価値を大きく下回るように売り込まれた低評価株である。ESGを考慮せずESG投資機運の高まりの中で過小評価となった低ESG企業へ投資する投資家を、罪な投資家（sin investor）とよぶ。

　ESG投資家からすると、長期的にはESG評価が高い企業への投資のほうが、リターンが高いと主張するかもしれないが、罪な投資家にとっては短期的な投資を狙っているので、長期的なリスクが顕在化する前に売り抜ける覚悟がある。罪な投資家は、決して社会をよくすることに関心がないのではないが、それは政府の役割であり、民間投資家にリターンを犠牲にして社会をよくしろというのは、筋違いだと考えている。

　罪な投資家は、ESG投資やインパクト投資によってESG評価の低い企業の株価が下がると、これは投資のよいタイミング（買い場）であると考える。ESG情報が事業価値には中期的に反映されるものの、低ESG評価の企業の売られすぎた株価が戻る過程で高いリターンを獲得することができる。

　このような罪な投資家の投資によって低ESG評価企業の株価がもち直す（リターンが高まる）ならば、ESG投資家の思惑は、少なくとも短期的には、外れてしまう。株価への影響で社会へのインパクトを引き出そうとするインパクト投資家の思惑も外れてしまう。

　図表10-7は、このようなESG投資家・インパクト投資家と罪な投資家のせめぎ合いを概念図にしてみたものである。伝統的な世界から、多くの投資家がESG投資を選好することで、低ESG企業の株が売り込まれて、財務情報から計算される企業価値から大きく乖離して下落する。そこでESG投資を標榜せず単に（リスクをコントロールしたうえで）リターンの最大化をめ

図表10-7　罪な投資家の影響(概念図)

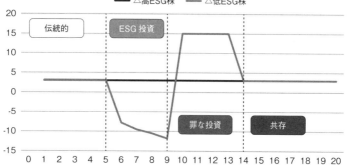

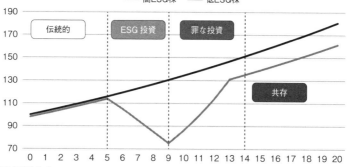

出所:筆者(伊藤)作成

ざす罪な投資家が、この低価格の株を買い集め財務情報から正当化される水
準まで買い上げる。この過程で短期的リターンはESG投資のリターンを上
回ることになる。もちろん長期的には下落リスクがあることがわかったの
で、株価は伝統的世界のレベルまでは回復しないかもしれないが、ESG投
資家と罪な投資家が共存する世界では、このような罪な投資家による裁定が
働いてリターンはほぼ同じになると推測される。もしこのような概念図のよ
うなことが市場で起きているとすると、ESG投資が市場全体(ユニバース)
への投資よりもリターンが高いかどうかの実証研究では、どの時期のリター
ン・リスクを計測するかによって大きく異なることになる。ESG投資の超
過リターンの分析の困難性の1つとなる。

9. 多様な投資家

　前節で議論したように、市場にはESGも織り込んで総合的は投資判断をしてリターンが高まることを重視するESG投資家、社会にインパクトを与えることを狙うインパクト投資家、特に社会を循環型に変えていくことに投資をするサステナブル投資家などが混在、共存している。インパクト投資家の中には、リターンが市場リターンよりも低くても、投資を通じて社会にインパクトを与えることができれば満足だ、という投資家もいる。個人投資家の中には、ESG自体が目的化して、リターンには注意を払わない投資家も少なくないかもしれない。さらには、投資リターンは全く気にせずに、特定の活動に資金を提供する大規模なフィランソロピーも存在する。このような投資家の売買によって株価水準やリターンがどのように変化するかは、理論的にも難しい問題である。

　たとえば、リターン、リスク以外に、社会へのインパクトを狙う投資家を考えてみよう。理論的には、通常のリターン、リスク以外に、ESG指標（たとえば温室効果ガス排出量）が、効用関数（満足度）に入っている投資家ということができる。このような投資家の存在が大きくなると、高ESG評価企業の企業価値が上がりすぎて、リターンが低くなる可能性がある。また、グリーンボンドも高いプレミアムのついた価格（低い金利）で取引されることになる。そうすると、リターンを追求するESG投資家にとっては、投資機会が低下することになる。ESGへの関心の高まりが、ESG投資の機会減少につながるという皮肉な結果にもなりかねない。特に、リターンが配当と値上がり益からなる株式とは違って、固定金利の債券では、発行時の金利水準でリターンプレミアムのほとんどが決まってしまう。発行時の金利水準は、インパクト投資家が多ければ、（他のリスクは同じ企業の）非グリーンボンドよりも低くなると予想される。そうすると、ESG投資の対象からは外れてしまう。ESG投資家である公的年金基金の一部は、グリーンボンドへの投資が思うように進まないという感想をもっているが、インパクト投資家との競争で買い負けている、ということの結果に他ならない。

　このように、理論的には、ESG投資が効率的フロンティアを押し上げる

理由もいくつかあるものの、インパクト投資家、罪な投資家などが混在する市場では、なかなか思うようなリターンの追求が難しくなる可能性もある。

10. 皆がESG投資家になる

　ESG投資の成功は、ESG投資（というカテゴリー）の終わりかもしれない。中期的、長期的な投資のリターンを考えるうえで、財務情報のみならず、ESGファクターを含む非財務情報が重要で、その使い方によっては長期的リターンを上げることができる、ということがすべての投資家に理解されて納得されるときがくれば、ESG投資を標榜しない投資家であっても、ESGファクターを含む非財務情報を活用するようになるだろう。つまり、すべての投資家が、今でいうESG投資家になる。そうするとESG投資のリターンがベンチマークよりもリターンが高いか低いかという問い自体が無意味になってしまう。すべてがESG投資家であれば、ベンチマークが今でいうESG投資になるからだ。いわば、白黒テレビとカラーテレビという単語が共存していた時代はあったが、すべてのテレビがカラーテレビになると、テレビといえばカラーテレビのことであり、カラーテレビという単語は使われなくなった。それと同じことがESG投資にも起きるかもしれない。

　そうなると「投資」の教科書も書き換えられなくてはならない。企業価値の計算には、財務情報のみならず、ESGファクターを含む非財務情報を用いることが、標準となるだろう。

　このように、将来は、ESG投資という言葉が消滅するかもしれない。しかし、それはESG投資の完全勝利を意味している。

第11章

ESG投資でリターンは向上するのか

1. 実証研究展望の困難さ

　本章では、ESG投資は投資のリターンを向上させるか、という課題について、実証研究の展望論文を集積することで、現在の研究者の最大公約数を導きたい。ESG投資が（ESGを標榜しない）投資よりも高いリターンを上げるかどうかは、受託者責任を強調する年金基金を含めてアセットオーナーでは大きな関心事項となる。ただし、本章で明らかになるように、ESG投資の（市場を上回る）超過リターンの実証研究にはいくつかの問題が存在する。まず、実証研究にあたっての注意事項を列挙してから、文献の展望に入りたい。

　第1に本書で繰り返し注意を喚起してきたとおり、「ESG投資」の定義について研究者のあいだで合意がない。本書では序章でESG投資を以下のように定義した。

　「これまで企業価値に十分織り込まれてこなかった環境E・社会S・ガバナンスG等の非財務ファクターの重要性の増大に鑑み、投資家が長期的視点をもって、ESG等の非財務ファクターを（法改正の予想・新規事業機会等含め）投資判断に織り込み、リスクをマネージしつつリターン向上をめざす投資。加えて株主としてのエンゲージメントを通じ企業の経営判断に影響を与えることで、企業価値を向上させることもめざす」

　この定義は、SRI（社会責任投資）やインパクト投資（環境や社会に具体

的な変化を与えることと、財務リターンを上げることの双方をめざし、環境・社会へのインパクトを数値で計測）と大きな部分で異なるし、サステナブル投資とはオーバーラップが大きいが異なる点もあることは、第1章で述べたとおりである。本書では、ESG投資とインパクト投資は峻別しているし、ESG投資とCSRは（オーバーラップすることはあっても）、別のカテゴリーに属すると考えてきた。倫理的投資（企業活動の内容に倫理的価値判断を下して問題のある企業を投資対象から除外する）やインパクト投資とは、オーバーラップの部分はほとんどない。実際、アセットオーナーとアセットマネージャー（資産運用会社）といった実務家は、ESG投資は、インパクト投資、社会責任投資（SRI）、CSR（企業の社会的責任）とは別物としている。ところが、実証分析でよく用いられるCSRは、内容がサステナブル投資と重複部分が大きいとする研究者が多いようだ。そして、この分野の実証研究の展望論文では、ESG投資といってもCSRやサステナブル投資、インパクト投資、SRIを混ぜて実証研究が行われることがある。

多くの実証研究（やその展望論文）では、ESG投資（特にEの部分）とサステナブル投資を同義に用いたものもあるし、多くの展望論文で、ESG投資とCSRの実証分析が並列で語られている。

ESG投資のコンセプトが明確に打ち出されたのを確認できるのは2004年である。本来は、2004年以前の研究は厳密には、今回の調査対象から除くべきかもしれないが、本書で定義したESG投資だけを取り出すことが難しいこと、多くのESG投資の実証研究が、ESG投資、CSR、サステナブル投資を含めて行われていることから、本章では、どのような投資の実証結果を検討しているのかを明示したうえで、できるだけ網を広げて、展望することとした（逆に、厳密な意味のESG投資に限定すると、分析対象は大きく狭められてしまう）。したがって、本章の結果が、本書が定義した厳密な意味でのESG投資のリターンの決定的な結果にはなってはいない（かもしれない）ことに留意されたい。

第2に、実証研究では、各企業におけるサステナビリティ（ESG分野）の強化による業績のインパクトと、ESG投資による投資リターンのインパクトの2つの視点から分析したものがあった。具体的には、企業レベルのサス

174

テナビリティ（ESG分野）の強化が、それに取り組まなかった場合に比べて、その企業の企業価値を向上させるか、という企業レベルの分析がある。また、多くの企業の株に投資するアセットマネージャーが、ESG分野の強化に取り組む企業の株のウェイトを高める、あるいはESGに反する活動をしている企業を投資対象から除外することも含めて、ESGなどの非財務ファクターを加味して企業価値を考え投資判断する中で、投資リターンがどうなるかをみた分析もあった。実証分析では、被説明変数として企業レベルの時価総額を考えるのか、ポートフォリオのリターンを考えるのかの違いとなる。

第3に、ESG投資といっても、その「手法」には、エクスクルージョン（ネガティブスクリーニング）、ポジティブスクリーニング、インテグレーション、テーマ、およびその組み合わせなどの区別がある。異なる手法を明示したうえで比較することを心がけた。また、投資対象の金融商品・手法・投資対象アセット（資産運用委託助言・投資信託、インデックス投資・アクティブ投資、エクイティ・グリーンボンドなど）、投資判断に使うデータ（ESGスコアなど）、また、どの市場で、どの時期のリターンを検討しているのか、を区別することが必要だ。その意味では多くの実証研究を比較可能な形で示すことは容易ではなく、リターンが向上するか否かを、白黒がつくように決着させることは、現状ではなかなか困難である。

第10章で解説したように、「ESG投資でリターンが向上するのか」という問いについては、理論的には、肯定的な考え方と懐疑的な考え方が併存する。ESG投資といっても、各企業のESGファクターのうちマテリアルなものを抽出・分析し企業価値を評価して投資する銘柄を選択・ウェイトの見直しをするのか（アクティブ）、ESGのインデックスを選びそれに沿って運用する、など多くの方法がある。一方、リターンが向上したかどうかは、資産運用の立場からみると、ポートフォリオの構成においてESGを重視したものに変えることで、ポートフォリオ全体のリターンが上がるかどうかを推定することになる。本章では、実証研究を俯瞰して、主に資産運用としてのESG投資が、伝統的の投資よりもリターンが高いのか、という観点から実証研究を展望する。

これまでに、系統的論文展望が何本も書かれている。屋上屋を架すようだが、本章では、これらの展望論文の中でも、重要なものをカバーしていると考えられるものをいくつか紹介したい。図表11-1に一覧を掲載する。

　社会責任投資などの投資リターンへの影響を分析した先行研究は、1970年代からあり、それらの先行研究を概観する研究もある。たとえば、古いものでは、Luther and Matatko（1994）がある。英国の倫理的なユニットトラスト（投資信託の一種）の1985-92年のリターンは、市場リターンを下回ったという結果が出ている。第10章で論じたように、倫理的投資の実行においては、エクスクルージョン手法がとられることが多いから、市場リターンを下回っても不思議ではない。また、Renneboog, Horst and Zhang（2008）は、SRI（社会責任投資）の投資リターンは市場リターンを上回るとはいえない、SRI投資家は低いリターンを受容している、と論じた。

　出版年は2015年と少し古いが、その時点での総合的な文献展望としては、Friede, Busch and Bassen（2015）がある。大変よく引用される文献なので紹介しておきたい。Friede他（2015）は、1970年から2015年の間に発表されたESG投資・社会責任投資と企業の業績（Corporate Financial Performance）の関係について研究をした2,200本の先行研究論文を展望している。この研究においては2つのアプローチをとっている。第1のアプローチは、各論文のESG・社会責任投資が、リターンを引き上げる効果をもつか（推計された係数がポジティブ）の単純カウント（vote count）を行っている。Friede他（2015, Table 1）では、35本の展望論文それぞれについて、何本の個別論文をサンプルとしたか、説明変数はE・S・Gのどのカテゴリーに属するものか、あるいはファンドか、を記述のうえ、説明変数の財務パフォーマンスへの影響がポジティブだったか、中立（neutral）か、ネガティブか、それとも正負混在（mixed）の結果を得ているかの割合を記述している。35本の展望論文のポジティブ、中立、ネガティブ、ミックスの割合を展望しているサンプル論文数で加重平均した結果はポジティブ（48.2%）、中立（23.0%）、ネガティブ（10.7%）、正負混在（18%）である。

　さらに細かくみると、説明変数にファンドを用いたものではポジティブの結果が低く、E・S・Gの変数を使ったほうがポジティブの結果は高くなっ

ている。展望論文の出版年は1982年から2015年までの長期に分布しているが、ポジティブが増加という傾向はみられない。ただし、35本の展望論文には、複数の展望論文に同じ個別（オリジナル）論文が含まれているので、この調整を行う必要がある。ただその調整後も結果の大筋は変わらない。

　第2のアプローチは系統的展望（メタ分析）である。これはいわば、展望論文の展望である。25本の系統的展望論文を総合してESGから業績への影響の算定の詳細はFriede他（2015）にゆずるが、結論は、系統的展望論文の分析でもポジティブが62.6%という結果が出ている。ネガティブは8%であった。

　しかし、2015年以前に書かれた論文とそれ以降に書かれた論文では、ESG投資、CSR、サステナブル投資の定義が異なり、計量分析の手法もより精緻になり、それに応じて結果も変化してきていることも考えられるので、論文がいつ書かれたものであるかは重要である。ESGデータ開示も年とともに増えてきていることを考えると、より新しい展望論文のほうが信頼度は高いといえる。

2. Atz他による文献展望の主要な結果

　最初に取り上げる展望論文は、同じデータベースを使った2本の論文 Atz, Van Holt, Liu and Bruno（2022）と、Whelan, Atz, Van Holt and Clark（2021）である。前者は学術論文、後者は一般むけの解説論文になっている。Atz他（2022）では、2015年から2020年までに発表された1,141本の論文と、27本の展望論文（1,400本程度の論文を展望）を検討したものである。いくつかの検索サイトで、サステナビリティまたはESGを一方のキーワード、企業の業績をもう一方のキーワードとして文献検索を行った。この論文の著者は、企業の経営者（マネージャー）の観点と投資家（ポートフォリオマネージャー）の立場を峻別していて、このことがこの論文の1つの貢献だとしている。Atz他（2022）とWhelan他（2021）は、2種類の問題提起をしている。第1の問題提起は、企業レベルの結果とアセットマネージャーの投資の結果の乖離である。これまでの文献の結果では、よりよい企業財務パフォー

著者	DOI	本論文の出版年	展望に含まれている論文の出版年	展望されているメタ分析の本数、メタ分析に含まれる論文数	主要な結論
Atz, van Holt, Liu and Bruno	https://ssrn.com/abstract=3708495	2022	2015-2020	1,141本の査読付き学術論文、27本のメタ分析	(1)企業経営者が、サステナブル投資をよりよい財務パフォーマンスをもたらすものとして正当化する、という強い証拠がある。(2)ポートフォリオマネージャーのESG投資戦略のリターンは、通常の投資と区別できない。
Whelan, Atz, van Holt and Clark	https://www.stern.nyu.edu/sites/default/files/assets/documents/NYU-RAM_ESG-Paper_2021%20Rev_0.pdf	2021	2015年1月-2020年2月	13本のメタ分析	(1)ESG活動による財務パフォーマンスの向上は、短期ではみられないが、長期ではみられる。(2)アセット・マネージャーのESG投資の手法として、ESGインテグレーションが、エクスクルージョン(negative screening)よりもリターンが高い。これは第1表に示した通りである。(3)ESG投資は、相場の下降局面、特に、社会的・経済的危機の場合に(市場全体よりは)下がりにくくなる。(4)企業レベルのサステナブル活動が財務パフォーマンスの向上につながる理由は、リスク管理の向上とより多くのイノベーションの要素である。(5)脱炭素への対応は財務パフォーマンスを向上させる。(6)ESG開示自体は財務パフォーマンスを向上させるわけではない。
Gillan, Koch, and Starks	https://doi.org/10.1016/j.jcorpfin.2021.101889	2021	2011-2020	66本	ネガティブな結果(ESG/SCR投資に積極的な、たとえばESGスコアが高い企業の収益成長は、他の会社のそれを有意に違わない)とポジティブな結果(ESG活動が企業価値を引き上げる)を並列して展望。それぞれの結果が得られる理論的背景を分析。
Christensen, Hail and Leuz	https://doi.org/10.1007/s11142-021-09609-5	2021	1976-2007	388本(うちCSRとサステナビリティについて214本、ワーキングペーパー等174本)	(1)より多くの良質のCSR情報は、企業の資本市場での流動性を高め、資本コストを下げる。(2)CSR情報の(必須)開示の導入は、投資家などにとっては重要。(3)CSR情報開示の効果と、CSR活動の効果の区別は重要。(4)CSR情報の(必須)開示の導入は、より評判が重要だが、自主開示をしてこなかった企業に変革を迫り、費用がかさむ恐れがある。(5)重要情報(マテリアリティ)の情報開示は、どの情報を誰のために開示するかの特定が財務パフォーマンスにとって重要。
湯山智教		2020	2007-2020	9本(日本の研究)	結果はまちまちだが、最近時の研究ほど、ESG投資が株式リターンに正の影響をもつ研究が増えている。
Hang, Geyer-Klingeberg and Rathgeber	https://doi.org/10.1002/bse.2215	2019	1984-2019	142本のCEP-CFP研究論文(合計893個の推計値)	短期では財務的余裕がESG投資を促し、長期ではESG投資が財務パフォーマンスを生む。
Vishwanathan, Oosterhout, Heugens, Duran and Essen	https://doi.org/10/gf3hq92019	2020	1978-2016	344本(サンプルは402,863個の企業数×観察年)	CSRがCFPを高める理由(1)企業の評判を高める(2)ステークホルダーが報いてくれる(3)企業リスクの軽減(4)企業革新の能力の強化。これらの理由で、正の関係の20%を説明。
Busch and Friede	https://doi.org/10.1002/csr.1480	2018	1997-2015	25本のメタ分析(企業のCSP-CFP関係を研究する1,214本の独自論文を含む)。100万個のサンプル数	(1)CSP-CFPの関係は双方向で統計的に有意な正。(2)環境と社会関連のCSPとCFPの間には統計的に有意な関係は認められない。(3)CSP評判は、CFPに強く影響。(4)実際のパフォーマンス(operational performance)は他のCFP火とごりより＊もCFPに強く影響。
Friede, Busch and Bassen	http://dx.doi.org/10.1080/20430795.2015.1118917	2015	1990-2015	35本のリターンの係数が正負カウント(vote count)の展望論文(2,200本の独自論文を含む)、25本のメタ分析(3,718本の独自論文を含む。うち1,816本はvote count、1,902本はメタ分析	(1)ESG-CFP関係は概ね正。(2)ESGがより高いリターンを得る可能性は北米と新興国にある。

マンスのためにサステナビリティへの投資を正当化する企業の経営者が多い。一方、平均的なポートフォリオマネージャーにとっては、ESG投資が、（ESGではない）通常の投資よりもリターンが高いとはいえない、という結果が多い。なぜ、企業レベルのよいパフォーマンスを、投資家が高いリター

ンをとれるようには使うことができないのだろうか。

　もう1つの問題提起は、実務家レベルの結論と学術論文レベルの結論の乖離である。ESG投資を行う金融機関やESGデータ格付け指標会社の調査ではESG投資がより高いリターンを得るという結論の論文が多い（たとえばClark and Lalit（2021））のに対し、学術論文（経済学やファイナンス分野のトップジャーナルに掲載されるような論文）では、そもそもESG投資を取り上げる論文数が少なく、取り上げた論文でも必ずしもリターンが高いという結論が得られていない、と指摘している。

　Atz他（2022）では、学術論文と実務家の調査の間に乖離がある主な理由として、ESGデータに欠陥がある、ESG投資の手法を区別していないなどをあげている。さらに、社会責任投資や倫理重視のファンドはそもそも高いリターンをめざす投資ではなく、結果は当然であるとしている。これらは、本書のこれまでの章でも繰り返し指摘してきたことである。

　Atz他（2022）は、2015年以前の系統的展望論文を概観して得られる傾向を、次のようにまとめている。第1に、企業レベルでは、サステナビリティの優劣と業績（corporate financial performance）に正の相関がみられる。これは1976-2018年が分析対象となる13本の系統的展望論文（合計で1,272本を調査）のうち12本から得られた結果である。第2に、（ポートフォリオマネージャーによる）社会責任投資、リスポンシブル投資、サステナブル投資、インパクト投資、ESG投資等のリターンは、通常の投資のリターンと統計的に差異がなかった。Kim（2019）とRevelli and Viviani（2005）の2本の系統的展望論文（合計で107本の論文）によると、社会責任投資と通常投資では、リターンに統計的に有意な差はみられなかった。理由はおそらく、分析対象の論文の中には、いろいろな投資手法が混在しているためだとした。第3に、気候変動ファイナンスに関する学術的な論文は、2015年以前は数も少なく、系統的展望論文もなかった。ただし、2015年度以降は、論文数が急速に増えている。

　Atz他（2022, Figure 2）が分析対象とした2015年以降の論文でも、2015年以前の傾向（上述の第1と第2）が確かめられた。企業レベルの分析を行った141本の論文のうち、サステナビリティの強化が企業業績に与える影響

について、60%が正の関係があり、34%が正とも負ともいえない、6%が負の関係となった。一方、投資家によるESG投資の場合には、正の関係が38%、中立が49%、負の関係が13%、という結果になった。

企業業績やESG投資・社会責任投資等のリターンは結果（回帰分析では被説明変数）を計測するうえで、どのような活動、指標をみていたのかという理由（回帰分析では説明変数）で分類することもできる。Atz他（2022）のTable 1の抜粋を、図表11-2としてまとめた。これによると、サステナビリティやESG分野のどのような変数に注目するかにより、結果が大きく異なることがわかる。ESG分野の優劣、会計上の数値、ESG格付け・スコアと、リターンや企業業績との関係を検討する論文では、企業業績とESG投資・社会責任投資等のリターンに、半数以上で正の相関関係がみられるという結果を得ている。また、長期にわたって投資リターンを評価した論文の半数以上で、企業業績と投資リターンの間に正の相関関係があった。

投資手法の分類では、エクスクルージョンではリターンが正となる比率、負となる比率、中立の比率が、ほぼ3分の1ずつと示されている。一方、ESGインテグレーションの手法では、59%が正のリターンが得られている。これは、本書の第10章の理論的な予想と整合的である。

企業にサステナビリティ活動を改善させるような圧力が働くのには、いくつかの理由がある。第1に、企業に社会貢献させようとするステークホルダーの存在である。この中には、アクティビストとよばれる株主（投資家）もいるが、最近では年金基金の存在が大きい。株主提案やエンゲージメントを通じ、企業に影響を与えようとする。第2に、サステナビリティは、企業間競争においても重要となってきている。

Whelan他（2021）のまとめ（Atz他（2022）と共通）の結論は、次のようになる。

①サステナビリティ（ESG分野）強化による業績の向上は、短期ではみられないが、長期ではある。

②ESG投資の手法では、ESGインテグレーションが、エクスクルージョン（negative screening）よりもリターンが高い。これは図表11-2に示した通りである。

③ESG投資は、相場の下降局面、特に社会的・経済的危機の場合に（市場全体よりは）損失を抑えられる。

④企業のサステナビリティ向上が業績アップにつながる理由は、リスク管理の向上とイノベーションを多く起こせるからである。

⑤脱炭素対応は業績を向上させる。

⑥ESG情報開示自体が業績を向上させるわけではない。

Whelan他（2021）の説明に、関連情報を加えて敷衍する。

まず、①長期的な視点が重要なのは、本書の第10章の理論解説でも強調

図表11-2　企業パフォーマンスと投資リターン

パネル(A)リターン(被説明変数)	総論文数	正	中立	負
企業分析	141	60%	34%	6%
ESG投資(アセットマネージャー)	97	38%	49%	13%

パネル(B)採用された説明変数などによる分類	論文数	正	中立	負
ESG検討デザイン				
ESG開示	80	45%	41%	13%
ESGパフォーマンス	189	56%	36%	8%
会計的基準(measure)	71	52%	35%	13%
市場的基準(measure)	181	49%	41%	10%
ESG格付け・スコアなど	50	50%	42%	8%
識別の代理変数				
長期的関係	132	55%	35%	11%
アセットクラス(アセットマネージャー分析のみ)				
株式	80	38%	49%	14%
債券	24	33%	54%	12%
投資スタイル(アセットマネージャー分析のみ)				
アクティブ	46	37%	46%	17%
パッシブ	7	43%	43%	14%
投資手法(アセットマネージャー分析のみ)				
エクスクルージョン等	13	31%	38%	31%
投資手法混合	42	21%	62%	17%
ESGインテグレーション	34	59%	38%	3%
脱炭素テーマ型	39	59%	31%	10%

出所：Atz他（2022）の第2図と第1表より作成。なお、Whelan他（2021）の表は、この表と若干の違いがあるが、結論は変わらない。

した点である。企業におけるESG分野の強化が企業業績を向上させること
があっても、それが短期的に明らかであれば、増益予想がすでに株価に反映
されている可能性が高く、投資リターンは向上しない。一方、長期的な増益
を見越して、短期的には相場が上下する中でも投資できる投資家は限られて
いて、長期リターンが高くなることは理論的にも整合性がある。

　Eccles, Ioannou and Serafeim（2014）は、1993年までに自主的にサステ
ナブルポリシーを導入した米国企業を、前出のASSET4（現在はトムソン・
ロイターの一部）とASSET4の格付けが始まる前の期間はアニュアルレポ
ートやサステナビリティレポート等を活用して、優良な90社を選び、サス
テナビリティで劣る（ボトム25%）の90社と、18年にわたって株式のリタ
ーンと業績を比較した。株式のリターンにおいても、業績においても1993
年までにサステナブルポリシーを導入した企業のほうが優位であった。

　Halbritter and Dorfleitner（2015）は、米国企業を、前出のASSET4（ト
ムソン・ロイター傘下）・KLD（現在はMSCIの一部）とブルームバーグの
ESGスコアを用いて、ESG格付けの高い企業群と低い企業群にわけ、1991
年から2012年にかけての投資リターンを比較した。ESG格付けの高い企業
群と低い企業群の間に投資リターンの有意な差異は認められなかった。本論
文においては、社会責任投資とESG投資をほぼ同義としているが、企業を
分けたスコアがESGスコアであったため、ESG投資における投資リターン
の優位性分析とした。比較した期間は1991年からと、アナン国連事務総長
（当時）等によってESG投資が提言された2004年以前のデータも含まれる。

　Hang 他（2019）は、企業の環境分野の対応（corporate environmental
performance）と業績（financial performance）の関係を分析した142の論
文（893の回帰分析結果）を展望して、次のような結論を得た。短期的には
業績がよいところほど環境対応を活発に行うが、長期的にはそういった関係
はみられなかった。一方、環境対応を行う場合、業績は短期的には向上しな
いが、長期的には向上した。Hang他（2019）は、このように、環境対応と
業績の間に双方向の因果関係があると考え、文献を検討したのが独自の視点
である。

　次に②ESGインテグレーションの投資手法が、エクスクルージョン

（negative screening）よりも高いリターンをもたらす結果が多い、というのも、本書の第10章の理論的検討から当然の結果といえる。また、Whelan他（2021）は、マテリアリティに焦点を当てた研究は少ない、と指摘している。

　ESGは多岐にわたる分野をカバーしているので、業界や各企業にとって重要（マテリアル）なファクターの特定は、経営者にとっても、投資家にとっても重要である。業界のマテリアルファクターをもとに企業価値を分析することは、ESG分野の強化が企業価値にどのような影響を与えているかの検討には重要である。

　外部機関によるESGマテリアルファクターを用い、ESGファクターの株価への影響の結果がどのように変わるかを、最初に比較したのは、Khan, Serafeim and Yoon（2016）である。まずSASB（現在はISSBに統合）が示した業界ごとのマテリアルなESGファクターを特定する。1992年から2013年のデータを使っている。ESGファクターのスコアはKLD（現在はMSCIの一部）のものを用いるが、各ファクターそれぞれのスコアを、マテリアリティでウェイトづけする。要素がいくつかあるので、それを加重平均することで各企業のマテリアリティを考慮に入れたESG指標（これをマテリアルとよぶ）を計算する。次にこのマテリアルの変化をROAや企業規模等の変数の変化で回帰分析してその誤差項を抽出する。これは客観指標では説明がつかないマテリアル変化の部分である。次に、マテリアルで上位10%（20%）の企業群と下位10%（20%）の企業群からなるポートフォリオ（時価総額ウェイトと単純平均の2種類）を構築する。このポートフォリオのリターンをマーケット全体のリターン、サイズ、モメンタム、トービンのQ、流動性のファクターで回帰分析する。マテリアルのトップ群ポートフォリオと下位群ポートフォリオの定数項（アルファ）が、どのように異なるかを調べた。結果（Khan他（2016、Table 4））は、第1に、業界のマテリアルなファクターで上位の企業ポートフォリオは、下位な企業ポートフォリオよりもアルファが非常に大きいケースが多かった。上位10%と下位10%のアルファでは、年率で、それぞれ5.3%とマイナス2.2%と7.5パーセント・ポイントも差があった（ただし、下位10%のアルファは統計的有意ではない。つまり0である

ことを棄却できない）。第2に、マテリアルでないファクターで優位であっても、リターンへの影響は小さかった。

　マテリアリティを使った論文の展望から得られる結論は、ESGの中でもファクターによってリターンに与える影響は大きく異なるということである。そして、少なくとも業界ごと・企業ごとにマテリアルなファクターは異なる。マテリアルなファクターの見きわめは大事である。ESG格付け会社の最終格付けや点数をそのまま使用するのが必ずしも適切でないのである。なお、SASBは、この論文の調査が行われた頃から、カバーする業界をさらに増やし、2021年10月までに77業界についてマテリアルファクターを発表した。これが本書で解説したマテリアリティマップであるが、全業界をカバーしているわけではない。また、データの開示においては、ESGのファクターは何で、それらを何をもって計測するかが重要である、と先行研究から学んだが、マテリアルファクターの投資リターンに与える影響は大きいことがわかる。

　大規模な資産を運用する金融機関や年金基金においては、ESG投資手法ではESGインテグレーションが主である。ESGインテグレーションは、ESGファクターも加味した企業価値をベースに投資判断するが、その際に企業価値に大きな影響を与えるファクター（マテリアルファクター）を抽出し、その分析に時間を使う。その実態から考えると、このKhan他（2016）は、きわめて重要な貢献であると考える[1]。

　③のESG投資がダウンサイドリスクへの対応力に優れているのは、年金基金など長期投資家からよく聞かれるESG投資のよい点であり、実証分析でこれが確かめられた。

　Linz, Servaes and Tamayo（2017）は、2008-09年の金融危機の際に、CSR活動がさかんだった企業の株式リターンは、CSRに熱心でない企業よりも4-7パーセントポイント高かったとしている。その理由として、CSRに熱心な企業は、そうでない企業よりも高い利益、成長、従業員当たり売上高

1　あるカナダの年金基金にヒアリングしたところ、カナダの多くの年金基金がそうであるように、ESG投資を行っているが、その際のESG投資の定義は本書のものとほぼ同じであった。一方、ESG投資の投資リターンの優位性はまだ計測できていないということであった。

を達成して、負債を増やした（金融危機の最中にも借り入れることができた）ことをあげて、ステークホルダーとの関係が良好であったことを要因としている。

Wu, Lodorfos, Dean and Gioulmpaxiotis（2017）は、ブーム、金融危機、危機からの回復の3つの局面を含む、2004-11年の月次データを用いて、社会責任投資（SRI）株のポートフォリオである指数（SRI指数、FTSE4Good）と、社会責任投資は標榜しないが業種が同じ指数（非SRI指数、FTSE350）のリターンを比較した。その結果、SRI指数は、非SRI指数と、経済ブームの時期は遜色のないリターンを上げる一方、金融危機の期間と危機からの回復の期間は、より高いリターンを上げた。リターンの標準偏差は非SRI指標のほうが大きかった。SRI指数に基づく投資が、平均的にリターンが高くかつダウンサイドリスクが小さいということは、リスクを考慮したリターンであるシャープレシオでも、非SRI指標に基づく投資よりも優れていることを示した。

Dunn, Fitzgibbons and Pomorski（2018）がMSCIのESGスコアを用いて、スコアでトップ20%とボトム20%の企業の比較を行って、ボトム20%はボラティリティが10-15%高いとしている。ESG評価の低い企業は、ESG評価の高い企業よりリスクが大きいということになる。

④の、リスク管理の向上と多くのイノベーションなどにより、サステナブル面の強化が好業績につながるという主張を裏づけるものとして、Vishwanathan, van Oosterhout, Heugens, Duran and van Essen（2019）では、344本の論文を展望して、戦略的CSR活動による業績向上には、次の4要素が重要とした。第1にCSRにより企業の評判の向上（よりよい企業提携に成功する等）、第2にステークホルダーが企業のCSR（企業社会責任、高めの報酬や高い安全性）を評価（例：より良好な労働関係）、第3に汚染物質排出減や労働者の健康や安全を守る行動が将来の株価急落のようなリスクを軽減、第4にステークホルダーとの関係を良好に保つことでイノベーションが強化、である。

Gillan, Koch and Starkes（2021）は、ESG分野の強化とCSRの要素をひとつひとつ取り出して、それぞれが、業績あるいは企業価値にどのような影

響をもつかを、多数の研究論文を展望して、さまざまな角度から検討している。ESG分野の強化の業績に与える影響は、理論的にはポジティブともネガティブとも考えられる。顧客がESG分野の強化をする企業を応援したいと考え、増収になれば、キャッシュフローが増え、株主への還元が増える。またESG分野を強化する企業が、より低コストで資金調達をできれば、資本コストが下がり、これも利潤の増加を通じて株主還元が可能となる。また、そもそも株主がESG分野を強化する企業を好む（という利潤以外の保有目的があるとする）と、株主がこの企業の株を買い増すことで時価総額が増えるかもしれない。一方、経営者が、株主の利益重視の意向を無視してESG分野の強化を行うことも考えられる（企業統治の文献で有名なエージェンシー問題である）。この場合、因果関係は逆となり、業績がよい場合、つまり十分な資金（キャッシュフロー）のある場合には、ESG分野の強化ができる。因果関係を問わなければ、財務状況のよさとESG分野の強化の間に正の相関関係があることは、非常にもっともらしい。Gillan他（2021, Table 5）は、多くの文献を展望して、資金調達にかかわることが、説明変数として使われる場合、被説明変数をして使われる場合を区別しつつ、ESG分野の強化と企業業績が、関係が正の場合、負の場合、のリストをつくっている。ここでは、ここの論文の引用は割愛して、正負の結果だけを図表11-3として示す。

　ESG分野の強化で、短期的にも長期的にも、リターンがプラスという論文が多いという結果になっている。ただし、長期リターンがマイナスになるという論文も多いことは、Atz他（2022）の第1のポイントとは整合性がない。フリーキャッシュフローが説明変数としてプラスが1本あるが、これはエージェンシー問題が存在することを示唆する。トービンのQがESG分野の強化で説明される、ということは、企業価値が高められていることと整合性がある。ただ、ここでは論文の本数を数えている展望論文であるので、厳密な証明になっているわけではない。

　⑤脱炭素対応の財務への影響では、In, Park and Monk（2019）が、2005-15年の736企業の株価をもとに、炭素排出効率の高い企業を多く保有し、炭素排出効率が低い企業を空売りすることで、3.5-5.4%の超過リターンを得る

図表11-3　ESG活動と企業の財務パフォーマンス

変数	説明変数か被説明変数か	サイン	引用論文数(本)
財政制約	説明変数	マイナス	1
収益成長	被説明変数	0	1
ROA	被説明変数	マイナス	1
		0	1
		プラス	4
	説明変数	プラス	1
フリーキャッシュフロー	説明変数	プラス	1
長期リターン	説明変数	プラス	1
	被説明変数	マイナス	3
		0	1
		プラス	5
短期リターン	被説明変数	マイナス	1
		プラス/マイナス	1
		プラス	4
トービンのQ (市場価値・再取得費用比)	被説明変数	マイナス	1
		0またはプラス/マイナス	2
		プラス	5
ROE	被説明変数	プラス	1
債券価値	被説明変数	プラス	1
債券リターン	被説明変数	マイナス	1

出所：Gillan他（2021, Table 5）より筆者（伊藤）が作成

ことができるという計算結果を出している。ここでは、炭素排出の効率性は、収入に対する温室効果ガス排出量でみた。

⑥のESGデータ開示と企業価値との関連について、Fatemi, Glaum and Kaiser（2018）はESGデータ開示とESG分野の強化は区別されるべきとした。詳細には、（KLDによって測られた）ESG分野で優れていれば企業価値は高まり、劣後すると企業価値は下がる。（ブルームバーグ社のESGデータ開示スコアによって測られる）ESGデータ開示については、ESG分野の改善度合いが少ない企業にとっては、企業価値を上げる効果があるものの、ESG分野に優れる企業は、企業価値増加の余地が少ない、という結果が出ている。データ開示については次節で詳述する。

3. ESG関連データの開示の影響（Christensen, Hail and Leuz）

　Christensen, Hail and Leuz（2021）は、CSRとESGに関するデータ開示（reporting）がどのような要因で進み、データ開示により投資家の行動がど

のように変わるか等を検討した。なお、本論文では、サステナビリティと CSRを同義に用い、次のように定義している。CSRとは、社会や環境においても企業が一定の責任を担い、自身のCSR活動の社会や環境へのインパクトについて評価・管理・統治する企業の活動や方針である。CSRが株主の利益にかなうことも、企業価値を高めることもあるかもしれないが、企業価値の最大化だけが株主の求めるものではないかもしれない。株主は、二酸化炭素の排出量削減から満足を得るのかもしれない。CSRは、企業の利益最大化や株主の満足度最大化にはつながらないこともある。本論文の「CSR」は、ESG投資、サステナビリティ投資、インパクト投資を包括する概念である。

CSRの一部のデータ開示が義務化されており、またそれ以外のデータも自発的に公表している企業もある。なお、Christensen他（2021）の主たる関心は、どのような企業が自発的にどのようなデータを公表しているのか、データはどのように算定され、誰に対して提示されているのか、データ公表の影響、であって、実際のCSR活動ではない。

Christensen 他（2021）は、CSR関連データ開示について、次の7つの指摘をしている。第1に、CSR関連データに関心をもつ人は、財務データに関心をもつ人よりも多く、多様性に富む。第2に、CSRは、ESGよりも多岐な分野にわたるが、範囲は明確には定義されていない。第3に、CSRは、多くの目的をもたせることができるので、企業内外の広範な関心や好みに応えられる。第4に、CSR活動の多くは、活動を測る・観察することができ、その成果物があることもある。第5に、CSR関連データ開示は自発的に行われることが多い。第6に、CSRは、短期的な利潤を犠牲にしても長期的な利益を企業にもたらす「戦略的」活動とみられることが多い。第7に、CSRは、企業活動が環境や社会に与える影響、たとえば二酸化炭素排出の影響といった外部性と関連がある（外部性については、本書の第12章の経済学的アプローチのところで詳述する）。負の外部性削減のデータ開示は、CSRのダブル・マテリアリティ（リターンへのインパクトに加えて、社会へのインパクト）に基づくものである。

Christensen 他（2021, sec. 3）は、企業の自主的なCSR関連データ開示の

決定要因を分析した文献を展望した。自主的なデータ開示の量と質は、企業サイズと相関している。大企業のほうが、企業の行動に世間の注目が集まるので、CSRの活動を行い、データを開示するインセンティブがある。また大企業においては、CSR関連データ開示はさほど費用はかからないが、実際のCSR活動には費用がかかる。

上述のAtz他（2022）の結論の⑥にある通り、ESGデータ開示自体は業績を高めるわけではないことと合わせて考えると、CSRやESGのデータ開示自体がどれほどの意味をもつのかは、明らかではない。

また、汚染物質を排出するような産業や倫理的に疑問をもたれている産業（sin industries）に従事する企業は、CSR関連データ開示を積極的に行っている、という結果もある。これは負のイメージを払拭しようとしているからかもしれない。また株主の圧力もCSR関連データ開示に影響する。

Christensen他（2021, sec. 4）は、CSR活動と企業価値の関係を展望している。CSR活動が企業価値（将来キャッシュフローの割引現在価値の総和）を高めるものであれば、株主の利益の最大化とは矛盾しない。しかしながら、株主（の少なくとも一部）が、CSR活動の非金銭的な価値を重要視するときには、企業価値は向上しないが株主が満足するような特定のCSR活動を行うこともできる。株主の利益ではなく、株主の満足度（welfare）を高めることは十分可能である（Hart and Zingales（2017））。

そもそも、CSR活動といっても多くの活動が含まれているし、株主利益を最大化する場合もある一方で、株主満足度を最大化する場合もあるとすると、CSR活動と企業価値の相関関係は、正であるか負であるか、確定的な結果を得るのは難しい。Christensen他（2021）の整理によると、CSR活動と企業パフォーマンスに正の結果を得る論文は多い。Flammer（2015）、Cornett, Erhemjamts and Tehranian（2016）が比較的最近の業績となる。また、他の系統的文献整理（Orlitzky, Schmidt and Rynes（2003）、Busch and Friede（2018））でも正の相関を確認したとしている。また、CSRと企業パフォーマンスの関係に影響を与えうるファクターとして、企業レベルの革新性、企業の無形財産、企業の評判と競争力、CSR戦略の実行の仕方、などがあげられている。

Christensen 他（2021）は、次に、CSR関連データ開示が、企業価値を高めるか、の文献展望をする。論文によって、肯定的なものと否定的なものが混在している。CSR関連データ開示の発表前後の株価の変化をみる（イベントスタディー）は、開示効果を確認する、ファイナンスでよく使われる手法である。発表後、何分間（あるいは何時間）の変化をとるかが、イベントスタディーでは重要なポイントになる。あまり短すぎると、発表の真の意味を投資家が把握できていない可能性があるので適切ではない。一方であまり長くとると、この発表以外の情報がどんどん入ってきて株価を動かしてきてしまう。Christensen 他（2021）の結論は、論文により結論が異なる、というものである。特に、環境によいデータ開示の発表をしても株価が下がるという結果もあるとしている。やはり、CSR活動は、発表だけではなく、行動がともなわないと、投資家には評価されない、というWhelan 他（2021）の発見⑥を、本研究でも確認する形となっている。

　イベントスタディーを使ったESGデータ開示が市場に与える効果については、Grewal, Riedl and Serafeim（2019）が興味深い結果を導いている。非財務情報の開示を義務付けるEUの規制（EU Directive 2014/95）が導入にむけて協議が行われている期間で、重要な決定・発表が行われた（イベント）日を3日取り出す[2]。このイベント日を含む前後それぞれ2営業日（つまり、−2、−1、0、+1、+2の5日間）の開示規制対象企業の株価の変化が、開示対象にはあたらない比較可能な企業の株価の動きと比較して、累積超過リターンがプラスかマイナスかを評価する。結果は、平均的にマイナスの効果があった（Grewal 他（2019、Table 3））。これは、全体として、規制が、平均的企業にとって、メリットよりも開示コストが上回る、と投資家に判断されたことになる。しかし、各企業（サンプル2,053社）の超過リターンを企業の属性（MSCIのE指標、S指標、G指標、自主的なESG開示など）で回帰分析すると、ESGスコア（特にE指標とG指標）が高い企業は、開示規制イベント前後に株価が比較可能な企業よりも上昇（累積超過リターンがプラ

2　欧州委員会（EC）が、ESG開示を強化するための規制についての案を提出した2013年4月16日、欧州委員会が案について合意した2014年2月26日、欧州委員会が案を採択した2014年4月15日の3日間である。

ス）していた。また、すでに自発的にESGデータを開示している企業も累積超過リターンがプラスとなった。ESGへの意識がすでに高い企業にとっては開示義務化はむしろ歓迎すべきことと投資家が判断したことになる（Grewal 他（2019, Table 5））。

4. サステナビリティ投資　（Grewal and Serafeim）

次の展望論文として、Grewal and Serafeim（2020）を取り上げる。この論文では、コーポレートサステナビリティを、「計測可能な（*measurable*）社会的インパクトを通じて長期的財務価値（financial value）を創造するための意図的な（*intentional*）戦略」を定義している。サステナビリティを計測するためにはESG指標が適切であるとして、サステナビリティとESGをほぼ同義に用いている。企業が自発的にサステナビリティ関連のデータを開示するようになり、企業サステナビリティの計測（measurement）は、大きく改善されてきたとする。このような計測の情報には、労働者の健康や安全、労働者の多様性、二酸化炭素排出、水の消費などが含まれる。しかし、現在も、データの不足、重要なデータは何かについての合意のなさが、最大の問題という認識を示している。

Grewal and Serafeim　（2020）は、企業のサステナビリティ活動とは、企業の競争力や企業価値に影響を与える計測可能な環境や社会分野の情報を提供することとしている。具体的には、企業のサステナブル活動は、ESGデータ会社から提供されるESGスコアであるとしている。しかしながら、ESGスコアの多くは、サステナブル活動へのインプットであり、活動からのアウトプットではない、と整理している。その意味で、サステナブル活動への意図だとしている。たとえば、社会（S）スコアは、多様性や包摂のために支出が行われているから算出されているが、企業の幹部構成が多様化しているかは計測していない。また、環境（E）スコアでは、企業が森林伐採に対して対策をとることを計測するが、実際に森林伐採が増加（減少）しているかは計測していないとしている。企業のサステナビリティ活動が企業の財務パフォーマンスに影響を与えるかについて、Grewal and Serafeim

（2020）は、財務的に重要（material）なサステナブル情報と重要ではない（immaterial）サステナブル情報を区別して分析することは重要としている。すでにふれたように財務的に重要な情報は、ISSB（旧SASB）が、業種ごとに公開している（https://www.sasb.org/standards/materiality-map/）。

5. 日本の展望論文

　日本のデータを使ったESG投資の展望は、湯山（2020）が行っている。湯山（2020、5章）は、ESG投資と株式投資リターンについて9本の論文の展望を行っている。この9本の論文の説明変数はそれぞれ異なっており、単純な比較はできないが、結果の傾向として、最近の論文のほうが、ポジティブな結果を得られるようになってきている。湯山（2020、6章）では、ESGデータ開示と企業パフォーマンスの関係を分析している。開示スコアには、ESGデータ開示スコア、環境情報開示スコア、社会情報開示スコア、ガバナンス情報開示スコア、を区別して、ファクターモデルで分析している。結果は必ずしも、開示が企業価値を高めるという結果にはならなかったが、2017年に関しては、ポジティブな結果が得られている。

　湯山、白須、森平（2019）では、ブルームバーグのESGスコアを用い、対象となる日本企業を4区分して、リスク調整済みの株式超過収益率を比較しているが、どの区分でみてもパフォーマンスも大きな差はみられていなかった。このように、ESG格付け会社のESG投資の定義を用いた先行研究では、ESG投資による投資リターンはさまざまで、投資リターンに優位性があるとはいえなかった。

6. 投資家へのインタビュー

　筆者（本田）は、第6章で示したように35社の投資家を対象に、ESG投資が実際どのように行われているのかの理解のために、インタビューを行った。その際の主要質問のひとつが、ESG投資によりベンチマークを超えるリターンが得られたかであった。第6章の図表6-9にあるように、若干プラ

スと答えたのが、インタビュー対象投資家の15%であり、ベンチマーク比でプラスでもマイナスでもないという答えが8割を超えていた。

　一方、この結果を本章の学術的な先行研究の結果および、第7章で言及したBerg, Kölbel and Rigobon（2022）と比較して考えると、ESG投資によって投資リターンに優位性が出るためには、次のような条件がそろわなければならないのではないか。

- 非財務ファクターであるESGデータのうち、マテリアルが何かを業界ごとに正しく把握。
- それを定量的に計測できる指標を決定。
- その指標の正しいデータを入手。
- 加えて、それが競合他社と比較できるデータを入手。

　マテリアルなファクターについては、SASBが投資家・アカデミック等多くの人々にも諮ったうえで77業界において示したものがあり、EUもタクソノミーを提示したので、使えるものはある。

　一方、それをどう定量的に計測するかという指標については、まだまだである。たとえば、企業は社員に活躍してもらうべく動機づけし働きやすい環境を整えるべきだが、Berg 他（2022）では、それを退職率で測るのか、労働争議の数で測るべきか、ESGデータ会社・格付け会社でもさまざまである、といっている。

　何を開示すべきかがはっきりしない中で、一部企業は、自身が重要だと思うものを統合レポート等で開示しているという段階である。また、企業もすべての情報をもっているわけではなく、これからデータをとらなければならないものもある。加えて、ESGをどこまでみるのかという観点から、企業自身の情報に加えて、サプライチェーン上のサプライヤー、それも1次のみならず、2次・3次サプライヤーと原材料まで追いかける必要もあるかもしれない。競合会社と同じレベルで開示して比較可能とすることは、まったくできていない。

　投資家は、それではデータ開示のスタンダードが決まるまで待てるかというとそうではない。第6章のインタビューで明らかになったように、ESGデータ会社複数からデータを購入している。その中には、企業からの開示に加

えて、他のデータソースである、地方紙・業界紙やネットからのデータマイニングや、衛星からの情報等を駆使して、「オルタナティブデータ」の取得が始まっているのである。企業とのエンゲージメント等を通じて独自に入手したデータも加味して、自社で独自データベースを構築している投資家が、筆者独自インタビュー先の8割以上あったことからもわかる。企業も情報開示ルールがはっきりするまで待ちの姿勢かというと、そうでもない。率先して開示しているところも増えてきた。

7. 最近の市場動向

投資対象企業による統合レポートの発行等、率先してのESGデータ開示、ESGデータ会社の台頭、オルタナティブデータ探し、投資家による投資対象企業に対するESG情報の独自データベース構築等のレベルの向上は、比較的最近のことである。そこで、最近のESG投資のインパクトを市場でもみてみることとした。

MSCIの最も古いESG関連のインデックスであるMSCI KLD と MSCIのリターンを比較したのが図表11-4である。

KLD400ソーシャルインデックスは1990年の導入以来、2020年の5月までのリターンは年10.43%であった。MSCIがKLDを2010年に買収している。米国市場全体をカバーするMSCI USA IMIインデックスの同時期のリターン は年10.07%だったので、KLD400ソーシャルインデックスは、0.36パーセント・ポイント高いリターンを上げていることがわかる。また、MSCI KLD400 ソーシャルインデックスがMSCI USA IMIインデックスより高いリターンをみせ始めるのは、2000年頃からである。

また、図表11-4のサンプル期間である2007年11月から2022年11月まで、15年間の年率換算リターンは、KLD400ソーシャルインデックスが9.42%、MSCI USA IMIが9.20%で、超過リターンは0.22パーセント・ポイントであった。これを大きいとみるか、小さいとみるかは意見がわかれるだろう。

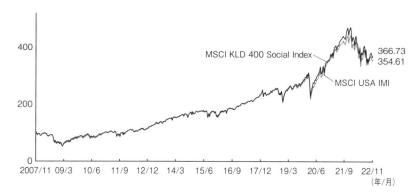

図表11-4　MSCIのESG ソーシャル インデックス（KLD400 Social）と親インデックス
（MSCI USA IMI）との比較（2007年11月-2022年11月, 2007年11月=100）

8. GPIFにおけるESG投資のリターン

　GPIFは、世界最大の（市場運用をする）公的年金ファンドであり、2022
年3月末現在、約196.6兆円の資産を運用している[3]。GPIFは、2015年9月に
PRI（責任投資原則）の署名団体となり、それ以降ESG投資に積極的に取り
組んできた。『ESG活動報告』を2017年度以降、毎年公表している。2021年
度末で、「ESGの考慮」は、全運用資産、196.6兆円で行っている。また、
2017年度に国内株式を対象とした3つのESG指数に基づくパッシブ運用を
開始、2021年度までに、前章の図表10-4にまとめられているように、国内
株式5本・外国株式3本、合計で8本まで拡大した。ESG指数に基づくパッ
シブ運用の運用資産額合計は、約12.1兆円まで拡大した。またグリーンボン
ド等への投資額は、約1.6兆円であった（『ESG活動報告2021』p.4）。
　8本の内訳は次の通り。ESGを総合的に判断する指数は4本（国内3本、
外国1本で、5兆5,000億円）、それに加えて、ESGのSにあたるジェンダー
ダイバーシティに特化したテーマ型指数は2本（国内1本、外国1本、計1兆
6,000億円）、ESGのEにあたるカーボンに特化したテーマ型（国内1本、外

3　2022年12月末現在、運用資産は、約190兆円となっている。

国1本、計5兆円）である。ESGの総合判断には、FTSEとMSCIのESG評価が用いられている。正確な数字は図表10-4を参照。

テーマ型で、ESGのG（ガバナンス）に特化した指数がないことは、ガバナンスの強化が企業価値の向上にただちに結びつくという通説から考えると興味深い。ジェンダーに特化した指数が2本組み入れられているのは、長期的にジェンダーダイバーシティが企業成長に果たす役割が大きい（伸びしろが大きい）とGPIFが判断している、と推察される。

そのESG投資の内容や投資のリターンについて、（2017年度以降）年次の『ESG活動報告』で詳細を公表している。ここでは、2021年度『ESG活動報告』（2022年8月24日公表）の内容を紹介する。

GPIFでは、「ポートフォリオのESGリスクの低減を通じた長期的なリスク・リターンの改善等を目的として」（『ESG活動報告』より引用、以下同じ）ESG投資をしている。本書の第10章で書いたように、長期投資においてのリスク・リターンの向上のためにESGが有効である、という考え方に基づいている。投資の手法は、「運用プロセス全体を通じ、ESGを考慮した投資を推進」するとともに、「ESG指数をパッシブ運用のベンチマークとして採用」している。2021年度に、国内株式を対象とするESG総合指数の採用審査のポイントは次のように説明されている。

　①指数のウェイト付けや銘柄選定において、ESG評価が重視されていること。

　②ESG評価の透明性が高く、企業側にも評価手法がわかりやすく、市場の底上げが期待される指数であること。

　③特定の業種・業態の企業を選定除外とするネガティブスクリーニングが含まれない指数であること。

　④親指数に対するトラッキングエラーが比較的小さく、投資キャパシティが大きいティルト型や組入銘柄数が多い指数であること。

この中で、明示的にネガティブスクリーニングが否定されているが、その理由は、GPIFがユニバーサルオーナー、巨額のファンドであり、広く分散投資することが重要であることによると説明される。

ESG評価が重要視されて構築された指数ということは、基本的には業界

のウェイトを考えたうえで、各業界でESG評価の高い企業の株式をオーバーウェイトしてESG評価の低い企業の株式をアンダーウェイトする、ということになる。ただし、親指数に対するトラッキングエラーが比較的小さいということは、ESGを考慮しない指数（親指数）から、ESGを考慮してESG指数の構成銘柄を選択する。たとえば、FTSE Blossom Japan Indexであれば、親指数は1,395銘柄、ここから229銘柄を選んでいる。

　この8本のESG指数が果たして、親指数、あるいは、株式市場全体（日本ではTOPIX）に比較して、より高いリターン（超過収益）を上げていたかどうかを検討することが、ESG投資のリターンは高いかどうか、という本章の課題への答えとなる。図表11-5が、2017年4月-2022年3月の5年間の、GPIFが公表しているESG指数のリターン（年率換算）の一覧表である。

　（親指数に対する）超過リターンは、8本のESG指数のうち、7本でプラスとなっている。親指数に対して唯一マイナスになっているMSCI WIN（ジェンダー・テーマ型）は、マイナスだが、そのマイナス幅はわずか0.01パーセント・ポイントで、TOPIXに対しての超過収益率は0.41パーセント・ポイントでプラスを確保している。総じて、超過リターンは確保しており、ESG投資がリターンを向上させている、と結論づけることができる。ただ、将来にむけて、いくつかの課題、挑戦は残る。

　第1に、（親指数に対する）超過収益率がプラスといっても、いずれも1パーセント・ポイント以下であり、大きなプラスというわけではない。もちろん、計算対象の期間が5年間と、「長期」とよぶにはまだ短い期間であること、そもそも親指数に対するトラッキングエラーが小さいことを条件にしているので、プラス幅が小さいことはある意味当然といえる。

　第2に、計算対象期間は、2020-21年の新型コロナによる株式の大幅下落局面も含んでいる。ESG投資の1つの長所として、株式の下落局面に、耐久性がある、ということがあった（Atz他（2022）のまとめの③）。これが、GPIFのESG指数で確認できるか、1年ごとのリターンと超過リターンをみてみよう。GPIFの『ESG活動報告』には、5年リターンとともに、直近1年のリターンも（参考）として掲載されている。これを、2019年度（2019年4月-20年3月）、2020年度（2020年4月-21年3月）、2021年度（2021年4月

図表11-5　GPIFが選定したESG8指数の収益率

	2017年4月～ 2022年3月（過去5年、年率換算後）				
	収益率			超過収益率	
	(a)	(b)	(c)	(a-b)	(a-c)
	当該指数	親指数	TOPIX	親指数	TOPIX
①MSCI ESG セレクトリーダーズ	9.00%	8.03%	7.62%	0.96%	1.38%
② MSCI WIN	8.03%	8.03%		-0.01%	0.41%
③ FTSE Blossom	8.86%	8.03%		0.83%	1.24%
④ FTSE BlossomSR	8.80%	7.85%		0.95%	1.18%
⑤ S&P/JPX Carbon	7.75%	7.62%		0.13%	0.13%
	当該指数	親指数	MSCI ACWI （除く日本）	親指数	MSCI ACWI （除く日本）
⑥ S&P Global Carbon	14.53%	14.53%	14.55%	0.05%	0.03%
⑦ MSCI ESGユニバーサル	15.04%	14.45%		0.59%	0.48%
⑧ Morningstar GenDi	15.51%	15.40%		0.10%	0.95%

注1：指数収益率は配当込みの収益率。収益率及びリスクの算出期間とGPIFが実際に運用した期間は異なる。
注2：①–⑧の親指数（指数組入候補）
　　　①② MSCI JAPAN IMI TOP700
　　　③④ FTSE JAPAN ALL CAP
　　　⑤ TOPIX
　　　⑥ S&P Global Large Mid（除く日本）
　　　⑦ MSCI ACWI（除く日本・除く中国A株）
　　　⑧ Morningstar Developed Markets（除く日本）Large-Mid
出所：GPIF『ESG活動報告2021』(p.42)　FactSetデータよりGPIF作成

-22年3月）の3カ年にわたって1つの表にまとめたのが、図表11-6である。

　2019年度は、年度最後の月（2020年3月）に世界中の株が暴落したことか
ら、TOPIXも、親指数も、ESG指数もすべてマイナスになっている。しか
し、注目すべきは、超過収益率で、これはすべてプラスになっている。つま
りESG指数が、株式市場の下落局面で、耐久性を発揮したことが確認され
た。一方、2020年度は、株式市場が回復した時期であり、収益率は、
TOPIXも親指数も、ESG指数も大きなプラスになっているが、超過収益率
は、FTSE Blossomを除いて大きなマイナスになっている。この2019年度、
2020年度の結果から、ESG指数の変動性（リスク）は減少していることが
わかる。『ESG活動報告』には、ESG指数のシャープレシオが、TOPIXの
シャープレシオを上回り、その上回る程度は、ESG評価が高いほど、高く
なるという結果も示されている。

図表11-6　年次収益率、2019年度、2020年度、2021年度

2019年4月～2020年3月

	指数収益率			超過収益率	
	(a)	(b)	(c)	(a-b)	(a-c)
	当該指数	親指数	TOPIX	親指数	TOPIX
①MSCI ESG セレクトリーダーズ	-3.39%	-9.28%		5.89%	6.11%
②MSCI WIN	-4.78%	-9.09%		4.32%	4.73%
③FTSE Blossom	-6.96%	-9.18%	-9.50%	2.22%	2.55%
④FTSE BlossomSR					
⑤S&P/JPX Carbon	-9.20%	-9.50%		0.30%	0.30%

2020年4月～2021年3月

	収益率			超過収益率	
	(a)	(b)	(c)	(a-b)	(a-c)
	当該指数	親指数	TOPIX	親指数	TOPIX
①MSCI ESG セレクトリーダーズ	38.90%	43.43%		-4.53%	-3.23%
②MSCI WIN	37.49%	43.43%		-5.94%	-4.65%
③FTSE Blossom	43.93%	43.81%	42.13%	0.12%	1.80%
④FTSE BlossomSR					
⑤S&P/JPX Carbon	41.95%	42.31%		-0.18%	-0.18%

2021年4月～2022年3月

	収益率			超過収益率	
	(a)	(b)	(c)	(a-b)	(a-c)
	当該指数	親指数	TOPIX	親指数	TOPIX
①MSCI ESG セレクトリーダーズ	3.64%	2.32%		1.32%	1.66%
②MSCI WIN	0.87%	2.32%		-1.45%	-1.12%
③FTSE Blossom	5.72%	2.08%	1.99%	3.64%	3.37%
④FTSE BlossomSR	4.53%	2.08%		2.45%	2.54%
⑤S&P/JPX Carbon	2.02%	1.99%		0.03%	0.03%

2019年4月～2020年3月

	指数収益率			超過収益率	
	当該指数	親指数	MSCI ACWI (除く日本)	親指数	MSCI ACWI (除く日本)
⑥S&P Global Carbon	-12.81%	-13.11%	-13.40%	0.30%	0.59%
⑦MSCI ESG ユニバーサル					
⑧Morningstar GenDi					

2020年4月～2021年3月

	収益率			超過収益率	
	当該指数	親指数	MSCI ACWI (除く日本)	親指数	MSCI ACWI (除く日本)
⑥S&P Global Carbon	58.22%	59.95%		-1.73%	-1.99%
⑦MSCI ESG ユニバーサル	59.34%	60.10%	60.21%	-0.76%	-0.87%
⑧Morningstar GenDi	58.38%	60.25%		-1.87%	-1.83%

2021年4月～2022年3月

	収益率			超過収益率	
	当該指数	親指数	MSCI ACWI (除く日本)	親指数	MSCI ACWI (除く日本)
⑥S&P Global Carbon	20.13%	19.12%		1.01%	0.75%
⑦MSCI ESG ユニバーサル	19.72%	19.40%	19.38%	0.32%	0.34%
⑧Morningstar GenDi	22.13%	22.20%		-0.07%	2.75%

注：②MSCI WINは、2019年度報告では「MSCI日本株女性活躍指数」、③FTSE Blossomは、2019年度報告では「FTSE Blossom Japan Index」、④S&P/JPX Carbonは、2019年度報告ではS&P/JPX カーボン・エフィシエント指数、⑤S&P Global Carbonは、2019年度報告では「S&Pグローバル・カーボン・エフィシエント大中型株指数（除く日本）を採用。
出所：GPIF『ESG活動報告2021』(p.42)；GPIF『ESG活動報告2020』(p.42)；GPIF『ESG活動報告2019』(p.35)より筆者作成

　GPIFのESG指数投資では、これまでのESG投資文献研究で得られている知見を確認することができた。つまりESG投資によりリターンの向上、リスクの軽減という便益が得られているといえる。

9. まとめ

　ESG投資が投資リターンで優位性があるかについては、次のようにまとめられる。

- ESG格付け会社のデータをそのまま使った先行研究では、必ず優位性があるとは断言できるレベルではない。一方、劣位になるという報告はなかった。
- 一方、第三者機関が選択した業界ごとのマテリアルなファクターで優位にある企業群については、優位な投資リターンが出たという研究が

ある。

- 実際にESG投資に従事している大手投資家は、自社で行うESG投資について、投資リターンの優位性を計測できていない。
- S&PとMSCIの2つのESGインデックスについては、過去2年ほどはその親インデックスより非常にわずかではあるが、高いリターンを出している。
- GPIFによるESG指数投資は8指数に拡大しているが、過去5年間のデータでは、いずれも平均的に正の超過収益率を上げている。また、市場が下落する局面（2020年3月）には、親指数よりも下落率が低く、市場の回復局面（2020年4月-21年3月）では、親指数よりも上昇率は低かったので、変動性（リスク）の軽減となっている。

　また、ESG投資の実行にあたり、非財務ファクターであるESGデータのうち、マテリアルが何かを業界ごとに正しく把握については、SASBやEUによる進展が大きいが、以下のようなステップの実行は、まだまだ不十分である。

- マテリアルなファクターを定量的に計測できる指標を決定。
- その指標の正しいデータを入手。
- 加えて、それが競合他社と比較できるデータを入手。

　加えて、上記の3点が整備されて、多数の投資家がESGの非財務ファクターをインテグレートした投資を行うようになると、利潤機会は失われ、市場を上回るリターンは得られなくなる可能性もある。データ整備の進展は必要だが、情報の非対称性が大きく改善されると、超過リターンを得る機会が減少するというのも、面白いポイントであろう。ESG投資におけるマテリアルなファクターをいかに計測するかとそのデータ整備が進む中で市場がどう反応し、超過リターンがどのように変化するのかが、今後の研究では、注目される。

第12章

ESG投資への経済学的アプローチ

　本書ではここまで、ESG投資のさまざまな側面を検討してきた。特に ESG投資を、非財務情報であるESG関連の指標の利用や対話を通じて、リターンの向上を図る投資と定義してきた。ESG投資を行う個人、資産運用会社の中には、純粋にリターンの向上をめざすだけではなく、ESG投資を通じて、社会経済に少しでもよい影響（インパクト）を与えようと考えている個人、資産運用会社も多いだろう。本書ではこれをサステナブル投資、あるいはインパクト投資と分類している。

　現実には、ESG要因を考慮に入れながら投資をしている投資家を、ESG投資家とインパクト投資家に厳密に峻別するのは難しいかもしれない。多くの投資家はリターンを求めつつ、社会貢献する、というスキームに魅力を感じていて、その場合のリターンが市場リターンを上回るのか（その場合、ESG投資でもあり、（少なくとも意図は）インパクト投資でもある）、若干下回ってもよいと思っている（ESG投資ではない）のかは、現実には区別がつきにくい。

　また、社会へのインパクトを求める投資家は、本来、意図したようなインパクトが実際に実現したかどうかを確認すべきだが、そこまで徹底している投資家は少ないかもしれない。

　本章では、経済学からみてESG投資はどのように理解できるかを解説する。ESG投資のように、純粋にリターンが高くなるかどうかは、前章で検討したように、主にファイナンス的アプローチが有効である。経済学が関心

をもつとすると、投資リターンの押し上げだけをめざすESG投資に限らず、リターンと同時に社会的インパクトの達成を意図する投資であるインパクト投資まで範囲を広げることが必要だ（ESG投資とインパクト投資の違いは第1章に書いた通り）。つまり、経済学としては、民間のインパクト投資で、社会経済にインパクトは与えられるのか、他により有効な手段はないのか、ということを考えてみる。具体的には、ESGの目的を達成するために、民間のインパクト投資が有効なのか、国による規制、介入が有効なのかという視点である。

ESG投資は、これまでのところ、経済学の学界および経済政策担当者の間では、ほとんど議論の対象にはなっていない。理由は簡単で、EとSとGが提起する問題は、経済学の分野としては、まったくばらばらな性質の問題であり、この3つをまとめて議論する意味が見当たらないからだ。

経済学からみると、Eは国際公共財の問題、Sは社会的規範やメカニズムデザインの問題、そしてGは主に個別企業経営の問題で、その分析手法も政策提言もまったく異なる。EとSとGを個別に議論することは行われているが、「ESG」と括るような共通項は、経済学からは見当たらない。したがって、「ESGの経済学」という研究分野ができるとは考えにくい。第1章の図表1-5で示したように、E、S、Gは、さらに細分化された項目があるが、以下では代表的なものに絞って、経済学的にどのようにアプローチするかを解説する。

本書の前章までで説明したように、ファイナンスの分野では、ESGは「非財務ファクター」という括りで議論されている。そしてESGはいずれも、中長期的には、企業価値を上昇ないしは低下させると考えられていることから、ESGを重視する投資戦略がリターンを高めるという仮説が立てられて、議論、あるいは実践されている。以下では、E、S、Gそれぞれについて、経済学ではこう考えるということを説明する。

1. Eの経済学

Eの問題の中で一番重要であると思われる、環境問題（特に気候変動問

題）に絞って、考察する。これは、経済学では、負の外部性を伴う経済活動によって発生する国際公共財の問題ととらえる。ポイントが2つある。「負の外部性」の概念と、「公共財」の概念である。「負の外部性」とは、自動車の運転、鉄鋼の生産などの産業活動、火力発電所による発電、などの経済活動に伴って二酸化炭素など「温室効果ガス」が発生するが、その温室効果ガス発生に対しては対価を支払うことが（これまでは）なかった。生産・消費活動に伴ういわば副産物に対して対価を支払う必要がない、これが「外部性」（externality）の定義である。

「公共財」（public goods）とは、多くの人が同時に消費することが可能な財のことをいう。一人が消費していることが、他の人が消費することを妨げない（競合しない）、またその利用を妨げる（排除する）ことが難しいという性質を有する。経済学の教科書で使われる典型的な公共財の例は、（混雑していない）道路、橋などの、いわゆるインフラである。

環境問題に即して説明してみよう。汚染物質のない空気、温室効果ガスの少ない空気が公共財であり、その利用は（ある範囲内では）多くの人が同時に消費することができる。しかし、（日本の1960年代のような）公害問題が起きて明らかになったように、経済活動によって、汚染物質や温室効果ガスが蓄積されることがある。コストを支払わず汚染することができるのが、外部性である。一方、いったん汚染された大気を清浄化する、あるいは温室効果ガスの排出を抑制するような、きれいな公共財を守る活動を考えてみよう。きれいな公共財を守るコストの負担をした人（会社、国）だけが利用できるようにする、つまりコスト負担をしない人の利用を排除することができれば、利己的動機だけできれいな環境を守ることができる。しかし、そのような環境を汚す人（会社）を「排除」ができないことがそもそもの公共財の定義である。現実的にも、汚染を防ぐコストを負担する人（会社）だけがきれいな環境を享受するようなことはできない。そうすると多くの人が環境汚染を防ぐコストを負担したとしても、抜けがけ的に、コストを負担せず、しかし（かなり）きれいな公共財（の質の改善）を享受することができる。これを、フリーライダーの問題とよぶ。

大都市の大気汚染は公害とよばれる。1960年代の東京や、1990年代の北

京で空気に汚染物質が多く含まれるようになり、健康被害も出た。これは（地球規模からみると）局所的な公共財の問題であり、汚染物質の排出源、汚染の被害者など関係者の数は限られていた。それでも因果関係の特定は困難なことが多く、解決には時間がかかった。これが国際公共財となると、さらに地球温暖化のメカニズムの解明、温室効果ガスと温暖化の因果関係の特定、さらに温室効果ガス削減の国別の分担などにおいて、解明や合意が困難な交渉になる。

　ここでは、温室効果ガスが地球温暖化の原因であり、将来の大気温度の上昇に歯止めをかけるために温室効果ガス排出の削減が必要であることについては合意があることを前提に話を進める。経済学で考える温室効果ガス削減への課題を考えるのは、温室効果ガス排出を、実効性をもって、削減するための方策を考えるということである。

　資産運用者にとってのESG投資は、ESG投資をすることで長期的な投資リターンが上がるかどうかが関心事項となる。一方、経済学からみると、ESG投資によって経済全体の厚生、家計や個人の満足度、あるいは個別企業の利益が上昇するかどうかが関心事項である。もちろん、個別企業の利益上昇によりキャッシュフローが長期的に増加すれば、個別企業の企業価値も高まるので、そこはファイナンスと重複する部分がある。しかし、経済学では、個別企業の行動が経済全体にどのように影響（インパクト）を与えるかに関心をもつ。たとえば、いくつかの資産運用会社が温室効果ガス排出量の低い投資を行う企業のみに投資する場合、実際に経済全体の温室効果ガスの排出量が有意に減少するかどうかが関心事項となる。

　まず、1990年-2019年の世界全体の温室効果ガスの排出量の推移をみてみよう。図表12-1で示したとおり、温室効果ガス（二酸化炭素換算）の排出は、1990年以降、一貫して上昇を続けている。全世界の排出量は、1990年の約310億トンから2019年の約480億トンへと、5割以上増加した。このうち中国の排出量は、1990年の約30億トンから、120億トンへと4倍となる急増ぶりである。2005年以降、温室効果ガス排出量で世界第1位となっており、世界の排出量の4分の1である。かつて排出量第1位だった米国は、1990年の約54億トンから、2005年に約64億トンまで上昇したものの、2019年には、

約58億トンまで減少させている。

このような温室効果ガスの上昇傾向を反転させ、ゼロまで減少させるのは容易ではないように思われる。ESG投資を活発化させたところで、国営企業が過半の中国やロシアの排出量を減らすように圧力をかけるのは、ほぼ絶望的ではないだろうか。

これまで、大気中の温室効果ガスの濃度を安定化させることを目標とする活動の中心となってきたのは国連だ。1992年、「国連気候変動枠組条約」が採択され、気候変動対策に世界全体で取り組んでいくことに合意した。同条約のもとで、1995年から毎年、国連気候変動枠組条約締約国会議（COP）が開催されている。第3回会合（COP3）が京都で開催され、国別の排出量の上限設定をめざして、京都議定書が合意された。しかし、ここでは中国を含む途上国が上限設定を免除されたり、米国が批准しなかったため、批准国が上限設定を守ったとしても世界規模で、意味のある削減ができるとは限らない状況が続いた。欧州や日本が京都議定書の枠組みの中で、温室効果ガスの削減に取り組んでも、米国や途上国がフリーライダーになっていた。

2015年、パリで開催されたCOP21において、全世界の国を網羅する新たな枠組み「パリ協定」が採択され、翌年発効した。長期目標として気温上昇を摂氏2度に抑えるとするものの、摂氏1.5度に抑える努力を追求することとした。パリ協定には、米国も中国も参加しているので、実効性のある規制と行動ができれば、世界の気候変動問題に意味のある効果が出る可能性がある[1]。ただし、パリ協定では温室効果ガスの排出目標の設定は各国に委ねられている（5年ごとに更新）ために、すべての国の排出量目標を合計したもので、大気温度上昇を目標内に抑えることができるか、確実とはいえない。

次に、温室効果ガスの排出量削減について経済学は、具体的にどのような政策を提言するのかを簡単に紹介する。外部性の問題点は、環境の所有権が確立していないために温室効果ガスの排出について価格がついていないことだと説明した。換言すると、きれいな空気や温室効果ガスの低濃度に対して所有権が設定されていなかったことが問題だと考えることもできる。（温室

1　米国はトランプ大統領がパリ協定からの離脱を実行したが、バイデン大統領になり、復帰した。

図表12-1　世界の温室効果ガス排出量(国別)の推移

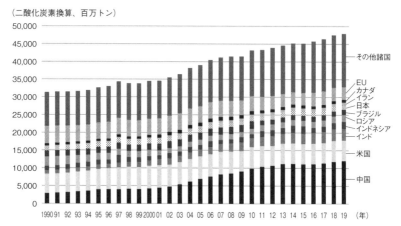

出所：Climate Watch (CAIT)のデータより筆者(伊藤)作成
https://www.climatewatchdata.org/ghg-emissions?chartType=area&end_year=2019&start_year=1990

図表12-2　日本の温室効果ガス排出量(1990-2020)

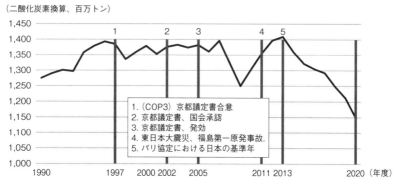

注：排出量は、「総排出量(LULUCF分野を除く、間接CO2を含む)ベース」。LULUCFは、土地利用、土地利用変化及び林業。
出所：環境省「2020 年度(令和 2 年度)の温室効果ガス排出量(確報値1)について」表2 各温室効果ガスの排出量の推移より筆者(伊藤)作成。

効果ガス濃度が低い）空気について所有権をもち、その質の維持について責任をもつ主体が現れれば、問題の解決の第一歩になる。市民の代表である政府に大気の所有権を設定することで問題は解決するのだろうか。外部性問題を解決するためには、各国が温室効果ガス（GHG）排出の権利を、産業活動の副産物として温室効果ガスを排出する企業に付与、もしくは売却するこ

とで、政府が温室効果ガスの増加を管理することができる。

　気候変動問題の解決にむけて、経済学の主流の考え方の中には、主に2つのアプローチがある。温室効果ガスの排出数量を直接規制する「数量規制アプローチ」と、温室効果ガスの排出に対して価格を設定して、排出に対して課税する「価格・課税アプローチ」である[2]。

　第1の数量規制アプローチは、地球温暖化による大気温度の上昇幅を摂氏1.5度（あるいは摂氏2度）に抑えるためには、どの程度の温室効果ガスの総排出量が（国別、企業別に）許されるかを計算して、その上限を守るように数量規制することである。具体的手順は、まず各国に排出できる量を割り当て、それぞれの国が、それぞれの企業や個人に許される排出量の割り当て（あるいは現状からの削減量の割り当て）を行う。これが、直接「数量規制」の考え方である。直接数量規制では、許容する排出量（あるいは現状からの削減）を、どの国にどれくらい割り当てるのかが、国益をかけた戦いになることは明らかである。たとえ、国別の割り当て量が決まったとしても、それぞれの国で各産業、各企業にどれだけ割り当てるのかも大きな問題である。各企業は影響力を駆使して自分の企業には有利な割り当てとなるようにするだろう。このような政治プロセスを経て決まる許容排出量まで、各企業は排出量削減に取り組むことになる。ある企業はさほどコストをかけることなく排出量削減できるが、他の企業は相当なコストをかけないと排出量削減ができないかもしれない。このように削減コストが異なる産業が併存するので、許容される排出量を決めたあとで、排出する権利（排出権）の取引を認めることで、社会的にみて効率的な排出量削減をすることができる。したがって排出量上限の設定と排出権取引を組み合わせる（Cap and Trade）ことが、1つの有力な解決法になる。京都議定書による温室効果ガス削減の枠組みの根底にあるのは、直接「数量規制」である。

　直接数量規制の方式では、排出上限の数量を、効率的かつ公正に、参加者全員が納得のいく形で決めることが最も難しい。特定の都市の公害を防ぐた

2　環境経済学の手頃な入門書は、有村他（2017）である。また、環境経済学でノーベル賞を受賞したノードハウス教授の著作 Nordhaus（2018）も、彼の貢献を中心とした経済のアプローチを要約している。数量規制がよいか、価格規制がよいか、という問題提起を行った論文としては、Weitzman（1974）が有名である。

めに都市周辺の工場に有害物質の排出量上限を課す（現状からの削減を課す）場合を考えてみると、どのような基準で、個別の企業に削減量を割り当てていくか、難航が予想される。各企業の有害物質削減がどれほど容易（少ない費用で可能）か、困難（費用がかさむ）か、という技術的情報が規制当局には正確にはわからないからである。そこで、現状の排出量に一律の削減率を課すのが、公正だと考えるかもしれない。たしかに、いったん削減率を決めて、そこから排出権取引を行えば、削減の限界コスト（最後の1単位の削減）がすべての企業について同じになる。つまり、効率的な資源配分は達成される。しかしながら、規制前（現状）において、排出規制に取り組んでいなかった（旧技術採用の）企業は、新技術を採用することで容易に（低い費用で）課された削減率を達成することができる。最低限必要とされる削減以上の削減をして規制前に努力して削減していた企業に排出権を売って利益を上げることもできる。基準設定前に努力していた企業がしていなかった企業に、事実上、補助金を出すことになるので、これが公正かどうかは議論がありうる。

　京都議定書では、発展途上国は参加が義務化されず、したがって、排出量大国になりつつあった中国は含まれていなかった。また政治的な理由で米国も参加しなかった。このため、そもそも実効性のある枠組みにはならなかった。それでも、欧州と日本が中心となって京都議定書の枠組みを維持しようとはしたが、さまざまな理由で、2020年には、効力を失った[3]。現実には失敗したものの、問題解決の基本的なアプローチは、経済学の理論にきわめて忠実なものだった。

　第2の「価格・課税アプローチ」の代表は、炭素税の導入である[4]。これは温室効果ガスの（二酸化炭素換算）1単位の排出に税金を課すが、数量規

3　京都議定書では、日本、EUを含む主要国は、第1コミットメント期間（2008-11年）に、1990年比でEUは-8%、日本は-6%、など一定の削減義務を負った。目標を達成できない場合には、第2コミットメント期間に、追加の削減義務を負うというペナルティーの制度もあった。第1コミットメント期間では、日本の排出量は約+0.2%となって、目標を達成できなかったが、発展途上国に技術・資金支援を行うことで、温室効果ガス排出量の（加速的）削減に貢献して得られるクリーン開発メカニズム（CDM）によるクレジットを獲得することで、第1コミットメントの削減幅を達成したことにはなった。第2コミットメント期間（2013-20年）については、2012年12月にカタールのドーハで京都議定書の改正案が採択されたが、その直前にカナダが京都議定書を離脱、日本、ニュージーランド、ロシアは第2コミットメント期間の数値目標を明示しなかった。こうして、事実上、2020年をもって、京都議定書は効力を失った。そもそも2020年までに最大の温室効果ガス排出国になっていた中国と米国が参加していない枠組みで、国際公共財である温室効果ガスの少ない大気の目標を達成することは不可能である、という認識が広がった。
4　たとえば、有村他（2022）を参照。

制はしない、という考え方である。どのような産業であろうとも、温室効果ガス1単位排出に課す税率は同率とする。各企業は、費用をかけて温室効果ガス排出を削減するか、税金を払って排出を続けるかの選択に迫られる。その結果、各企業は温室効果ガスの排出を追加的に1単位減少するのにかかる限界費用と、排出に課税される税率が一致するまで、排出量削減に取り組むことになる。その結果、社会的に一番効率的な排出ガス削減が達成される。しかし、炭素税の税率が国ごとに異なれば、排出量の削減が困難（コスト高）な企業は、炭素税率が低い国へと移転するかもしれない。そこで、世界レベルで効率的な温室効果ガス削減を達成するためには、炭素税率を世界各国で同じにすることが必要となる。経済学者の多くは、炭素税が、市場メカニズムを使いつつ、フリーライダーを防ぐ最も有効な手段と考えている。

　それぞれの国ですべての産業に対して炭素税率を均一に適用して、排出権取引を導入すると、その国の中では効率的な化石燃料の利用が可能になる。しかしながら、多くの国の炭素税率が異なる場合には、炭素税率の低い国の化石燃料の利用が、税率の高い国よりも高止まりする、つまり低税率国は、国際公共財のフリーライダーとなる。これを防ぐためには国際的に炭素税率を同一にすることがベストである。しかし、これに合意できない場合には、高税率国は、低税率国からの化石燃料排出を伴う製品（たとえば鉄鋼や、鉄鋼を使う自動車）の輸入時に、炭素税率の差に基づく関税の割り増しを課すことが、このフリーライダー問題の解決となる。欧州が提案している「炭素国境調整メカニズム」がこれにあたる[5]。

　炭素税による解決法では、大気の気温上昇を一定の限度（摂氏1.5度から2度）内に抑えられる保証はないのではないかという疑問が湧くかもしれない。もちろん、炭素税をどの程度にするとどれほどの排出量削減につながるか、確実にわかっていれば、炭素税方式でも、気温上昇を抑えるのに必要な温室効果ガス排出量に抑えることはできる。しかし、現実には、炭素税率と削減量の関係は不確実であろうから、試行錯誤で炭素税率を上下させることが必要になるかもしれない。

5　https://taxation-customs.ec.europa.eu/green-taxation-0/carbon-border-adjustment-mechanism_en

理論的には、数量規制アプローチと価格・課税アプローチは、温室効果ガスの排出削減を効率的に行うためには、同様の効果をもつ手法である。しかし政治的には、多くの国に排出量を割り当てる交渉（京都議定書方式）をするよりは、世界で同率の炭素税にむけて交渉するほうが、より容易であるかに思われる。しかし、これまでのところ実現していない。パリ協定では削減目標は、各国の自主的な目標設定を尊重して決められている。

　以上のように、経済学のアプローチは国際的な取り決め、または政府による規制もしくは課税が最適であると考える。これは、最も（資源利用の無駄を省き）効率的に資源を利用することになるからだ。また、全世界、全法人・個人に公平にかかる規制もしくは税金であれば、フリーライダーも起きない。

　一方、このような経済学の議論を先取りしてESG投資することも考えられる。つまり、Eにおいては、規制・税制の変更が合理的であり、将来規制が強化される、あるいは、炭素税率が引き上げられると考えれば、それを投資判断に反映するのがESG投資である。

　ESG投資は、必ずしも社会によい投資をめざすわけではない。あくまでも長期リターンの向上をめざす投資である。いかに多くの投資家がEを強調するファンドを組成しても、また、グリーンボンドを発行しても、すべての会社、すべての国を網羅するわけではないので、効率的な解になるとは考えにくい。したがって、民間（投資家）のインパクト投資としてのESGだけで効果的な地球温暖化対策になるとは、経済学者は考えないし、純粋のESG投資家の多くも考えていない。

2. 差別の経済学

　ESGのうちのSの範囲は多岐にわたっている。第1章の図表1-5にあるように、「人権」「地域の安全」「公衆衛生」「従業員の安全と衛生」「従業員のダイバーシティとインクルージョン：性別、人種、国籍」などが入っている。それぞれのトピックについて、経済学的な対応を考えることはできる。主に、規制を導入する、また、アメとムチのメカニズムを導入して、このよ

うな社会的な課題が達成されるような動機づけをしようというのが経済学者の答えとなる。たとえば、従業員の安全と衛生であれば、一定の安全基準や衛生基準を設けたうえで、それを守らない企業に対しては罰金を科すというメカニズムを考える。公衆衛生は公共財の側面があるので、政府による課税や補助金が必要となる。

　ダイバーシティやインクルージョンの確保は、「差別」の禁止と言い換えることもできる。差別（人種、性別、容姿、出身地などの属性）については、経済学の分析がある[6]。差別のモデルでは、たとえば、雇用についての差別の原因について2種類を区別して論じる。第1の可能性は、雇用主が採用や昇進の候補者の選定にあたり、候補者の特定の属性を、候補者の生産性にかかわらず、好んだり、嫌ったりする、という「嗜好」（経済学でいう効用関数の形）に基づいてのものだ。第2の可能性は、特に属性そのものについての嗜好はなく、採用の候補者の生産性について雇用主が正確な情報をもっていないために、真の生産性を推定するための情報の1つとして、属性を利用する。その際に、過去のデータなどから、ある属性と生産性との間に相関関係があったとすると、その候補者の選定にあたって属性を利用した統計に基づく差別が起きてしまう。現実には、嗜好による差別か統計的相関関係による差別かを区別することは難しいし、無意味だと考える人も多いかもしれない。しかし、経済学的にはこの2種類の差別を区別することは、差別解消の処方箋を書くときに重要である。

　嗜好（主観的な好き嫌い）によって差別が起きていることについては、経済学は科学的な処方箋をもっていない。嗜好や効用関数を、たとえば倫理的に批判するのは、（少なくとも伝統的な）ミクロ経済学の範疇とは考えない[7]。

　一方、統計的な差別については、経済学はいくつかの分析手法をもっている。ある属性をもった候補者（たとえば女性）が、特定の職種（理系科学者）において人数も少ないし、生産性が低いという統計データがあると仮定しよう。ここから、女性は理系科学者には適性はないに違いないという偏見

6　差別の経済学の分野をつくったのは、Becker（1957）である。統計的差別については Arrow（1973）と Spence（1974）が初期の貢献である。

7　ただし、社会的選択（social choice）、社会的公正（social justice）という分野では、分析の対象にはなりうる。

が生まれる。このような偏見がある社会では、これから理系科学者になることを考えている女子学生は、努力しても学者への道は閉ざされている、昇進する可能性も低いと思い、努力を怠るか、あるいは別の職種をめざしてしまう。そうすると、統計的事実として（理系）科学者における女性の割合が低い、という結果となり、女性は（理系）科学者に適性がない、という統計的差別（偏見）が事実として確認されてしまう。つまり、偏見が自己実現してしまう。

このような統計的偏見による差別を打ち破るためには、いくつかの方法がある。1つは、入学、採用、昇進、さらに教授や役員における女性比率などにおいて一定の最低水準を義務付ける（クォータ制）である。経済学的理由は、差別されている女性を引き上げるのが倫理的に正しいということではなく、統計的な差別をなくすためには、たとえば一定期間、無理やり統計的な比率を上げて、女性は男性と同じ能力をもっていることを実証してもらうことで偏見をなくすというものだ。優秀な女性が存在して、努力は報われるというロールモデルをつくることで、自己実現の偏見を打破するということである。ある期間（数十年）継続することで、女性活躍が当たり前となり、このようなクォータ制は不要になる。そこで廃止すればよい。

第2のアプローチでは、偏見を促進するような制度的な背景を改善することである。たとえば、女性科学者でいえば、出産などのイベントが業績を出し続けることに不利にならないように、出産一時金の大幅増額、時間短縮勤務の制度化、保育園のさらなる整備などが考えられる。

第3のアプローチは、入学、採用、昇進などで、できるだけ属性がわからないような方法を採用することである。この点、日本の国立大学の入試は、出身校も性別もわからない方法で採点されているので、このアプローチを満たしている。昇進のもとになる業績で重要なジャーナル投稿論文の審査では、ほとんどのジャーナルで著者が特定できないようなブラインド方式が採用されている。

オーケストラの出来栄えというは、個々の団員の技量、そしてそれをまとめたアンサンブルの両方が重要な決定要素である。オーケストラ団員の技量は、採用時にもっとも重要視される判定基準である。もちろん、その採用に

あたっては、人種や性別など特定の属性で差別されるべきではない。嗜好は排除されるべき、ということは広く合意があるはずだ。しかし、一流オーケストラでは長年（特に2000年以前）、男性奏者の割合が非常に高かった。これが演奏技量についての性別、人種による差別なのか、演奏技量と属性の間の相関関係についての偏見に基づくものなのかは重要な課題である。採用時面接（オーディション）を経て、採用が決まっているのだから偏見はない、と言い張ることもできるかもしれない。しかし、通常のオーディションでは、性別や人種の属性が見えたまま演奏する。これでは、候補者の演奏技量が拮抗しているときには、審査結果が審査員の偏見によるものかどうかを区別することはできない。そこで、属性がみえないように、オーディションで、演奏者と審査員の間についたてを置いて、審査をすることで、偏見を排除することができる。このようなオーディション方法の改善をしたオーケストラでは、女性奏者の数が増えた、という報告もある（Goldin and Rouse（2000））。

　経済学にとっては差別の源泉が非合理的なものか、（統計的に）合理的なものかは重要な分岐点である。性別や人種など属性による採用や昇進の場面における差別が、合理的には説明できない「好み」としての差別なのか、合理的（属性はどうでも能力のあるものは採用したい）ではあるものの、採用候補者の個人の能力についての不確実な情報しかないことから、能力を推し量る統計的手段として属性を利用しているのかにより、差別問題への対処は大きく異なる。差別の解消として経済学として貢献できるのは、後者の場合である。

3. ミルトン・フリードマンからラリー・フィンクまで

　第1章でも簡単に触れたミルトン・フリードマンが1970年にニューヨーク・タイムズ紙への寄稿（Friedman（1970））は、経済学者が企業経営をどのように考えるかということを簡潔に表しているとしてよく知られている[8]。寄稿の題名、「企業の社会的な責任は利益増大である」（The Social Responsibility of Business is to Increase Its Profits）からわかるように、基

8　ミルトン・フリードマンは市場メカニズム重視のシカゴ学派を代表する経済学者で、1976年にノーベル経済学賞を受賞している。

本的なメッセージは簡単である。企業の社会的責任が利益の追求にある理由
は、経営者は、株主から利益追求の行動を受託かつ期待されている。換言す
れば、利益追求が経営者にとっての受託者責任だからである。そして、寄稿
の締めくくりでは、「ビジネスの社会的責任はただ1つしかない。それは、
利潤を増加させるように資源を使い活動を行うことである。ただし、社会の
ゲームのルールは守ること、つまり、不正行為や詐欺をすることなく、オー
プンで自由な競争を行うこと」と述べている。フリードマンは、もちろん社
会貢献の重要性を否定するわけではないが、社会的貢献をしたいのであれ
ば、個人（企業）の利益からすればよいのであり、利益追求を目的とする多
くの株主のものである公開会社で行うものではない、という立場である。こ
の寄稿がなされた1970年は、1960年代後半のベトナム戦争反対運動や反政
府運動という社会的な不安がある時代背景を考えることも重要だ。

　フリードマンの寄稿から半世紀がたち、企業の目的、存在価値についての
考え方は大きく変わった[9]。2018年正月には、ブラックロック（BlackRock）
会長兼CEOのラリー・フィンクが、投資先企業の経営者にあてたレターで
企業は「使命感」（Sense of Purpose）をもつべきだと訴えた（Fink
(2018)）。フィンクは毎年、このレターを発出しているのだが、2018年のレ
ターは明らかに2017年までのレターと異なり、企業の社会的役割について
踏み込んだ発言をしている。フィンクは企業が社会的な課題に対してむき合
うのは、社会（Society）の要請だとしている。その理由は、政府が、退職
者への保障やインフラ整備など、将来に対する準備を行うことに失敗してい
るからだ、としている。企業への期待が膨らんでいるので、「個々の企業は、
長期的に繁栄するためには、財務業績の達成のみならず、どのように社会へ
の積極的貢献をするかを示さなくてはいけない。会社はすべてのステークホ
ルダーのためにならなくてはいけない。使命感がなければ、どんな企業もそ
の最大限の可能性を達成することができない」。続けて、株主は、企業が四
半期の業績にとらわれすぎないこと、常に会社と対話を続け
（engagement）、企業の長期的な価値を高めることを推奨している。

9　ニューヨーク・タイムズ紙の短いコラム（Sorkin (2020)）が、フリードマンから50年後の企業経営者の
　考え方の変化をうまくまとめている。

2019年8月には、米国の経営者団体ビジネス・ラウンドテーブルが、企業のパーパス（Purpose of a Corporation）について、それまでの利益市場主義を改め、ステークホルダー全員へのコミットメントを重視するべき、とのステートメントを発表した（Business Roundtable（2019））。顧客に価値を届けること、従業員のスキル習得などへ投資すること、さらに多様性（diversity）や包摂（inclusion）を推進すること、サプライヤーを公正かつ倫理的に扱うこと、（企業立地の）地域を大切にすること、株主に長期的な価値を届けること、などを訴えている。

　このフィンクの「使命感」と、ビジネス・ラウンドテーブルの「企業のパーパス」は、ESGをめぐる議論を一気に加速させた。企業経営者も資産運用会社も、利益追求一辺倒ではなく、社会にとって何が重要か、ステークホルダー全員の利益を考えなくてはいけない、という声が主流となった。

　以上のような理解が主流であるが、2点コメントしておきたい。第1は、フィンクがいうように、企業利潤という利益の追求ばかりではなく、ステークホルダー全員の利益を考えるというときに、この両者がトレードオフ（あちらを立てれば、こちらが立たず）の関係にあるのか、利潤追求を損なうことなくステークホルダーの利益も考えることができるのか、ということが明確に区別されていない。つまり、本書の問題提起の基本である、ESG投資は（株主にとっての）リターンを上げるのかどうかという課題とも対応している。ステークホルダーの利益を損なえば、長期的には会社の評判が下がり、従業員のやる気がそがれ、顧客にそっぽをむかれるとすると、実はステークホルダー重視は、長期的な企業価値を高める、つまり（長期投資の）株主の利益になる、と考えることもできる。この場合には、（長期の）利潤追求とステークホルダー重視はまったく矛盾しない概念ということになる。

　2点目のコメントは、日本の企業経営への含意である。フィンクやビジネス・ラウンドテーブルのステークホルダー重視の提言は、多くの日本企業の経営者にとって、「それは従来、日本企業が大切にしてきたものだ」という感想をもつのではないだろうか。不況でも、解雇をできるだけ避ける、不採算工場でも地域への影響を考えて閉鎖しない、従業員のオンザジョブ・トレーニングを重視する、これらは日本企業の特徴として語られることが多い。

そしてこの日本型経営は高度成長では成功のカギと考えられていたものの、長い不況、失われた20年を経て、日本企業の停滞の要因と考えられるようになってきた。アクティビストの一部は、投資先企業に対して従業員や顧客を重視しすぎているのではないか、不採算部門を切れ、コアビジネスに集中して、ROEを高めろ、とステークホルダー重視とは真っ向反対の要求を多くの日本企業に突きつけている。

　現在の（多くの）日本企業にとって、米国におけるステークホルダー重視の提唱には、複雑な思いを抱くのではないか。フィンクやビジネス・ラウンドテーブルは、本当に、解雇をできるだけ避ける、不採算工場の閉鎖や不採算部門の売却の忌避、を意味するのだろうか。これは、彼らの「ステークホルダー重視」を精査しないとわからない。業績の悪い、ROEの低い日本企業が改革を怠る口実として、フィンクやビジネス・ラウンドテーブルやESGを語ることは、正しくない。

4. Gの経済学

　第1章の図表1-5にあるように、Gの範疇には、「法令遵守」「独占禁止」「汚職防止」「適切な会計基準の採用」などがあげられている。これらは、守って当然の法律や制度であり、あえてEやSと一緒に論ずる理由が、経済学者にはわからない。法令を守ることで、長期的には企業価値が向上することは当然であり、ESG投資がリターンを上げるか、という問いについては、Gについては明らかにリターンを上げると予想される。投資家としてGを重視するというのは、そもそも、昔から（ESGが語られる前から）重視しているポイントではないだろうか。

　経済学者が関心をもつのは、「法令遵守」「独占禁止」「汚職防止」を守らないことのコストを高くして、実行させるようなインセンティブづけの制度設計を行うことである。独占禁止法では、カルテル・入札談合等の独占禁止法に違反した行為には、公正取引委員会が課徴金を科すことになっている。これが、法令違反を犯すことへの抑止力となっている。ここまでは当然の話だ。経済学ではさらに、このような法令違反を内部通報する（ホイッスルブ

ロアー）ことを奨励して、違反摘発を容易にしようと考える。日本の公正取引委員会は、カルテル・入札談合を行ったことを自白する内部通報を行った最初の1社は、課徴金を全額免除、2社目以降は、調査開始前か後か、調査に協力したかどうかにより減免率は変化する[10]。このような制度的工夫により、違反行為は抑止され、たとえ違反しても摘発確率が上がると考えられる。

　ESGのうちのG投資は、投資家から企業経営者に圧力をかける。経済学的な制度設計は、制度を守るインセンティブを高める。企業統治の改善には、補完的なアプローチといえる。

　Gについて、日本では、コーポレートガバナンス・コードとスチュワードシップ・コードが重視されている[11]。2021年改訂のコーポレートガバナンス・コードでは、特にプライム市場の企業に対して、次のような指針（抜粋）を示している[12]。

　　[取締役会の機能発揮]　独立社外取締役を3分の1以上選任。指名委員会、報酬委員会の設置。経営戦略に照らして取締役会が備えるべきスキル（知識・経験・能力）と、各取締役のスキルとの対応関係の公表。

　　[企業の中核人材における多様性の確保]　管理職における多様性の確保（女性・外国人・中途採用者の登用）。多様性の確保にむけた人材育成方針・社内環境整備とその実施状況の公表。

　　[サステナビリティ]　TCFDまたは、それと同等の国際的枠組みに基づく気候変動開示の質と量を充実。サステナビリティについての基本的な指針を策定し、自社の取り組みを開示。

　このような指針は、これを実行すれば企業価値が上がるという前提で組み立てられている。実際にそうなるかどうかは、実証研究に委ねられている。ただし、2021年改訂の指針では、実施から現在まで時間がたっていないの

10　課徴金減免制度については、こちらのリンクを参照。
　　https://www.jftc.go.jp/dk/seido/genmen/genmen_2.html
11　コーポレートガバナンス・コードの源流は、2014年6月に発表された『日本再興戦略 改訂2014』におけるコーポレートガバナンス強化の記述にある。2015年3月には、金融庁と東京証券取引所が共同で「コーポレートガバナンス・コード原案」を公表、同6月に全上場企業に適用された。その後2018年と2021年に改訂が行われた。
12　https://www.jpx.co.jp/news/1020/20210611-01.html

で、実証研究はまだ難しいかもしれない。

5. 政府の役割と民間の役割

　外部性や社会規範のような問題の解決には、政府の役割が重要だと経済学者は考える。たとえば、温室効果ガス削減については、炭素税の導入か、排出量の直接規制のほうが、ESG投資家によるネガティブスクリーニングや、インパクト投資よりも効果があることは明らかだ[13]。では、なぜインパクトをめざす投資家は、政府に炭素税の導入や税率の引き上げの働きかけをせず、インパクト投資を積極的に行うのだろうか。第1に、ESG投資ではリターンが、より高くなるはずだ。第2に、政府は、これまでも無策で温室効果ガスの世界排出量が増加を続けている。政府が本気になれないのであれば、政府には任せていられないという焦燥感がある。

　これに対して、経済学の立場からは、気候変動のような国際公共財の問題を解決する場合には、民間の力だけでは十分ではなく、また国際的な公平性も達成できない。また、多様性（diversity）や包摂（inclusion）においても、政府による制度設計（クォータ制）、規制が重要である。

　実際には、ESG投資と経済学による処方箋は補完関係にある。将来、経済学による問題解決——たとえば炭素税率の大幅引き上げ——が、予想よりも早期に実行されれば、排出量の少ない会社への長期投資のリターンは上昇する。また、化石燃料採掘会社を排除した（exclusion）ポートフォリオを組んだESG投資もリターンは上昇する。ESG投資にとって、経済学の処方箋や政府の実行力を的確に予測することは、リターンの上昇に寄与する。一方、ESGの目的（特にE）を達成しようとする経済政策を遂行する立場からは、ESG投資の存在は、政策効果を高めることになる。たとえば、ESG投

13　2020年に年環境活動家のグレタ・トゥンベリさん（当時17歳）が、世界経済フォーラム（ダボス会議）第50回年次大会で、世界のリーダーが気候変動について何もしていない、直ちに、化石燃料採掘を止める、化石燃料への投資を止めるようににと訴えたが、米国のムニューシン財務長官（当時）は、グレタさんは経験不足であり、「まず大学へいって経済学を勉強してから、ここへ戻って説明するべきだ」と述べた（後にジョークだったと説明している）。経済学に言及したことは、経済学が環境問題解決の重要なポイントを提供している、とムニューシン財務長官は考えている。
https://www.cnbc.com/2020/01/23/davos-2020-mnuchin-criticizes-thunberg-says-she-should-study-economics-at-college.html

資（インテグレーション）が企業に脱炭素の投資を働きかけて実現しつつあれば、炭素税率引き上げの負の効果は限定的になる。多様性や包摂についても、ESG 投資が企業にその実行を迫っていれば、女性やマイノリティの登用クォータ制も、比較的反対なく制度化できるかもしれない。結局のところ、民間と政府がそれぞれ同じ方向をむいて、努力をしていくことが重要であり、どちらかに任せっきりにするのでは、時間がかかりすぎるということだ。

第13章

今後の発展

1. 推進論と懐疑論

　本書では、ESGをめぐる議論を、歴史的、体系的、網羅的に展望した。ここ数年は、ESG投資の運用資産残高（AUM）は、「ブーム」といってよいほど、急激な増加をみせている。第1章から第9章で詳述したように、年金基金や機関投資家はもちろん、一般投資家の関心も高まっている。投資家の関心の高まりに応じてアセットマネージャー（資産運用会社）もESGを重視する資産運用を提供するようになっている。企業経営者の中にもESGを意識した経営への関心が高まっている。一方で、急速なブームに対して、5つの問題・懐疑論が出てきている。

　第1の懐疑論は、「ESG投資がマーケットリターンを上回るリターンを確保しつつ、社会によい影響（たとえば、温室効果ガス排出を減らす、など）を与えるというが、本当にそれは可能なのか」というものだ。ESG投資が長期投資としてマーケットリターンを上回ったとしても、環境、社会にはほとんど影響がないのではないかという批判である。この批判は、本書の第1章の定義にしたがうと、ESG投資とインパクト投資を混同したものといえる。

　繰り返しになるが、ESG投資は、ESG等の非財務ファクターを財務ファクターに織り込んで投資判断することで、長期的により高いリターンをめざす投資である。第4章で記したESG投資の戦略のうち、ESGインテグレーシ

ョンが主流である。この戦略では、これまで投資において必ずしも深く考慮されてこなかった気候変動や人権、納税方針等の長期的な収益・キャッシュフローへの影響にフォーカスをあてる。証券投資・オルタナティブ投資全体で、長期のリターンに注目するESG投資インテグレーション戦略が主流になれば、社会に対してもプラスの影響がある可能性が高いと考えられる。その代表例としては、気候変動等があげられる。しかし、個別のESG投資は、必ずしも社会によいインパクトを与える投資とは限らない。この点は、年金基金等の大手のアセットオーナーや、保険会社や大手運用機関の運用者にはよく理解されている。一方、個人投資家の一部には、ESG投資は社会をよくする投資だという「誤解」があるかもしれない。第7章で、「同床異夢」とよんだ問題である。いわば、個人投資家の一部は過大な期待を寄せている。そこで、投資家のESG投資の理解の不十分さをよいことに、ESG投資商品を、社会にとってよい投資と宣伝する可能性があるという問題が出てくる。ドイツの金融監督当局は、ドイツの資産運用大手DWSを、ESG投資商品であるのに社会へのインパクトがあると顧客にマーケティングしたということで調査した[1]。

　また逆に、社会に対してよいことをする投資なのだから、リターンが多少劣っても仕方がない、というマーケティングをするのは、本書の定義からするとESG投資とはいえない。インパクト投資を目的として掲げる場合、リターンはどの程度になるのか、明示されなくてはならない。

　第2の問題は、ESG投資といいながらESG等の非財務ファクターの分析検討を行わない可能性である。いわゆるESGウォッシングとよばれる行為である（例えばCandelon, Hasse and Lajaunie（2021）参照）。産地をしっかりと確認しないまま、「日本産」という表示をするような産地偽装に比べられる。第6章で述べた筆者（本田）による独自調査では、調査先の約4割からは、ESG投資をするといいながら、ESG等の非財務ファクターと財務ファクターの両方を分析して投資判断を行わない運用機関が出てくる可能性を

1　調査についての報道は、例えば次の記事がある。Financial Times, "DWS/ESG: greenwashing leaves a stain," August 31, 2021.
　https://www.ft.com/content/885b1c15-d64c-41b5-a203-f4b6dd5847e2

危惧する声が聞かれた。

　ちなみにグリーンウォッシングは、環境（E）によい投資を標榜しながら、Eにかかわる分析を十分行わないし、環境によい投資でもないことである。

　第3の問題は、NGOや一部のメディアがESG投資の定義や限界を十分理解せずに、社会に対するインパクトが不十分とか、EやSの分野の情報開示が十分ではない企業への投資は一切すべきではないといった批判をすることである。第3の問題の例としては、アクティビストファンドのTCIが、ブラックロックは温室効果ガス排出量の開示をきっちりやっている企業だけに投資すべきと批判したものがある[2]。ESGデータ開示が進んでいる欧州の大企業を中心に投資をすべきか、成長の織り込みや投資の原則である分散のために中小企業や米・日・アジアや発展途上国の企業にも投資すべきかは議論がある。ちなみに、第6章の筆者（本田）の独自調査では、投資家は投資先をEの開示が進んだ企業には限定することはしていないし、ESG投資をするといって非財務ファクターの分析検討を行わない投資家はいなかった。

　第4の問題は、ESG等の非財務データが不十分な中でのESG投資は限界があるというものである。調査先の8割強は、企業のESG等非財務ファクターの情報開示においては、開示基準はいまだ策定中で、情報開示は必ずしも十分でなく、それがESG投資遂行上の大きな課題と回答した。気候変動を例にとってみよう。気候変動に関する情報開示はかなり改善したとはいうものの、自社のオペレーションからの温室効果ガス排出（スコープ1）、使用する電力などエネルギーを生み出す際に排出される温室効果ガス（スコープ2）に加えて、当該企業の顧客が購買した商品使用時等のサプライチェーン上で排出される温室効果ガス（スコープ3）の把握・開示が求められる中で、大企業でもスコープ3の把握が不十分なところも多く、スコープ1や2レベルの開示も中小企業や発展途上国の企業では十分でないところもある。

　理論的には、アセットオーナーよりも資産運用会社のほうが投資先についての情報をより多くもっており、資産運用会社よりも企業経営者のほうが、

2　Financial Times, "BlackRock joins climate action group 'after greenwash' criticism", January 10, 2020.
　https://www.ft.com/content/16125442-32b4-11ea-a329-0bcf87a328f2

企業行動についてより多くの情報をもっている。これは、「情報の非対称性」の問題である。情報の非対称性は、古典的には企業の所有と経営の分離における1つの問題として認識されている。この点は、ESG投資についても当てはまる。E・S・Gのそれぞれについて、企業が個々の生産活動から販売活動について、すべて情報を開示することは不可能である。温室効果ガス排出量だけについての情報は、スコープ1、2、3で開示するようになってきている。しかし、一部の情報を経営者が定量的に把握できていないことも含めて、このような情報開示をESGの関心項目すべてに行うようになるには、まだ時間がかかる。また、そのようなESGすべての項目について情報が開示されるようになることと並行して、企業情報をどのように活用しているかについて、資産運用会社が投資方針を開示することが、アセットオーナーから要求されるようになる。またESG関連情報をどのように使うことで投資リターンが上がるのかの分析も要求されるようになる。そうすると、ESG投資のブラックボックスの部分が小さくなり、ESG関連情報とESG投資リターンの関係の分析も進むことになる。現在のESGインテグレーションの中の資産運用会社と企業経営者との対話は、この情報の非対称性の問題をできるだけ小さくしようとする試みともいえる。

　現実には、大手のアセットオーナーは、マンデートに沿って運用がされているかどうか、調査するリソースがあるので、ESG投資といっておきながら、それがされていないというのはあまりないかもしれない。それよりも、ESGデータが不十分な中でESG投資が意図したようにできていない可能性が高い。これも、今後の情報開示が進むことで、問題は小さくなっていくだろう。

　ただ、情報開示のコスト、開示された情報をどのように組み合わせて投資リターンにつなげるかについての分析、開示コストを、どの段階で誰が吸収するのかの問題も大きくなるかもしれない。情報開示が進めば、ESGウォッシングも難しくなるが、情報開示のコストが大きいと、逆に正しい投資判断ができない誘因となるかもしれない。

　第5の問題は、上の4つとは違い、リターンを押し上げるようなESG投資が成功することを前提としている。ESG関連の非財務ファクターを加味す

ることでリターンが高まるのであれば、ESG投資を標榜しない投資家を含めて、すべての投資家がこのようなファクターを重視するようになる。つまり、企業価値算定の教科書が書きかえられて、単に（リスクをコントロールして）リターンを最大化する投資は、すべていま我々がESG投資と呼んでいる手法に統一される、と考えられる。そうすると、投資といえば、ESG投資ということになり、ESGという冠は自然消滅する。ESG投資は、誰でもすべきこととなり、ESG投資は特殊な投資ではない。これは長期的には正しい考え方である。ただ、まだ全ての投資家がESG等を加味して投資判断するところまではいっていないので、しばらくはESG投資という呼称は重要である。

ESG投資の健全な発展のためには、ESGウォッシングをできるだけ排除すること、リターンを追求するESG投資の定義をはっきりさせて社会へのインパクトも考えるインパクト投資やサステナブル投資と混同させないこと、正しい投資判断ができるようなESG情報の開示が必要だ。それには、ESG投資の定義の明確化と周知徹底、ESG情報開示の基準設定が必要で、金融監督当局の役割が大きい。以下、敷衍する。

2. 基準づくりの重要性

まずは、ESG投資の定義をはっきりさせることが重要だ。そのため、本書では第1章でESG投資の定義を提案した。ESG投資は、財務ファクターに非財務ファクター（ESG等）を加え、長期的なリスクマネージとリターンの最大化をめざして投資判断するものであり、必ずしも個々のESG投資が社会にとってよい投資となるわけではない。これが個人投資家を含む投資家によく理解されれば、過剰なESG投資商品の宣伝に投資家が惑わされることが減ると思われる。

E（特に温室効果ガス排出の削減と生物多様性の維持）に関する投資判断については、EUタクソノミーが参考になるかもしれない。EUタクソノミーは、2050年の温室効果ガス排出ネットゼロ、それにむけた2030年までに55%削減、という目標を実現するためのサステナブル投資の指針を示したもので

ある[3]。EUタクソノミーとサステナブルファイナンス開示規則（Sustainable Finance Disclosure Regulation, SFDR）は、目標にむかって、民間のサステナブル投資が、EUの域内で、公平に行われるための基準を示している。

　環境目的として、①気候変動の緩和（mitigation）②気候変動への適応（adaptation）③水と海洋資源の持続可能な利用と保護④循環型経済（サーキュラーエコノミー）への移行⑤汚染（pollution）の防止と制御⑥生物多様性および生態系の保護と修復──を定義している。

　そして、経済活動や投資が環境的に持続可能と認められるためには、次の3つの条件を満たすことが必要である。①これらの目的について、少なくとも上の6つの目的のうち、1つ以上に実質的に寄与すること②6つの目的のいずれにも著しい悪影響を与えてはならないこと（Do No Significant Harm、DNSH）③最小限のセーフガード（たとえば国連の人権の原則）を遵守したうえで実施し、技術的なスクリーニング基準を満たすこと。

　さらに、具体的にどのような活動が適格なのかについて詳しい基準が、コンパスとして示されている[4]。天然ガスや原子力発電への投資も排除されなかったことから、トランジションに対して、寛容であるという評価がある。

　EUタクソノミーは、社会を循環型経済にするという目的をもった「サステナブル投資」と分類することができる。その意味では、ESG投資のための分類ではない。しかし、EUタクソノミーで示された分類が、ESG投資のうちEを投資の判断に反映する際に援用される可能性は高い。

　EUは、環境的に持続可能な社会への移行のための投資をサステナブル投資とし、金融商品をサステナブル投資かどうかの観点から分類して、SFDRとして発表している。具体的には、以下のように投資商品を3種類に分け、投資商品に必要な情報開示レベルに差をつけている。

- カテゴリー9：社会を持続可能な（サステナブル）にすることを中核的目的とし、環境および社会に重大な害を及ぼさず、投資先企業が優れたガバナンス（健全な管理体制、社員の人権等考慮、税務等のコンプライアンス等）を有する場合。

3　https://eu-taxonomy.info/info/eu-taxonomy-overview
4　https://ec.europa.eu/sustainable-finance-taxonomy/

- カテゴリー8：サステナブル投資が主目的ではないが、投資が環境や社会に対して貢献し、環境および社会に重大な害を及ぼさず、投資先企業のガバナンスが優れている場合。
- カテゴリー6：上記以外。

第4章で述べたESG投資の戦略のうち、ESGテーマ・ポジティブ戦略をとる場合には、投資商品の情報開示のガイドラインに準拠することが、透明性の観点からは望ましい。その策定には、SFDRは参考になる。

ESG投資を行おうとするときに、現在の最大の課題は、企業におけるESG等のデータの開示である。情報が開示されていなければ、ESG投資の判断が難しくなる。データ開示には、次の2段階ある。
- 非財務ファクターのうち自社の企業価値にマテリアルなファクターの開示。
- 上記ファクターに関するデータの開示。

非財務ファクターに関するデータの開示については、以下のような状況にある。
- EについてはTCFDが提案をしている。
- 米国のSECがESGデータ開示ドラフトを2022年に開示した。
- IFRS財団傘下のISSBも、一部のデータ開示ドラフトを出している。
- EUは非財務データ開示案を提示する予定としているが、2023年1月時点ではまだ公表されていない。EUは企業価値にインパクトがあるというだけ（シングルマテリアリティ）でなく、社会に対するインパクトも考慮したようなデータの開示を求める可能性もある。これはダブルマテリアリティとよばれている。この場合はESG投資のためのデータ開示だけではなく、社会へのインパクトについてのデータ開示も求められることになる。

ESG投資においては、その定義に加えて、ESG等非財務ファクターのうち企業価値へのインパクトの大きなもののデータ開示の基準設定は必要である。ESG投資資産額の増加に伴い、データ開示基準設定の重要性が増していると考える。ただし、次節で説明するようにダブルマテリアリティまで企

業に求めるべきかどうかについては、議論がある。

3. マテリアリティ

　非財務ファクターのうち業界・企業にとって企業価値に大きな影響を与える（マテリアルな）ものを企業自ら抽出し、その個別ファクターの企業価値に対する影響を議論し、データを開示することは、投資家が正しい投資判断をするのに重要だ。また、各企業が抽出したマテリアルファクターが、実際に企業価値に大きな影響を与えるものかどうかは、投資家は検討し最終判断する必要がある。

　第12章で強調したように、ＥとＳとＧは、経済学的にはかなり異質なものである。ESG全体のスコアは、何がリターン向上にむけて重要であるかを、覆い隠している（ブラックボックス化）可能性がある。

　非財務ファクターの代表的なものがＥ、Ｓ、Ｇであるから、アナン国連事務総長（当時）のもとで"Who Cares Wins"の執筆にあたったチームは、ESG投資と名づけたのだが、第2章から繰り返し述べてきたように、ESGとしてあげられているファクターのすべてが企業価値に同程度に影響を与えるわけではない。業界によって、企業によって、大きな影響を与えるものを探すことが、より良い投資判断とひいてはリターンの向上には重要である。温室効果ガスの排出量の多い鉄鋼・セメント会社はＥの中の温室効果ガス排出量はマテリアルファクターの1つであろうし、銀行などはＳの中の1つとされるサイバーセキュリティも重要である。このマテリアルファクターの抽出がESG投資の成功のためには、非常に重要である。

　そして、そのファクターが当該企業の価値に長期的にどのような影響を与えるかを考え、財務ファクターと総合して、長期的に将来の利益・キャッシュフローを予想して、投資の是非を決めることになる。このような視点をもって、アセットオーナーと資産運用会社は、エンゲージメントを行い、ポートフォリオを構築することが求められる。

　企業価値にマテリアルなファクターについては、前出のように、SASBが業界別のマテリアリティマップを出している。

ESG等非財務ファクターの企業価値に与える影響を加味して投資判断を
行う、本書でいうESG投資は、最終目的はリスク対比リターンの最大化と
いう観点で1つである（シングル）。このため、本書でいうESG投資を目的
にしたESGデータ開示は、シングルマテリアリティとよばれる。

　また、NPO、NGOやEUや国際機関の一部には、投資家は社会へのプラ
スのインパクトをめざすべきという主張もある。SDGsでもわかるように、
気候変動・人権尊重等社会課題は山積している。一方、その解決にむけた公
的資金は不十分であり、政治的なハードルも高い。そして、第1章の図表
1-2にあるように、社会課題の多い発展途上国への資金流入をみると、1993
年頃から民間の海外直接投資がODAを大きく超えている。官民といわず投
資家も企業も社会課題の解決に貢献すべきという考えかと推察する。リスク
対比リターンと社会へのインパクトの双方をめざす場合には、本書でいうイ
ンパクト投資になり、本書でいうESG投資とは異なる。一方、インパクト
投資では目的が2つ（ダブル）であり、そのような投資にむけてのデータ開
示はダブルマテリアリティとよばれる。データ開示においてダブルマテリア
リティを要求するというのは、インパクト投資の推進をアセットオーナーや
資産運用会社に求め、そして企業に社会課題の解決の一翼を担わせることに
なる。これが企業や投資家に受け入れられるには、フリーライダー問題をど
う解決するのか、など課題は大きい。

4. 各関係者へのアドバイス

（1）アセットオーナーへのアドバイス

　ESG投資を実行するにあたり、投資家（アセットオーナー）が最初に確
認すべきは、何のためのESG投資かを明確にすることである。本書の定義
では、ESG投資とは、財務ファクターにESG等の非財務ファクターを加味
して投資判断をして、リターンの向上をめざすものである。個々のESG投
資は必ずしも環境によいインパクトを与える、あるいは社会によいインパク
トを与えることにならないかもしれない、ということをよく理解する必要が
ある。

もちろん、環境や社会の問題への意識の高まりの中で、是非、投資を使って、環境や社会をよくしたいと考える投資家も多いかもしれない。主に環境や社会へのインパクトを求めるのであれば、財務リターンに加えて環境や社会へのインパクトも追求する「インパクト投資」を検討することになる。ただし、二兎を追うインパクト投資では、インパクトの結果を証明する条件が加わるため投資機会が限られる。インパクトを求めて、リターンが落ちるかもしれない。投資家は、リターンが多少落ちてもインパクトがあればそれでよい、と理解して投資を実行するかどうかの決断が迫られる。

　投資のリターンと並行して環境や社会によいことをしましょう、というのは投資を誘う文句としては、響きがよいが、リターンが通常の（ESGやインパクトを求めない）投資と比べて、遜色がないのか、多少落ちる可能性が高いのかは、アセットオーナーとしては、はっきりと資産運用会社に説明を求めるべきである。

　投資残高は、ESG投資が少なくとも31兆ドルはあるのに対して、インパクト投資は7,000億ドル程度であり、投資をするための競争率は高い。また、投資家としてリターン追求のためのベンチマークや体制の見きわめに加えて、インパクトについても、どの程度のインパクトがどういう分野に出てくるのか（気候変動緩和・適応、雇用の創出等）の事前検討から、本当にインパクトがあったのかといった投資後のモニタリングが必要となる。モニタリングを直接行うのは現実的ではないので、運用委託をする資産運用会社にモニタリングも委託することになる。そのための体制が整っているのかといった資産運用会社のスキル・体制の継続的なチェックが不可欠となる。

（2）資産運用会社（アセットマネージャー）へのアドバイス

　資産運用会社にとってのチャレンジは、以下の4つである。

　　①投資家にはESG投資とは何かをよく理解してもらうことが重要だ。ESG投資だけで社会課題の解決ができるといった過大な期待や幻想を抱かせてはならない。機関投資家にはこういった誤解はないと思うが、個人投資家にはそういう期待があるかもしれない。そこで、ESG投資とは何かを周知徹底する必要がある。そのためには、マーケティ

ングでどういう文言を用いるかなど留意が必要である。ドイツの資産
運用大手DWSで起こったことを、他山の石とすべきであろう。

②投資候補案件・企業において、長期的な収益・キャッシュフローひい
ては企業価値に与える影響の大きなマテリアルな非財務ファクターを
抽出する。

③上記マテリアルファクターを中心に、信頼できる、かつ他社・他案件
と比較できるようなデータを確保する。

④上記のマテリアルファクターとそのデータをもとに、財務ファクター
も加味して、しっかりとESG投資を行う。

　①については、営業・マーケティングにおいて、再度どのような言葉でど
う顧客である投資家・アセットオーナーとコミュニケーションをとるのか
を、じっくり見直す時期にきていると思われる。

　②については、前述のように、ISSBが引き継いだSASBのマテリアリテ
ィマップが参考になる。しかし、企業によって、また経済環境によって、マ
テリアルファクターは異なり、また変化するため、絶えず見直しを行ってい
く必要がある。

　③は、上記4つのチャレンジのうちで最大の難関である。米国のSECや
ISSBが出しているESG等の非財務ファクター開示のフレームワークはハイ
レベルであって、企業はそれをみてすぐに開示ができるような具体的なもの
ではない。また、データがないものも多くあろう。したがって、開示方法は
企業によって幅が出てくることが予想され、比較は少なくとも難易度が高い
と思われる。ESGデータ会社のデータは、確かに会社ごとに差異もあるも
のの、そういう外部データも活用しつつ、分析の精度を高めていくしかない
と考える。

(3) 企業へのアドバイス

　ESG投資はもはやニッチではない、と本書のはじめに書いた。ESG投資
総額は無視できないレベルまできている。一方、自社の長期的にみた企業価
値を高めていくという観点からは、非財務ファクターの長期的にみた収益・

キャッシュフローへの影響を考えるというのは、企業経営の本筋である。

　ただし、ESG投資家に株・債券・ローン等を通じて投資してもらうためには、ESG等の非財務ファクターのデータ開示が必要となる。これは企業にとっての負担が大きいのはよくわかる。以下の点が企業に求められる。

- 非財務ファクター/ESGといっても、第1章の図表1-5に示したように、かなりたくさんある。ISSBのESG等の非財務ファクター開示のためのドラフトをみると、自社の企業価値に影響の大きなものを示して開示とある。まずはこれが必要である。自社の企業価値にとって影響が大きいのは、二酸化炭素排出量なのか、データセキュリティ上の問題がありそうなアタックの回数とその対応なのか、社員の離職率なのか、サプライチェーン上で人権に問題がありそうなサプライヤーがどの程度いるのかなどを、自社で理解することが第一歩となる。マテリアルファクターが収益・キャッシュフローに影響を与える可能性と影響が出た場合の規模感をシナリオアナリシス等でみることが適切だろう。
- 次にそのファクターを端的に体現するような指標を選択し、その指標についてデータを収集する。できれば歴年比較ができるとよい。加えて他社比較もできるのであれば、ESG投資家にとって投資のハードルが下がる。
- そのうえで、マテリアルファクターの抽出と抽出にあたってのロジック、マテリアルファクターを体現する指標の設定とロジック、その指標数値の開示と歴年推移を統合レポートで開示する。希望するESG投資家とはエンゲージメントする。エンゲージメントとは、対話であるが、質問に答えるのに加えて、ESG投資家が、自社がどのように今後変化すると投資を増やそうと考えているのかを理解することも重要である。
- そして、EGS投資家の望むような変化が、財務ファクターとの兼ね合いも鑑みて自社の企業価値の向上にプラスであると判断すれば、そのような変化に着手する。

また、ESG投資家の中には、NPO、NGO等のアクティビストが設定した
アクティビストファンドもある。これら投資家の要求は、企業価値の最大化
ではなく、気候変動や社会問題の解決であることもある。そこで、自社への
改善・変化要求をしっかり聞いて、それに財務ファクターも加味して企業価
値のインパクトを分析してから、経営判断をすることも重要である。

(4) 金融監督当局へのアドバイス

　第5章の図表5-13に示したように、世界の運用機関が運用する資金の約2
分の1が北米に、5分の1が欧州にある。一方、日本の投資資金は世界全体
の5%弱である。そこで、日本企業の成長に必要な資金を日本の投資家に加
えて、欧米等からもひいてくることが望ましい。図表2-1で示したように、
欧州では4割強、北米でも3分の1の投資資金はESG投資されている。欧米
のESG投資家が、日本企業への投資を志向するためには、日本企業による
ESG等の非財務ファクターのデータ開示が重要になってくる。

　執筆時点においては、米国のSEC、IFRS財団傘下のISSBなどがESGデ
ータ開示のガイドラインのドラフトを出しているが、SECとISSBのガイド
ラインは、気候変動についてはTCFDにほぼ準拠するなど、かなり近い。
政策投資株への投資をガバナンス上どう考えるかといった日本特有な点は一
部あるものの、ISSBやSEC、そして今後発表予定のEUのデータ開示ガイ
ドラインを見つつ、データ開示をする企業が複数のパターンの開示をする必
要のないことが望ましい。

　その際に、会計基準がどのような経緯をたどったかは、よく理解しておく
べきことであろう。国際的に会計基準を統一しようという考えのもとIFRS
基準ができたが、日米は、当初は国際的な統一会計基準に移行する意図はあ
ったものの、結果として、執筆時点では残念ながら、米国も日本もまだ過半
の企業は、各国の会計基準を使用している。総論賛成だが各論反対は、ESG
等非財務ファクターデータ開示でも起きうる。これをどうマネージするかは
非常に重要である。特に、米国は企業価値に影響のあるようなデータの開示
というESG投資の考えに沿うシングルマテリアリティであるが、欧州は、
企業価値に加えて社会へのインパクトも考えてのデータ開示というダブルマ

テリアリティを志向する可能性もかなりある。ISSBは、現在のところシングルマテリアリティであるが、本部も欧州で、ISSB議長も欧州から選出されており、今後の最終決定まで注意深く見守る必要がある。

　加えて、ESG投資の定義の明確化と個人投資家も含む投資家への周知徹底も、ESG投資の長期的発展のためには重要であり、具体的にはESG投資では達成できないような社会課題の解決等の過大な期待を抱かせるようなマーケティングがなされないようにする必要がある。

(5) 国際機関へのアドバイス

　世界銀行グループのIFCが、2019年に民間投資家や国際金融機関を巻き込んで、インパクト投資の定義をしたことは、第7章の通りである。国際機関が、ESG投資の定義とインパクト投資との差異の明確化をするのであれば、資本市場の発展に資すると考える。

　ESG投資はもともとアナン国連事務総長（当時）とそのチームによってつくられたコンセプトであり言葉である。そして、当初の意図であったであろうインパクト投資のようには範囲を限定しなかったから、ESG投資総額がここまで大きくなった。ESG投資総額が大きく増加する中で、ビジネスの多くが、気候変動適応や人権対応など、行政はどのような手を打ってくるのか、自社はどう戦略を変える必要があるのか、等を考えながら経営をするようになってきた。この効果は大きい。

　その意味でも、国際機関が中立であり多くの人々に訴求できるという強みを活かして、ESG投資の定義において、何らかの役割を果たすのであれば、影響は大きいと考える。

　なお、インパクト投資商品の1つにグリーンボンドがある。グリーンボンドは、環境問題の解決に貢献する投資への資金調達を行う債券で、世界銀行が2008年に命名し、定義を当初定めた（World Bank（2008））。その後、起債時に主幹事を務める証券会社や投資銀行を中心とする業界団体である国際資本市場協会（ICMA）が、透明性のある指針やベストプラクティスを示す自主的なガイドラインとして、グリーンボンド原則[5]を定めており、これが広く用いられている。このように国際機関が基本的な定義をして、業界関係

者が自主ルールを策定するというのは、望ましい順序と考える。

5. 今後の挑戦、基準づくりの戦い、日本がすべきこと

　日本においても、ESG投資の定義と周知徹底、ESG等非財務ファクターの開示の基準決定（IFRS財団傘下のISSBによる基準を活用するかどうかの見きわめ）を早急に行い、ESG投資商品の誤ったマーケティングの排除、ESG等非財務ファクターの分析・投資判断への織り込みをしない運用はESG投資ではないことの指摘、ESG等のデータ開示の促進でESG投資において意味ある非財務ファクターの分析が可能となるようにすべきである。ESG投資において、NPOやNGO等がその基準づくりに大きな役割を果たしてきた。これはすばらしいことではあるが、ESGデータ開示基準だけでも、前出のSASB、IIRC、CDSB、GRI等複数の基準が数年にわたって並列で存在するなど、基準の統一がそれによって遅れている部分もある。それが、2021年にはTCFDによる気候変動関連の情報開示のスタンダード提案、2022年には米国SECによりESGデータ開示基準案の提案などが、SASB/IIRC/CDSBのIFRS財団のもとでの統合のように、短期間に大きく進んだ。長年の課題を短期間で克服する必要があるが、日本においても、政府等公的機関もしかるべき役割を果たすことが重要だ。

6. ロシアによるウクライナ侵略後のESG投資の変化

　世界が気候変動を重要課題と認識し、その対応のために、この数年で日米欧アジアの多くの国がネットゼロ宣言を行った。その結果、化石燃料（原油掘削、シェールオイル・ガスなど）への新規投資が鈍った。

　ところが、ロシアのウクライナ侵攻以来、ロシアの天然ガスに依存する欧州、日本では安定的な電力供給に懸念が出てきている。そのような中で、停

5　「グリーンボンド原則2021　グリーンボンド発行に関する自主的ガイドライン」国際資本市場協会ICMA、2021年9月。
https://www.icmagroup.org/assets/documents/Sustainable-finance/Translations/Japanese-GBP2021-06-021121.pdf

電を防ぐために、日本では原子力発電所の運転年数延長、ドイツでも石炭火力も非常時には運転再開も議論されている。

エネルギー価格もロシアによるウクライナ侵攻直後に高騰して、多くの国でエネルギー関連の価格を上昇させ、政治問題化した。石油価格などは2022年8月初めにはウクライナ侵攻以前のレベルまで戻ってきているものの、今後の価格高騰の可能性を否定できない。

さらに天然ガスは、ロシアが欧州むけの供給量を減らしていることから、絶対的供給量に不安が生じている。このようなエネルギー価格の高騰、供給不安が、多くの国でのインフレ率の上昇に結びついた。本来、価格メカニズムが働いて、さらに化石燃料依存度が減るはずだが、短期的には難しい。インフレ圧力は先進国で政治問題化して、日米等ではガソリン補助金で価格高騰を抑えようとしている。

ESGを推進するのであれば、このようなガソリン補助金や、シェール掘削（フラッキング）再開を批判して、価格高騰を機に、需要を減らそう、という運動が起きてもよいが、そうはならなかった。

気候変動問題への対策から、化石燃料を使う火力発電所への投資が鈍ってきたために、物価高騰が激化したのではないかという指摘もある。

投資家のレベルでは、このように、ロシアのウクライナ侵攻によるエネルギー価格高騰や停電懸念といった経済政治情勢の変化を、ESG投資に反映させていく必要がある。ESG投資はあくまでも財務ファクターにESG等の非財務ファクターを加味して投資判断を行う。政治経済情勢の財務ファクターに与える影響が大きいのであれば、投資判断に変化があるのは当然である。

一方、行政においては、ロシアのウクライナ侵攻によるエネルギー価格高騰・停電・インフレ対応と、気候変動適応の両方を行っていく必要がある。現在は緊急時であるから、まずは停電・インフレ対応で気候変動適応は一時棚上げして、補助金でエネルギー価格を抑えるという対応は、長期的視点に欠けている。ロシアのウクライナ侵攻も当初の想定を超えて継続しているし、エネルギー価格高騰も長期化するかもしれない。価格が高騰した化石燃料の生産、輸入、消費に補助金を出すのではなく、エネルギー価格高騰で生

活が圧迫されるような家計に絞った所得補償等で対処すべきである。化石燃料価格の高騰は、これまでは採算ラインにのらないとされてきた再生エネルギーの導入も含めた総合的・長期的な対策を加速する好機ととらえるべきである。生活困窮者の支援は重要だが、その政策手段が、長期的な政策方向と矛盾しないものにする知恵と政策判断が重要だ。

＊　　＊　　＊

　ESG投資は、金融界においてここ数年で最も高い成長をとげた分野の1つである。投資にこれまで十分に織り込まれていなかったESG等の非財務ファクターを加味して高いリターンをめざすというものだ。ただし、個々のESG投資が、社会に望ましいインパクトを与えうるかどうかは、少なくとも短期的には明らかではないし、約束されたものでもない。しかし、多くの投資家がESGの社会に与える影響から規制の変更可能性までを熟慮して資金を投資すると、全体としてはよりよい社会への移行の後押しの効果が期待される。一方、一部投資家のESG投資についての理解の不十分さ（社会によい投資への過剰な期待）や、それに付け込んだ不適切なマーケティングの可能性、資産運用会社がESG投資といいつつ、きちんとESG分析等を行わないESGウォッシングの可能性、ESG等の情報提供が十分でないことによりESG投資判断が思うように進まない、など課題も多い。投資家がESG投資の定義をよく理解すること、監督当局や自主規制団体による誤ったマーケティングの排除とESGデータ開示基準の設定、企業による積極的なESGを含む非財務情報開示の促進が重要だ。多くの課題の解決がさらなるESG投資の発展につながるとの確信をもって、本書のまとめとしたい。

あとがき

　専門は国際金融、マクロ金融政策である伊藤隆敏にとって、後に本書を書くことになる端緒は、2013年に日本において、「公的・準公的資金の運用・リスク管理等の高度化等に関する有識者会議」の座長を務めたところまでさかのぼる。公的年金、特に年金積立金管理運用独立行政法人（GPIF）の運用方針の改善を目指す、という有識者会議だった。そこで、国内債券の運用割合を減らし、国内株式、外国債券、外国株式の運用割合を増やすように、という提言をまとめた[1]。この有識者会議ではESG投資については言及する委員がいたが、議論はなく、ESG投資を「考慮すべきという意見もあり、各資金において個別に検討すべき」と最終報告書には記載された。伊藤は2015年にコロンビア大学に転職、コロンビア大学日本経済経営研究所（CJEB）において、「公的年金・国家ファンド」研究プログラム（PPPSF）を開始した[2]。GPIFについての知見を活かして、欧米の公的年金の運用の先端的な課題を取り上げて研究活動を行う計画を立てた。トピックを探すなかで出合ったのが、ESG投資だった。2015年時点では、資産運用を行う人の中でも意見は割れていた。一時の流行だと断言する人もいれば、長期運用を行う年金基金等にとっては、将来の大きな損失のリスク（テールリスク）を避ける指標になる、という意見もあった。

　ESG投資がリスク対比リターンを高めるかどうか、についてファイナンス分野では、実証研究が蓄積されていった。公的年金の運用担当者や、資金運用会社のリサーチを行う人などに、スピーカーやパネリストになってもらい、PPPSFプログラムとして、毎年のコンファレンス、オンライン会議を行ってきた。

1　有識者会議の記録。https://www.cas.go.jp/jp/seisaku/koutekisikin_unyourisk/index.html
2　CJEB における公的年金・国家ファンドの研究プログラム。https://business.columbia.edu/cjeb/programs-and-resources/cjeb-programs/program-public-pension-and-sovereign-funds

伊藤が2015年以降教鞭をとっているコロンビア大学国際関係・公共政策大学院（SIPA）では、学生のESG投資やインパクト投資への関心が毎年高まってきて、2019年に、学院長から拝み倒されて、Impact Investing: Intention, Fiduciary Duty and Managementという授業と開設した。ファイナンス理論や、金融リスクについての知見はあるものの、資産運用会社で実務に携わったわけでもないので、ESG投資については、教えることよりも、学ぶことのほうが多かった。また、経済学者にとっては、E（環境）、S（社会）、G（ガバナンス）は、全く異なる経済政策上の課題であり、一緒に議論することには強い違和感をもっていたが、Z世代の学生からは、ESG投資やインパクト投資は強い関心をもって学び、それを卒業してからのキャリアにも生かそう、という意欲が感じられた。伊藤が授業を担当したのは1回だけで、その後は、専門家の先生を雇い、本書の共著者である本田桂子にも客員教授（Adjunct Professor）で来ていただくこととなり、SIPAの学生のニーズに応えている。

　一方、本田桂子は、1989年からマッキンゼーのコーポレートファイナンスグループで、企業価値の算定やその経営へ活用を行ってきた。そして、2013年に世界銀行グループの多数国間投資保証機関（MIGA）に着任し、極度の貧困の撲滅と繁栄の共有を目指して、民間投資家の発展途上国への投資を支援すべく、ポリティカルリスクの保証業務に従事し始めた。MIGAでは、開発効果に加えて、ESGの分野におけるリスクとインパクトを、投資前調査（デューデリジェンス）と投資後モニタリングしていた。2013年当時、本田は、気候変動リスクは、企業のキャッシュフローに中長期的に影響を及ぼすことを理解していたが、日本の民間では、ESGの調査は聞いたことがなかった。そして、本田は、MIGAで、各投資案件の投資前デューデリジェンスと投資後のモニタリングからの学びを元に、基準の見直しも行った。また、2013年にはESG調査に難色を示していた民間投資家も、2015～16年あたりからその必要性を理解し積極的に関与する場合が増えた。この経験から、ESGの企業価値への影響とESG投資に興味をもち、2020年から、コロンビア大学でESG投資の研究・講義を始め、多くの民間投資家の方々

への調査、ウェビナー等を通じての意見交換等を行っている。

　本書では、報告書や文献の最新リンクを貼ることを心掛けたが、リンクは常に更新、移設、廃止が繰り返されているので、出版後リンクが切れることはあるかもしれない。これはご理解のうえ、ご容赦いただきたい。また、ESGの議論は欧米を中心に進展が大きいこともあり、用語、文章で、原文は英語であるものを日本語に翻訳した箇所がある。原文ではどう書かれているのか、という疑問にあらかじめ答えるため、できるだけ英語の原文も併記した。また、文献の著者名等は英語のままである。少し読みにくい体裁の箇所があるかもしれないが、これも正確を期すためとして、ご理解いただきたい。

　伊藤は、実証研究の文献展望を手伝ってくれたYangyang Wang（王楊楊）さんと、編集の最終段階でゲラを通読のうえ多くのコメントを返してくれた田宮直子さんに感謝する。

　本田は、特に、第6章のインタビュー先の会社と、そこでインタビューを受けていただいた方々に感謝したい。インタビューを受けていただき、名前の掲載を許諾いただいた会社は次のとおり。アラベスク、Affirmative Investment Management（AIM）、MPower Partners、Guggenheim Investments、GMO、UN Joint Staff Pension Funds、ゴールドマン・サックス・アセット・マネジメント、JPモルガン・アセット・マネジメント、シンガポール政府投資公社（GIC）、シュローダー、第一生命、年金積立金管理運用独立行政法人（GPIF）、農林中金、PGIMフィクスト・インカム、PGIMリアルエステート、PGIMクオンティテイティブ・ソリューションズ、ベイビュー・アセット・マネジメント、三井住友信託銀行、三菱UFJ信託銀行、テマセク・ホールディングス（Temasek Holdings）。このほかにも15社ほどインタビューに応じていただいた。ここに記して感謝したい。

　また、コロンビア大学のウェビナー等で伊藤・本田と意見交換をしていただいた、GPIFの宮園雅敬理事長、ステート・ストリートのロン・オハンレーCEO、MPower Partnersのキャシー松井ゼネラル・パートナー、S&Pグローバルのダグ・ピーターソンCEOや、早稲田大学の根本直子教授にも、

御礼申し上げたい。

　伊藤と本田は、本書の出版のきっかけとなる公的年金・国家ファンドプログラムの活動を含めて、コロンビア大学における多くの研究教育活動支援してくれたコロンビア大学日本経済経営研究所に感謝したい。

　また、日経BP日本経済新聞出版の平井修一氏と宮崎志乃氏には、企画段階からいろいろと助言を頂戴した。御礼申し上げたい。

　最後に、伊藤の家族である伊藤啓子、研一郎、まり、矢野はなと、本田の家族であるリチャード・レママンと英美梨・レママンからのサポートにも感謝したい。

　2023年2月

著者

関連用語一覧

（アルファベット順）

AMF：Autorité des Marchés Financiers。フランス金融市場庁。金融商品の適切性の担保や、投資家への情報提供、金融機関の監督などを行う公的機関。
https://www.amf-france.org/en/amf/presentation-amf/amf-glance

Arabesque：アラベスクは、バークレイズ銀行の資産運用部門を経営陣がマネジメントバイアウト（Management Buy-out, MBO）して、2013年にできた資産運用会社で、ロンドンを本社として、ESGデータとAI活用を組み合わせて投資を行っている。
https://www.arabesque.com/asset-management/about-us/

Arabesque S-Ray：ESGBook参照。

BloombergL.P.：ブルームバーグL.P.。ソロモン・ブラザーズの元トレーダーであったマイケル・ブルームバーグ氏が、1981年に金融情報をトレーダーにオンラインで提供する企業として創業。その後、ラジオやテレビでの情報提供も開始。2016年にバークレイズからインデックス事業を買収。ESG投資関連情報も提供。
https://www.bloomberg.com/company/

CBAM：Carbon Border Adjustment Mechanism。炭素国境調整メカニズム。EUが、EU域内の事業者がCBAMの対象となる製品をEU域外から輸入する場合に、域内で製造した場合にEU域内排出量取引制度（EU ETS）

に基づいて課される炭素価格に対応した価格の支払いを義務付けるもの。規制の緩いEU域外への製造拠点の移転や域外からの輸入増加など、カーボンリーケージの対応策。
https://taxation-customs.ec.europa.eu/green-taxation-0/carbon-border-adjustment-mechanism_en

CDP：Carbon Disclosure Project。2000年に設立されたNGO。機関投資家が関心のある、世界の主要企業や地方自治体の二酸化炭素排出量や気候変動への取り組みに関する情報の開示をうながしている。活動領域を、当初の気候変動から、水や森林等の分野に拡大。2013年にCDPに改称。
https://www.cdp.net/en/info/about-us

CDSB：Climate Disclosure Standards Board。気候変動情報開示基準委員会。温室効果ガスや自然資本の情報を、ファイナンス情報と統合することをめざすNGO。企業の気候変動情報開示の標準化を目指してプロトコルや基準に基づいて枠組みを提案していた。企業や環境関連のその他機関によるコンソーシアムであった。2022年8月にVRFと共にIFRS財団傘下のISSBと統合した。
https://www.cdsb.net/our-story

COP：Conference of the Parties。国連環境開発会議。「コップ」と読む。1992年に採択された国際気候変動枠組条約の締結国が、温室効果ガス排出削減策などを議論する国際会議。1995年から毎年開催。
https://unfccc.int/process/bodies/supreme-bodies/conference-of-the-parties-cop

CSRD：Corporate Sustainability Reporting Directive。企業サステナビリティ報告指令。EUが、サステナビリティ関連情報の開示についてCSRDで基準を示すと2021年に発表。また、対象企業を現行のNFRD（Non-Financial Reporting Directive：非財務情報開示指令）より拡大。具体的なESG情報

の開示方法については、これから開示予定。

https://finance.ec.europa.eu/capital-markets-union-and-financial-markets/
company-reporting-and-auditing/company-reporting/corporate-
sustainability-reporting_en

https://eur-lex.europa.eu/legal-content/EN/TXT/?uri=CELEX:32022L2464

DCF法：Discounted Cash Flow法。将来のキャッシュフローを予想し、そ
れを資本と税引き後有利子負債コストの加重平均で現在価値に直したものの
総和として企業価値を算定する手法。

ESG Book：ESG Bookは、アラベスクの一部門としてスタートした、ESG
データやスコアを投資家に提供しているサービス会社。ESGスコアに加え、
グリーンの売上、二酸化炭素排出データも提供。

https://www.esgbook.com

ESG Exclusion：ESGエクスクルージョン。ESG投資の戦略の1つ。特定事
業（クラスター爆弾等の特定兵器や石炭火力発電等）からの売上や利益が全
体の一定割合を上回るような企業を投資対象から外すという投資戦略。ESG
のランキング・スコアが、全企業のうち下から数パーセントの企業を外すこ
ともある。

ESG Index：ESGインデックス。ESGのうち全体もしくは特定の分野につ
いて、企業の価値にマテリアルなESGファクターをもちいて企業を選択し
作成するインデックス。株式や債券の投資の際に用いる。2022年末時点で
少なくとも1500を超えるESGインデックスが存在する。

ESG Investing, ESG投資：これまで企業価値に十分織り込まれてこなかっ
た環境（E）・社会（S）・ガバナンス（G）等の非財務ファクターの重要性の
増大に鑑み、投資家が、長期的視点をもって、ESG等の非財務ファクター
を（法改正の予想・新規事業機会等含め）投資判断に織り込み、リスクをマ

ネージしつつリターン向上をめざす投資。加えて株主としてのエンゲージメント通じ企業の経営判断に影響を与えることで、企業価値を向上することもめざす。

ESG Theme/Positive：ESGテーマ・ポジティブ。ESG投資の戦略の1つ。特定のESG分野に秀でている企業に投資する。対象分野としては、再生可能エネルギーなどがある。

ESGウォッシング：ESGとは名ばかりの投資。

EV：Electric Vehicle。電気自動車。

FDI：Foreign Direct Investment。海外直接投資。

FTSE Russell：FTSE ラッセル。株式債券等のインデックス会社。ESGのインデックスやESG格付けも行っている。ロンドン証券取引所の子会社。
https://www.ftserussell.com/about-us

GAFAM：Google・Amazon・Facebook・Apple・Microsoftの5社をかつてはGAFAMと呼んだ。GoogleがAlphabetの子会社になったこと、FacebookがMetaに社名変更したことによりMAMAAとも呼ばれている。

Georg Kell：ゲオルグ・ケル。UNCTADを経て、コフィ・アナン国連事務総長（当時）のシニアスタッフとなる。国連グローバル・コンパクト制定にあたり、大きな役割を果たした。現在、資産運用会社アラベスクの会長。
http://www.georgkell.com/

GIIN（Global Impact Investing Network）：インパクト投資を広めるために、ロックフェラー財団や投資家が中心となって2009年に設立。
https://thegiin.org/

GPIF：Government Pension Investment Fund。日本の年金積立金管理運用独立行政法人。資産を市場運用する公的年金基金の中では世界最大。PRIに2015年に署名。
https://www.gpif.go.jp/

GRI：Global Reporting Initiative。1997年にCERESとTellus Instituteが、UNEP（United Nations Environment Programme）の支援を受けて設立したNGO。CERES（Coalition for Environmentally Responsible Economies）は、環境問題に関する企業の取り組みを推進するNGO。Tellus Instituteは、環境や社会課題に科学を反映させることを目指す米のNPO。サステナビリティに関する企業等の情報開示のガイドライン案を出しているが、企業価値へのインパクトを超えて、社会におけるインパクトまで視野に入れた情報開示基準である。
https://www.globalreporting.org/about-gri/

GSIA：Global Sustainable Investment Alliance。各国・地域においてサステナブル投資を推進する団体の連合体。2023年1月現在の加盟メンバーは、Eurosif（The European Sustainable Investment Forum）、US SIF（The Forum for Sustainable and Responsible Investment）、日本サステナブル投資フォーラム（Japan Sustainable Investment Forum）、RIA Canada（Responsible Investment Association Canada）、RIAA（Responsible Investment Association Australasia）、UK SIF（UK Sustainable Investment & Finance Association）、VBDO（Dutch Association of Investors for Sustainable Development）。加盟機関各国の投資家からサステナブル投資額を2年に一度集計している。集計にあたり、サステナブル投資を次のように分類している──ESGインテグレーション投資・ネガティブスクリーニング・企業とのエンゲージメント及び株主提案・国際規範に基づくスクリーニング・テーマ型・ポジティブスクリーニング・インパクト投資。この区分けは重複があるが、ESGインテグレーションが全体の71%、ネガティブスクリーニングが42%など、過半がESG投資である。サステナブ

ル投資の定義は、各国・地域、ないしは各加盟金融機関の定義によってい
て、フランスなど国によっては定義の見直しが途中で行われており、必ずし
も厳密に比較できる数字ではない。"Global Sustainable Investment Review
2020"が執筆時点で最新。
http://www.gsi-alliance.org/

IASB：International Accounting Standards Board。国際会計基準審議会。
国際財務会計基準を制定。ESG情報開示を担当するISSBと組織的には並列。
https://www.ifrs.org/groups/international-accounting-standards-board/

ICMA：International Capital Market Association。国際資本市場協会。投
資銀行・証券会社の業界団体。ICMAのグリーンボンドのガイドラインが世
界でよく使われている。また、サステナビリティ・ボンドのガイドラインを
2017年に発表した。
https://icma.org/about-icma

IFC：International Finance Corporation。国際金融公社。世界銀行グルー
プの1つの機関で、1956年に民間投資家の発展途上国への投資を支援するた
めに、共同投資・出資等を行う目的で設立された。
https://www.ifc.org/

IFC Performance Standards on Environmental and Social Sustainability：
世界銀行グループのIFCが民間投資家の投資を支援、ないしは共同投資を行
う際に用いるESG分野の基準。2012年に改訂されている。

IFRS：International Finance Reporting Standards。国際会計基準。国際的
に異なる会計基準が並列しているが、その統合をめざして、IASBが提唱し
た会計基準。2022年時点で、欧州企業ないしは欧州域内に上場する外国企
業、および諸外国で適用されているが、世界で統一された会計基準とはなっ
ていない。米国と日本ではまだ自国の会計基準があり、日米企業は、自国な

いしはIFRSの国際会計基準のどちらかを選んで報告することになっている。金融庁の「会計基準をめぐる変遷と最近の状況」（2021年11月）によると、日本におけるIFRS基準を任意適用・適用決定している上場企業は、2021年10月29日時点で256社。時価総額ベースでは全体の44.6%。
https://www.fsa.go.jp/singi/singi_kigyou/siryou/kaikei/20211116/6-1.pdf

IFRS財団：International Financial Reporting Standards Foundation。IFRS財団と国際会計基準審議会は、1973年に設立された国際会計基準委員会（IASC）に代わる機関として2001年に設立。国際会計基準（IFRS）の適用を促進することを目的としている。2021年より、傘下にISSBに設置して、ESG関連の情報開示基準の設定とその適用促進を目的に追加した。
https://www.ifrs.org/about-us/who-we-are/

IIRC：当初はInternational Integrated Reporting Committee、のちにInternational Integrated Reporting Councilに。国際統合報告評議会。2009年にチャールズ英皇太子（当時）の呼びかけから始まり、2011年に正式に委員会として設立に至った。企業に対して、IR（Investor Relations, インベスターリレーションズ）の観点から、投資家に情報を提供するため、財務情報とESG情報の両方を織り込んだ統合レポートを提言。2021年6月にSASBとVRFを結成。同年11月のCOP26でIFRS財団傘下のISSBにVRFの統合が発表され、2022年8月に統合された。
https://www.integratedreporting.org/

IPCC：Intergovernmental Panel on Climate Change。気候変動に関する政府間パネル。世界気象機関（WMO、World Meteorological Organization）及び国連環境計画（UNEP）により1988年に設立された政府間組織で、目的は、各国政府の気候変動に関する政策に科学的な基礎を与えること。
https://www.data.jma.go.jp/cpdinfo/ipcc/index.html（気象庁）

ISSB：International Sustainability Standards Board。国際サステナビリテ

ィ基準審議会。IFRS財団のもとに、ESG情報開示の基準づくりを目的に2021年のCOP26の際に設立された。VRFとCDSBを2022年8月に統合した。
https://www.ifrs.org/groups/international-sustainability-standards-board/

KLD：1988年に米国で創業されたESGデータ格付け会社。2009年にリスクメトリクス（RiskMetrics）により買収され、2010年にリスクメトリクスがMSCIと統合した。
https://wrds-www.wharton.upenn.edu/pages/about/data-vendors/msci-formerly-kld-and-gmi/

Kofi Annan：コフィー・アナン。元国連事務総長。UNグローバル・コンパクトを設けた。加えて、民間金融機関50社のCEOに手紙を出して、協働を呼びかけ、それがESG投資の提唱につながった。
https://www.un.org/sg/en/content/kofi-annan

MDGs：Millennium Development Goals。ミレニアム開発目標。2000年に採択され、2015年達成をめざした。極度の貧困と飢餓の撲滅、初等教育の完全普及の達成、ジェンダー平等推進と女性の地位向上、乳幼児死亡率の削減、妊産婦の健康の改善、HIV／エイズ、マラリア、その他の疾病の蔓延の防止、環境の持続可能性確保、開発のためのグローバルなパートナーシップの推進の8分野において、項目ごとに指標とターゲットが設定されていた。達成はできなかった。
https://www.un.org/millenniumgoals/

MIGA：Multilateral Investment Guarantee Agency。多数国間投資保証機関。世界銀行グループの機関の1つ。1988年設立。民間投資家の発展途上国への投資を支援にむけて、クロスボーダー投資を行う民間投資家にビジネスリスク以外の、政府による契約不履行、兌換・送金の停止、国有化、戦争内乱等のリスクを保証している。

https://www.miga.org/about-us

MIGA Performance Standards on Environmental and Social Sustainability：世界銀行グループMIGAのEとSに関する基準。最新版は2013年改訂されたもの。
https://www.miga.org/sites/default/files/2022-01/MIGA%20
Performance%20Standards%20%28Oct%202013%29.pdf

Moody's：債券の信用格付け会社の大手。2019年4月にフランスのVigeo Eirisを買収し、ESGのリサーチやインデックスなども公表している。
https://esg.moodys.io/

MSCI：株式・債券のインデックスを幅広く提供している会社。MSCI ACWIというインデックスはグローバルな株式投資において、よく用いられるものの1つである。ESGのインデックスや格付けにも早くから取り組んできた。上場企業。元は、運用会社キャピタル・インターナショナルの子会社で、1965年にインデックス会社として創業。モルガン・スタンレーと1986年に提携を開始し、1988年に出資をうけて、2社の頭文字を2つずつとって、社名がMSCIとなる。1990年からESGインデックスを提供し始め、1999年にはESGの格付けをスタートさせた。βの予測で有名なバーラを2004年に買収。モルガン・スタンレーは、2009年にMSCIの持ち分を売却したが、名称の変更はなかった。また、2009年には、ESG関連のリサーチ会社のイノベスト（Innovest）を買収。2010年にリスク分析のリスクメトリクス（RiskMetrics）を15.5億ドル（約2,015億円）で買収したが、リスクメトリクスは、2009年に社会責任投資インデックスの分野でFTSEやサステナリティクスと提携していたKLDを買収し傘下にいれていた。MSCIは、2014年にコーポレートガバナンスの調査格付けのGMIレーティング（GMI Rating）を買収。議決権行使助言会社のISSも一時MSCIの傘下にあったが、2014年に売却。
https://www.msci.com/who-we-are/about-us

NGO：Non-governmental Organization。非政府組織。もともとは国連で政府以外の関係組織を示すのに使われていた言葉が広まったもの。開発、貧困、平和、人道、環境等の地球規模の問題に自発的に取り組む非政府・非営利組織を指している。

https://www.mofa.go.jp/mofaj/gaiko/oda/shimin/oda_ngo.html （外務省）

NPO：Non-Profit Organization または Not-for-Profit Organization。社会貢献活動を行い、団体の構成員に対し、収益を分配することを目的としない団体。収益を目的とする事業を行うこと自体は認められるが、事業で得た収益は、社会貢献活動に充てることとなっている。

https://www.npo-homepage.go.jp/about/npo-kisochishiki/npoiroha（内閣府NPO）

ODA：Official Development Assistance。政府開発援助。開発途上地域の開発を主たる目的とする政府及び政府関係機関や国際機関による国際協力活動のために貸付・贈与される公的資金。

https://www.mofa.go.jp/mofaj/gaiko/oda/about/index.html（外務省）

PRI：Principles for Responsible Investment。責任投資原則。以下の6つが原則である。
1）私たちは投資分析と投資判断のプロセスにESG課題を組み込みます。
2）私たちは活動的な所有者となり、所有方針と所有習慣にESGの課題を組み入れます。
3）私たちは、投資対象の主体に対してESGの課題について適切な開示を求めます。
4）私たちは、資産運用業界において本原則が受け入れられ実行に移されるように働きかけを行います。
5）私たちは、本原則を実行する際の効果を高めるために協働します。
6）私たちは、本原則の実行に関する活動状況や進捗に関して報告します。
　また、この原則に賛同・署名するアセットオーナー・資産運用会社・資産

運用関連サービス会社から構成される2006年設立のNGOもPRIと呼ばれている。6原則に賛同した機関から年次でESG投資の進捗のレポートを提出してもらい、それを2020年までは公開していた。それに加えてPRIでは、賛同機関と研究調査を行い、それも公表していた。
https://www.unpri.org/about-us/about-the-pri

Refinitiv：リフィニティブ。投資関係のデータ・分析会社で、ESGスコア等も出している。もとトムソン・ロイターの金融情報部門が切り出されたもの。ロンドン証券取引所に2019年に買収された。
https://www.refinitiv.com/en/about-us

RiskMetrics：リスクメトリクス。リスク分析企業。2009年に社会責任投資インデックスの分野でFTSEやサステナリティクスと提携していたKLDを買収。2010年MSCIに15.5億ドル（約2,015億円）で買収された。
https://www.msci.com/documents/1296102/1636401/RiskMetrics_
RiskManager.pdf/

S&P Global：債券の信用格付け会社だが、ESG関連事業を大きく拡大中。ESGスコアに加えて、指数、分析、評価とセカンドオピニオンなども出している。2016年にTrucost（外部情報から企業の二酸化炭素排出量を推定するなど、炭素排出量や環境に関するデータ及びリスクを提供する調査会社）を買収。2019年にRobecoSAMからESG格付け事業を取得。
https://www.spglobal.com/en/who-we-are/our-history

SASB：Sustainability Accounting Standards Board。サステナビリティ会計基準審議会。2011年にジーン・ロジャースが設立したNPO。ジーン・ロジャースはエンジニアとして汚染された土壌の洗浄に従事したことがあり、企業は環境に関してももっと開示を促進すべきという考えをもっていた。ブルームバーグ財団が支援をし、のちにロックフェラー財団も加わる。ブルームバーグ氏が自ら理事会議長をしていたこともある。SASBは、多くの企業、

投資家、国際機関などとも議論を重ね、77業界に対し、業界毎にESGファクターの中で企業価値に対してマテリアル（重要な影響を与える）ファクターを2018年に提示、それに関する情報開示を提言した。これをマテリアリティマップと名付け公表している。このマテリアルファクターには、例えば銀行だと、サイバーセキュリティも入っていて、説得力がある。企業がどのようにESG情報を開示すべきかのコンセプトも示している。2021年秋にIIRCとValue Reporting Foundation（VRF）を結成し、同年末にVRFとCDSBがIFRS財団のもとにできるISSBの傘下にはいると発表され、2022年8月に統合した。

https://www.sasb.org/about/

SDGs：Sustainable Development Goals。持続可能な開発目標。2015年に国連が2030年の達成を目指して掲げ加盟国が賛同した開発目標。SDGsの17の目標と169のターゲットからなる。第一の目標は、貧困の撲滅（貧困者の比率を2030年までに世界全人口の3%以下に）である。この場合の貧困とは、一日2ドル15セント、（1ドル130円で換算して280円）以下で衣食住すべてをまかなう状態を指す。

https://sdgs.un.org/goals

SFDR：Sustainable Finance Disclosure Regulation。サステナブルファイナンス開示規制。EUが、2021年にサステナブル投資において、投資家保護やグリーンウォッシングの予防のために設定した、運用会社・金融機関とアドバイザー向け情報開示規則

https://eur-lex.europa.eu/legal-content/EN/TXT/PDF/
?uri=CELEX:32019R2088

Sustainalytics：サステナリティクス。ESG投資のデータ提供、格付け、調査を行う企業の大手。ESGの格付けは、点数制。運用リサーチ会社のJantizi Researchとして1992年にスタートし、2000年にダウジョーンズとステート・ストリートと提携しJantizi Social Indexを発表。2009年 サステナリィティ

クスと合併し、サステナリィティクスに社名変更。2012 年にResponsible Research と Share Dimension、2019 年に GES、2020 年に OMX を買収。2020 年には モーニングスター（Morningstar）に買収される。2022 年に XDI と提携、Aqantix を買収。2023 年 2 月現在世界で 1 万 6,000 社強をカバーしている。
https://www.sustainalytics.com/

TCFD：Task Force on Climate-Related Financial Disclosures。気候関連財務情報開示タスクフォース。気候変動関連の情報開示の自主ルール作成をめざして、各国の中央銀行・金融当局や国際機関が参加する金融安定理事会（Financial Stability Board, FSB）が 2015 年に設立したタスクフォース。
https://www.fsb-tcfd.org/about/

TNFD：Taskforce on Nature-related Financial Disclosures。自然関連財務情報開示タスクフォース。自然資本および生物多様性に関するリスクや機会を適切に評価し、開示するためのフレームワークを構築することを目的に 2021 年に設立。開示ルールを作成中。
https://tnfd.global/about/

UN：United Nations。国際連合、国連。国際連盟が第二次世界大戦を防げなかった反省をふまえ、1945 年に設立。2023 年 1 月時点で加盟国数 193 カ国。
https://www.un.org/en/about-us
https://www.mofa.go.jp/mofaj/fp/unp_a/page22_001254.html（外務省）

UNEP FI：United Nations Environment Programme Finance Initiative。国連環境研究・金融イニシアティブ。国連環境計画（UNEP）は、1972 年ストックホルム国連人間環境会議で採択された「人間環境宣言」および「環境国際行動計画」の実行機関として同年の国連総会決議に基づき設立された国連の補助機関であるが、UNEP FI は UNEP と 200 超の銀行、保険、証券会社等とのパートナーシップとして 1992 年設立。経済的発展と ESG（環境・

社会・ガバナンス）への配慮を統合した金融システムへの転換を進めている。日本の署名機関は2023年1月時点で14社。

https://www.unepfi.org/about/
https://www.unepfi.org/regions/asia-pacific/japan/aboutunepfi/

UNJSPF：United Nations Joint Staff Pension Fund。国連および国連機関の職員用の年金基金。確定給付型年金を運用しており、2023年1月20日時点で運用資産額は約810億ドル（10兆5,300億円）である。PRIの創設時から賛同して加盟。

https://www.unjspf.org/

UNグローバル・コンパクト：2000年に、アナン国連事務総長（当時）が提唱。各企業・団体が責任ある創造的なリーダーシップを発揮することによって、社会の良き一員として行動し、持続可能な成長を実現するための世界的な枠組み作りに参加する自発的な取り組み。具体的には、人権の保護、不当な労働の排除、環境への対応、そして腐敗の防止に関わる10の原則を設定。賛同する企業・団体が署名する。2000年にニューヨーク国連本部で正式に発足。2023年1月時点で、世界約161カ国、2万1,500を超える企業や団体が署名。

https://www.unglobalcompact.org/what-is-gc

Vigeo Eiris：1983年創業のフランスのESGデータ・格付け会社。ムーディーズ が買収し、現在はその傘下にある。

VRF：The Value Reporting Foundation。価値報告財団。SASBとIIRCが2021年秋にESG情報の開示のスタンダード策定をめざし統合した。VRFは、その後2021年末に、CDSBと共に、IFRS財団のもとで設定されたISSBの傘下にはいることを発表。2022年8月に統合。

https://www.valuereportingfoundation.org/about/

Who Cares Wins：UNが、2004年に、民間金融機関20社とスイス外務省を
スポンサーとして議論したものをまとめた文章。この中でESG投資を提唱。
ESG投資という言葉がはじめて出てくる公式文書である。
https://www.unepfi.org/fileadmin/events/2004/stocks/who_cares_wins_
global_compact_2004.pdf

(50音順)

インパクト投資：Global Impact Investing Network（GIIN）の"What is
Impact Investing"（2009）の定義によると、「財務リターンと、測定可能で
プラスの社会的・環境的インパクトを同時に生み出すことを意図する投資」
(Impact Investing are investments made into with the intention to
generate positive measurable social and environmental impact alongside a
financial return)。世界銀行グループのIFCは、2019年に、「定量化した社
会的インパクトの達成を意図し、同時に財務的なリターンも追求」するよう
な投資と定義している。このように、社会的課題の解決とリターンの2つを
主目的とする。
https://thegiin.org/impact-investing/need-to-know/#what-is-impact-
investing
https://www.impactprinciples.org/

エンゲージメント：投資家が、企業に対して行う対話。面談に加えて、株主
提案、議決権行使なども広義のエンゲージメントである。

京都議定書：Kyoto Protocol。COPの枠組みの中で、温室効果ガス排出削減
の仕組み（排出量取引、クリーン開発メカニズム、共同実施など）の導入を
議論して、先進国の温室効果ガス排出量について数値目標を各国ごとに設定
した。途上国に対しては、数値目標などの義務の導入はなかった。2005年
発効。
https://www.env.go.jp/earth/cop6/3-2.html（環境省）

サステナブル投資：Sustainable Investing。複数の定義がある。US SIF は、「長期的にみて競争力のあるリターンと社会的インパクトが出るようにESG クライテリアを考える投資」(Sustainable investing is an investment discipline that considers environmental, social and corporate governance (ESG) criteria to generate long-term competitive financial returns and positive societal impact) と定義。ケンブリッジ大学の Cambridge Institute for Sustainabiliy Leadership は、「将来長期にわたって継続可能なポートフォリオを構築する投資」としている。その際にESGファクターを判断の軸として織り込むのであれば、ESGインテグレーション投資と同義になるが、将来を担う業界という切り口の投資であれば、インテグレーション戦略とテーマ戦略の組み合わせである、ともいっている。(Sustainable investment refers to portfolio composition based on the selection of assets that can be defined in some way as being sustainable or possible to continue into the long-term future. If the criteria used are typical ESG issues, then sustainable investment is no different from best in class or integration funds. But if the criteria are defined in terms such as 'industries of the future' or 'net positive business operations' the investment strategy may be thought of as an advanced mix of thematic and integration approaches. 一方、サステナブル投資はリスポンシブル投資の一部であるともいっている。

US SIF, "Sustainable Investing Basics", https://www.ussif.org/sribasics、Cambridge Institute for Sustainability Leadership, "Sustainable Investment", https://www.cisl.cam.ac.uk/business-action/sustainable-finance/investment-leaders-group/what-is-responsible-investment

社会責任投資：Social Responsible Investing。ケンブリッジ大学の Cambridge Institute for Sustainability Leadership は、社会責任投資は「EやSのクライテリアで投資先の選定を行う」(Socially responsible investment (SRI) refers to approaches that apply social criteria and environmental criteria in evaluating companies.) としている。また、S&P

Globalは、社会責任投資は「EやSのクライテリアで投資先の選定を行うが、モラル倫理の価値観に沿うことが第一義であり、リターンは二義的」(This strategy emphasizes financial returns as a secondary consideration after the investors' moral values have been accounted for in their decision-making) としている。このように、社会責任投資は、一定のモラル・倫理のもとでの投資である。

S&P Global, "What is the difference between ESG investing and socially responsible investing?"

タクソノミー：EUが設定した、何をサステナブル投資とするかの分類。"REGULATION (EU) 2020/852 OF THE EUROPEAN PARLIAMENT AND OF THE COUNCIL of 18 June 2020 on the establishment of a framework to facilitate sustainable investment, and amending Regulation (EU) 2019/2088", "Regulation on sustainability-related disclosure in the financial services sector", 2021年.
https://ec.europa.eu/info/business-economy-euro/banking-and-finance/sustainable-finance/sustainability-related-disclosure-financial-services-sector_en

日本サステナブル投資フォーラム：Japan Sustainable Investment Forum。サステナブル投資を行う日本の投資家の集まり。
https://japansif.com/

ネットゼロ・アセットオーナー・アライアンス：2050年に投資ポートフォリオからのグリーハウスガス排出ネットゼロを目指す運用団体69社が加盟するアライアンス。加盟団体の総運用資産は11兆ドル（1,430兆円）である（2023年1月時点）。
https://www.unepri.org/net-zero-alliance

パリ協定：京都議定書に変わり、2015年に採択された気候変動に関する国

際的な枠組み。189カ国（温室効果ガス排出量の96.98%をカバー）が参加。主要な合意事項は以下の通り。

- 世界共通の長期目標として2℃目標の設定。1.5℃に抑える努力を追求すること。
- 主要排出国を含むすべての国が削減目標を5年ごとに提出・更新すること。
- 全ての国が共通かつ柔軟な方法で実施状況を報告し，レビューを受けること。
- 適応の長期目標の設定，各国の適応計画プロセスや行動の実施，適応報告書の提出と定期的更新。
- イノベーションの重要性の位置付け。
- 5年ごとに世界全体としての実施状況を検討する仕組み（グローバル・ストックテイク）。
- 先進国による資金の提供。これに加えて，途上国も自主的に資金を提供すること。
- 二国間クレジット制度（JCM）も含めた市場メカニズムの活用。

https://unfccc.int/process-and-meetings/the-paris-agreement/

フィランソロピー：Merriam-Websterによると、他の人々に対する善意、福祉を積極的に進めること（goodwill to fellow members of the human race *especially*: active effort to promote human welfare）とある。金銭的なリターンを求めず、社会への貢献だけをめざすものである。
Merriam-Webster, https://www.merriam-webster.com/dictionary/philanthropy

フリードマン・ドクトリン：1970年に経済学者のミルトン・フリードマン教授（Milton Friedman）が、ニューヨークタイムズに寄稿したもので、「企業の社会的な責任は利益増大である」（The Social Responsibility of Business is to Increase Its Profits）という内容。
https://www.nytimes.com/1970/09/13/archives/a-friedman-doctrine-the-social-responsibility-of-business-is-to.html

マテリアリアルファクター：ESGの範囲は広いが、業界や企業によって、そのうち特定のファクターが事業や企業の価値に大きな影響を及ぼす。そのようなファクターの例としては温暖化ガス排出量や、従業員のエンゲージメントなどがある。マテリアルファクターを業界別に示したものが、SASB策定のマテリアリティマップである。
https://www.sasb.org/standards/materiality-map/

マテリアリティマップ：ESGの多くのファクターから、SASBが業界毎に事業・企業価値への影響の大きいものを示したもの。
https://www.sasb.org/standards/materiality-map/

マルチプル法：利益・EBITDA・純資産などに競合のその倍率なども勘案して適切な倍率をかけて事業・企業価値を算定する方法。

リスポンシブル投資：複数の定義がある。PRIは、「投資の判断とアクティブオーナーシップにおいてESGファクターを織りこむ投資戦略」（The PRI defines responsible investment as a strategy and practice to incorporate environmental, social and governance（ESG）factors in investment decisions and active ownership）と定義し、ケンブリッジ大学のCambridge Institute for Sustainability Leadershipは、「リスポンシブル投資をESGファクターや、市場の長期的な健全性と安定を織り込むような投資（Responsible investment is an approach to investment that explicitly acknowledges the relevance to the investor of environmental, social and governance factors, and of the long-term health and stability of the market as a whole.）で、社会責任投資もリスポンシブル投資に含まれる」としている。
Principles of Responsible Investment. https://www.unpri.org/an-introduction-to-responsible-investment/what-is-responsible-investment/4780.article
Cambridge Institute for Sustainability Leadership, "What is meant by

responsible investment?" https://www.cisl.cam.ac.uk/business-action/
sustainable-finance/investment-leaders-group/what-is-responsible-
investment

参考文献

Arrow, Kenneth, (1973) "The Theory of Discrimination", in O. Ashenfelter and A Rees (eds.), *Discrimination in Labor Markets*, Princeton, NJ: Princeton University Press.

Atz, Ulrich, Tracy Van Holt, Zongyuan Zoe Liu and Christopher C. Bruno, (2022) "Does Sustainability Generate Better Financial Performance? Review, Meta-analysis, and Propositions, " *Journal of Sustainable Finance & Investment*, Published online: 19 Aug 2022.DOI: 10.1080/20430795.2022.2106934.（ワーキングペーパー版は、https://papers.ssrn.com/sol3/papers.cfm?abstract_id=3919652）

Becker, Gary, (1957) *The Economics of Discrimination*, Chicago: University of Chicago Press.

Berg, Florian, Julian F Kölbel and Roberto Rigobon, (2022) "Aggregate Confusion: The Divergence of ESG Ratings", *Review of Finance*, Volume 26, Issue 6, pp. 1315-1344. https://doi.org/10.1093/rof/rfac033

Berg F., J. Koelbel and R. Rigobon, (2020) "Aggregate Confusion: The Divergence of ESG Ratings", *MIT Sloan School Working Paper*, 5822-19.

BlackRock, (2020) "Sustainability as BlackRock's new standard for investing". https://www.blackrock.com/uk/blackrock-client-letter

Boston Consulting Group, (2020) "Global Asset Management 2020, Protect, Adapt and Innovate", p.5. https://web-assets.bcg.com/img-src/BCG-Global-Asset-Management-2020-May-2020-r_tcm9-247209.pdf

Boston Consulting Group, (2021) "Global Asset Management 2021 The $100 Trillion Machine", p.5. https://web-assets.bcg.com/79/bf/d1d361854084a9624a0cbce3bf07/bcg-global-asset-management-2021-jul-2021.pdf

Boston Consulting Group, (2022) "Global Asset Management 2022 20th Edition, From Tailwinds to Turbulence", pp.4, 7, and 24. https://web-assets.bcg.com/c8/5a/2f2f5d784302b945ba1f3276abbc/global-asset-management-2022-from-tailwinds-to-turbulence-may-2022.pdf

Busch, Timo and Gunnar Friede, (2018) "The Robustness of the Corporate Social and Financial Performance Relation: A Second-order Meta-analysis", *Corporate Social Responsibility and Environmental Management* 25 (4), pp.583-608.

Business Roundtable, (2019) "Our Commitment".

    https://system.businessroundtable.org/app/uploads/sites/5/2023/02/WSJ_BRT_
POC_Ad.pdf

Cambridge Institute for Sustainability Leadership, "What Is Responsible Investment?".

    https://www.cisl.cam.ac.uk/business-action/sustainable-finance/investment-
leaders-group/what-is-responsible-investment

Candelon, Bertrand, Jean-Baptiste Hasse and Quentin Lajaunie, (2021) "ESG-Washing in
the Mutual Funds Industry? From Information Asymmetry to Regulation", *Risks*,
9(11), 199.

    https://doi.org/10.3390/risks9110199. https://www.mdpi.com/2227-9091/9/11/199

Chatterji, Aaron, Rodolphe Durand, David Levine and Samule Touboul, (2015) "Do
Ratings of Firms Converge? Implications for Managers, Investors, and Strategy
Researchers?". *Strategic Management Journal*, Vol.37 Issue 8: pp.1597-1614.

Christensen,Hans B.,Luzi Hail and Christian Leuz,(2021) "Mandatory CSR and
sustainability reporting,economic analysis and literature review", *Review of
Accounting Studies* vol.26:1176-1248.

Climate Bonds Initiative, "Climate Bond Standard".

    https://www.climatebonds.net/standard

Cornett, M.M., O. Erhemjamts and H. Tehranian, (2016) "Greed or Good Deeds: An
Examination of the Relation between Corporate Social Responsibility and the
Financial Performance of U.S. Commercial Banks around the Financial Crisis",
Journal of Banking and Finance 70, pp.137-159.

Dunn, Jeff, Shaun Fizgibbons and Lukasz Pomorski, (2018)「ESGによるリスクの評価」
加藤（2018）第4章として所収.

Eccles, Robert G., Ioannis Ioannou and George Serafeim, (2014) "The Impact of Corporate
Sustainability on Organizational Processes and Performance", *Management Science*,
pp.2835-2857.

EU, (2019) "Regulation (EU) 2019/2088 of the European Parliament and of the Council of
27 November 2019 on sustainability-related disclosures in the financial services
sector (Text with EEA relevance)".

    https://eur-lex.europa.eu/legal-content/EN/TXT/?uri=CELEX:32019R2088
（注：これがSFDRと一般的によばれている）
なお、改訂版は、EU (2020) である。

EU, (2020) "Consolidated text: Regulation (EU) 2019/2088 of the European Parliament
and of the Council of 27 November 2019 on sustainability-related disclosures in the
financial services sector (Text with EEA relevance)Text with EEA relevance".

    https://eur-lex.europa.eu/legal-content/EN/TXT/?uri=CELEX%3A0201
9R2088-20200712

EU, (2020) "EU Green Bond Standard (EUGBS) ".
https://ec.europa.eu/info/business-economy-euro/banking-and-finance/
sustainable-finance/european-green-bond-standard_en

EU, (2021) "Regulation Commission Delegated Regulation (EU) 2021/2139 as of 4 June
2021".
https://eur-lex.europa.eu/legal-content/EN/TXT/PDF/?uri=CELEX:32021R2139&f
rom=EN
（注：これが EU Taxonomy と一般的によばれている）

EU, (2022) "Directive (EU) 2022/2464 of the European Parliament and of the Council of
14 December 2022 amending Regulation (EU) No 537/2014, Directive 2004/109/EC,
Directive 2006/43/EC and Directive 2013/34/EU, as regards corporate sustainability
reporting" （注：これが Corporate Sustainability Reporting Directive- CSRD と一般
的によばれている）
https://eur-lex.europa.eu/legal-content/EN/TXT/?uri=CELEX:32022L2464
なお、改訂版は、EU (2023) である。

EU, (2023) "Directive (EU) 2022/2464 of the European Parliament and of the Council of
14 December 2022 amending Regulation (EU) No 537/2014, Directive 2004/109/EC,
Directive 2006/43/EC and Directive 2013/34/EU, as regards corporate sustainability
reporting (Text with EEA relevance)".
https://eur-lex.europa.eu/legal-content/EN/TXT/?uri=CELEX:32022L2464

European Commission, (2020) "EU Taxonomy for Sustainable Activities".
https://ec.europa.eu/info/business-economy-euro/banking-and-finance/
sustainable-finance/eu-taxonomy-sustainable-activities_en

European Commission, (2021) "Regulation on Sustainability-Rerated Disclosure in the
Financial Services Sector-CSRD".
https://finance.ec.europa.eu/capital-markets-union-and-financial-markets/
company-reporting-and-auditing/company-reporting/corporate-sustainability-
reporting_en

European Investment Bank, (2007) "Climate Awareness Bonds".
https://www.eib.org/en/investor_relations/cab/index.htm

Fatemi, Ali, Martin Glaum and Stefanie Kaiser, (2018) "ESG Performance and Firm
Value: The Moderating Role of Disclosure", *Global Finance Journal*, 38 (C), pp.45-64.
https://doi.org/10.1016/j.gfj.2017.03.001

Fink, Larry, (2018) "A Sense of Purpose", Larry Fink's 2018 Letter to CEOs. January 17.
https://corpgov.law.harvard.edu/2018/01/17/a-sense-of-purpose/

Fink, Larry, (2022) "Larry Fink's 2022 letter to CEOs, The Power of Capitalism".
https://www.blackrock.com/corporate/investor-relations/larry-fink-ceo-letter

Flammer, Caroline, (2021) "Corporate Green Bonds".

Journal of Financial Economics,vol,14.2, issue 2,499-516

Flammer, Caroline, (2015) "Does Corporate Social Responsibility Lead to Superior Financial Performance? A Regression Discontinuity Approach", *Management Science* 61 (11), pp.2549–2568.

Flanningan, A. and C.Van Wergner,(1991) "Climate Change and Wildfire in Canada", *Canadian Journal of Forest Research* vol.21: 66-72.

Fried, J., M. Torn and E. Mills, (2004) "The Impact of Climate Change on Wildfire Severity: A Regional Forecast for Northern California", *Climate Change.* vol.64: 169-191.
https://citeseerx.ist.psu.edu/viewdoc/download?doi=10.1.1.464.3294&rep=rep1&type=pdf

Friede, Gunnar, Timo Busch and Alexander Bassen, (2015) "ESG and Financial Performance: Aggregated Evidence from More than 2000 Empirical Studies", *Journal of Sustainable Finance & Investment,* Vol. 5, No. 4, pp.210–233. (Open access)
https://www.tandfonline.com/doi/full/10.1080/20430795.2015.1118917.

Friedman, Milton, (1970) "A Friedman Doctrine—The Social Responsibility of Business Is to Increase Its Profits", *New York Times*, September 13. Section SM, Page 17.
https://www.nytimes.com/1970/09/13/archives/a-friedman-doctrine-the-social-responsibility-of-business-is-to.html

GIIN, (2022) "Global Impact Investing Network(GIIN) to Host the Impact Principles in Latest Sign of Impact Investing Industry Consolidation".
https://thegiin.org/assets/GIIN_News%20Release_Impact%20Principles_.pdf

Gillan, Stuart L., Andrew Koch and Laura T. Starks, (2021) "Firms and Social Responsibility: A Review of ESG and CSR Research in Corporate", *Journal of Corporate Finance.* vol. 66, Article101889
https://doi.org/10.1016/j.jcorpfin.2021.101889

Global Sustainable Investment Alliance, (2020) "Global Sustainable Investment Review 2020".
http://www.gsi-alliance.org/

Goldin, Claudia and Cecilia Rouse, (2000) "Orchestrating Impartiality: The Impact of 'Blind': Auditions on Female Musicians", *American Economic Review*, 90 (4), pp.715-741. DOI: 10.1257/aer.90.4.715

GPIF, (2021) 『2021年度ESG活動報告』.
https://www.gpif.go.jp/esg-stw/esginvestments/2021_esg.html

GPIF, 「ESG投資」.
https://www.gpif.go.jp/esg-stw/esginvestments/

Grewal, Jody and George Serafeim, (2020) "Research on Corporate Sustainability: Review and Directions for Future Research", *Foundations and Trends® in Accounting* vol. 14, no.2, pp.73–127. DOI: 10.1561/1400000061.

Grewal, Jody, Edward J. Riedl and George Serafeim, (2019) "Market Reaction to Mandatory Nonfinancial Disclosure", *Management Science* 65, no. 7: pp.3061–3084.

Halbritter, Gerhard and Gregor Dorfleitner, (2015) "The Wages of Social Responsibility — Where Are They? A Critical Review of ESG Investing", *Review of Financial Economics*, vol. 26, issue C, pp.25-35.

Hand, Dean, Ben Rigel and Alexander Danel,(2022)"Sizing the Impact Investing Market 2022",GIIN.
https://thegiin.org/research/publication/impact-investing-market-size-2022/

Hang, Markus, Jerome Geyer-Klingeberg and Andreas W. Rathgeber, (2019) "It Is Merely A Matter of Time: A Meta-analysis of the Causality between Environmental Performance and Financial Performance", *Business Strategy and the Environment*, 28(2), pp.257–273.

Hart, Oliver and Luigi Zingales, (2017) "Companies Should Maximize Shareholder Welfare Not Market Value", *Journal of Law, Finance, and Accounting* 2, pp.247–274.

Henderson, R., George Serafeim, Josh Lerner, and Naoko Jinjo, (2019) "Should a Pension Fund Try to Change the World? Inside GPIF's Embrace of ESG",*HBS Case Collection*, January 2019 (Revised March 2019) .
https://www.hbs.edu/faculty/Pages/item.aspx?num=55547

ICMA, "Green Bond Principle".
https://www.icmagroup.org/sustainable-finance/the-principles-guidelines-and-handbooks/green-bond-principles-gbp/

IFC "The Impact Principles".
https://www.impactprinciples.org/

IFC, (2012) "IFC Performance Standards on Environmental and Social Sustainability".
https://www.ifc.org/wps/wcm/connect/Topics_Ext_Content/IFC_External_Corporate_Site/Sustainability-At-IFC/Policies-Standards/Performance-Standards

IFC, (2019) "Impact Principles".
https://www.impactprinciples.org/9-principles

In, Soh Young, Ki Young Park and Ashby H.B. Monk, (2019) "Is 'Being Green' Rewarded in the Market?: An Empirical Investigation of Decarbonization and Stock Return", (Stanford) Social Science Research Network.
https://papers.ssrn.com/abstract=3020304

IPCC, (2021) "AR6 Climate Change 2021: The Physical Science Basis".
https://www.ipcc.ch/report/ar6/wg1

Kell, Georg, (2018)"Remarkable Rise Of ESG Investing", Forbus.com.
http://www.georgkell.com/opinions/https/wwwforbescom/sites/

georgkell/2018/07/11/the-remarkable-rise-of-esg/3dd3f3501695

Khan, Mozaffar, George Serafeim and Aaron Yoon, (2016) "Corporate Sustainability: First Evidence on Materiality" *The Accounting Review*, Vol. 91, No. 6: pp.1697-1724.DOI: 10.2308/accr-51383

Kim, Chang-Soo, (2019) "Can Socially Responsible Investments Be Compatible with Financial Performance? A Meta-analysis", *Asia-Pacific Journal of Financial Studies*, vol. 48 (1), pp.30–64.
https://doi.org/10.1111/ajfs.12244

Koller,Tim, Marc Goedhart and David Wessels, (2021) *Valuation: Measuring and Managing the Value of Companies 7th Edition.* John Wiley & Sons.

Lins, Karl, Henri Servaes and Ane Tamayo, (2017) "Social Capital, Trust, and Firm Performance: The Value of Corporate Social Responsibility during the Financial Crisis", *Journal of Finance*, vol. 72, issue 4: pp.1785-1824.

Lozano, O., M. Sails, A. Ager, B. Arca, F. Alcasena, A. Monteiro, M. Finney, L. Del Guidice, E. Scoccimarro and D. Spano, (2016)"Assessing Climate Change Impacts on Wildfire Exposure in Mediterranean Areas", *Risk Analysis An International Journal*,Volume37,Issue 10,Pages1898-1916 DOI:10.1111/risa.12739.

Luther, R.G. and J. Matatko, (1994) "The Performance of Ethical Unit Trusts: Choosing An Appropriate Benchmark", *The British Accounting Review*, vol. 26, issue 1, March: pp.77-89.
https://doi.org/10.1006/bare.1994.1007

MIGA, (2013) "Environmental and Social Sustainability".
https://www.miga.org/environmental-social-sustainability

Ministère de l'Europe et des Affaires Étrangères, "Cop21, The Key Points of Paris Agreement".
https://www.diplomatie.gouv.fr/en/french-foreign-policy/climate-and-environment/the-fight-against-climate-change/2015-paris-climate-conference-cop21/cop21-the-paris-agreement-in-four-key-points

Nordhaus, William D. ,(2018) "Climate Change: The Ultimate Challenge for Economics", Prize Lecture.
https://www.nobelprize.org/uploads/2018/10/nordhaus-lecture.pdf

OECD, (2021) "Pension Fund in Figures".
https://www.oecd.org/finance/private-pensions/Pension-Funds-in-Figures-2021.pdf

Orlitzky, M., F.L. Schmidt and S.L. Rynes, (2003) "Corporate Social and Financial Performance: A Metaanalysis", *Organization Studies* 24 (3): pp.403–441.

Pedersen, Lasse Heje, Shaun Fitzgibbons and Lukasz Pomorski, (2021) "Responsible Investing: The ESG-efficient frontier", *Journal of Financial Economics*: vol. 142:

pp.572-597.

Pensions & Investments, (2022) "The world's largest retirement funds: 2022".

https://www.pionline.com/special-report-megafunds/worlds-largest-retirement-funds-2022

Plumlee, Marlene, Darrel Brown, Rachel M. Hayes and R. Scott Marshall, (2015) "Voluntary Environmental Disclosure Quality and Firm Value: Further Evidence", *Journal of Accounting and Public Policy* 34 (4): pp.336-361.

PRI and UNEP FI, "Fiduciary Duty in the 21st Century".

https://www.unpri.org/download?ac=9792

PRI, (2013) "Integrated Analysis: How Investors Are Addressing ESG Factors in Fundamental Equity Valuation".

https://www.unpri.org/download?ac=312

PRI, (2014) "An Introduction to Responsible Investment:Private Equity".

https://www.unpri.org/download?ac=10226

PRI, (2014) "Fixed Income Investor Guide".

https://www.unpri.org/download?ac=32

PRI, (2016) "A Practical Guide to ESG Integration to Equity Investing".

https://www.unpri.org/download?ac=10

PRI, (2020) Signatories delisted from not meeting minimum requirements".

https://www.unpri.org/reporting-and-assessment/signatories-delisted-for-not-meeting-the-minimum-requirements/6480.article

PRI, (2022) "2022 Annual Report".

https://www.unpri.org/annual-report-2022

PRI, "What Is Responsible Investment?".

https://www.unpri.org/introductory-guides-to-responsible-investment/what-is-responsible-investment/4780.article

PWC, (2020) "Asset and Wealth Management Revolution; the Power to Shape the Future".

https://www.pwc.com/gx/en/industries/financial-services/assets/wealth-management-2-0-data-tool/pwc_awm_revolution_2020.pdf

PWC, (2022) "Asset and Wealth Management Revolution 2022:Exponential Expectations for ESG",p.26.

https://www.pwc.com/gx/en/financial-services/assets/pdf/pwc-awm-revolution-2022.pdf

Renneboog, Luc, Jenke Ter Horst and Chendi Zhang, (2008) "Socially Responsible Investments: Institutional Aspects, Performance and Investor Behavior", *Journal of Banking and Finance*, vol.32, issue 9, pp.1723-1742.

https://doi.org/10.1016/j.jbankfin.2007.12.039

Revelli, Christophe and Jean-Laurent Viviani, (2015) "Financial Performance of Socially Responsible Investing (SRI): What Have We Learned? A Meta-analysis", *Business Ethics, the Environment and Responsibility* 24, pp.158–185.
https://doi.org/10.1111/beer.12076

S&P Global, (2020) "What Is the Difference between ESG Investing and Socially Responsible Investing?".
https://www.spglobal.com/en/research-insights/articles/what-is-the-difference-between-esg-investing-and-socially-responsible-investing

SASB, "Materiality Map".
https://www.sasb.org/standards/materiality-map/

SEC, (2021) "Public Inputs Welcomed on Climate Change Disclosure".
https://www.sec.gov/news/public-statement/lee-climate-change-disclosures

Sorkin, Andrew Ross,(2020) "Has Business Left Milton Friedman Behind?" *New York Times*, September 11.
https://www.nytimes.com/2020/09/11/business/dealbook/milton-friedman-anniversary-sorkin-essay.html

Spence, A. Michael, (1974) *Market Signaling: Informational Transfer in Hiring and Related Screening Processes*, Cambridge: Harvard University Press.

UN,「グローバル・コンパクト」. https://www.unglobalcompact.org/

UN, (2000) "Millennium Development Goals".
https://www.un.org/millenniumgoals/

UN, (2015) "Sustainable Development Goals".
https://sdgs.un.org/goals

United Nations, Swiss Federal Department of Foreign Affairs
endorsed by ABN Amro, Aviva, AXA Group, Banco do Brasil, Bank Sarasin, BNP Paribas, Calvert Group, CNP Assurances, Credit Suisse Group, Deutsche Bank, Goldman Sachs, Henderson Global Investors, HSBC, Innovest, ISIS Asset Management, KLP Insurance, Morgan Stanley, RCM (a member of Allianz Dresdner Asset Management), UBS, Westpac, (2004) "Who Cares Wins".
https://www.unepfi.org/fileadmin/events/2004/stocks/who_cares_wins_global_compact_2004.pdf

UNJSPF, (2020) "United Nations Joint Staff Pension Fund fully divested from Coal Energy Sector".
https://www.unjspf.org/newsroom/united-nations-joint-staff-pension-fund-fully-divested-from-coal-energy-sector/

UNJSPF, (2020) "United Nations Joint Staff Pension Fund Joins Net Zero Asset Owner Alliance".
https://www.unepfi.org/industries/investment/un-joint-staff-pension-fund-joins-

net-zero-asset-owner-alliance/

US Congress, (1986) "Comprehensive Anti-Apartheid Act of 1986".

    https://www.congress.gov/bill/99th-congress/house-bill/4868

US Department of Labor, (2021) "US Department of Labor Proposes Rule to Remove Barriers to Considering Environmental, Social, Governance Factors in Plan Management".

    https://www.dol.gov/newsroom/releases/ebsa/ebsa20211013

US SIF, "Sustainable Investing Basics".

    https://www.ussif.org/sribasics

Value Reporting Foundation, "SASB Standards, SASB Sustainability Map".

    https://www.sasb.org/standards/materiality-map

Vishwanathan, Pushpika, Hans van Oosterhout, Pursey P.M.A.R. Heugens, Patricio Duran, Marc van Essen, (2020) "Strategic CSR: A Concept Building Meta-Analysis", *Journal of Management Studies*, vol.57 no.2 : 314-350.

    https://doi.org/10/gf3hq9

Weitzman, Martin L., (1974) "Prices vs. Quantities", *Review of Economic Studies* vol.41(4), pp.477-491.

Weitzman, Martin L., (2014) "Can Negotiating a Uniform Carbon Price Help to Internalize the Global Warming Externality?", *Journal of the Association of Environmental and Resource Economists* vol.1(1/2): pp.29-49.

Whelan, Tensie, Ulrich Atz, Tracy van Holt and Casey Clark, (2021) "ESG and Financial Performance: Uncovering the Relationship by Aggregating Evidence from 1,000 Plus Studies Published between 2015-2020", NYU Rockefeller Asset Management publication.

    https://www.stern.nyu.edu/sites/default/files/assets/documents/NYU-RAM_ESG-Paper_2021%20Rev_0.pdf

White House President Barack Obama, (2015)"Remarks by the President at AARP".

    https://obamawhitehouse.archives.gov/the-press-office/2015/02/23/remarks-president-aarp

World Bank, (2008) "Strategic Framework for Development and Climate Change".

    https://www.worldbank.org/en/topic/climatechange

World Bank, (2008)"IBRD Funding Program-Green Bonds".

    https://treasury.worldbank.org/en/about/unit/treasury/ibrd/ibrd-green-bonds#1

World Economic Forum, (2023)"The Global Risks Report 2023".

    https://www.weforum.org/reports/the-global-risks-report-2023

WTW (旧 Willis Towers Watson), (2020) "2020 ESG Survey of Board Members and Senior Executives".

    https://www.wtwco.com/en-US/Insights/2020/12/2020-esg-survey-of-board-members-and-senior-executives

Wu, Junjie, George Lodorfos, Aftab Dean and Georgios Gioulmpaxiotis, (2017) "The Market Performance of Socially Responsible Investment during Periods of the Economic Cycle—Illustrated Using the Case of FTSE", *Managerial and Decision Economics*, 38(2), pp.238–251.
https://doi.org/10.1002/mde.2772

アムンディジャパン編, (2018)『社会を変える投資 ESG 入門』日本経済新聞出版社.

アムンディジャパン編, (2021)『ESG 入門 新版 経営、投資での実装』日本経済新聞出版.

有村俊秀, 片山東, 松本茂 編著, (2017)『環境経済学のフロンティア』日本評論社,

有村俊秀, 杉野誠, 鷲津明由 編著, (2022)『カーボンプライシングのフロンティア：カーボンニュートラル社会のための制度と技術』日本評論社.

伊藤武, 栗生英之, 戸田淳, 湯山智教, 内藤伸浩, (2019)『ARES 不動産証券化ジャーナル』Vol. 51,「ESG 投資の目的とパフォーマンス評価」.
https://www.ares.or.jp/publication/pdf/ARES51p6-18.pdf?open=1

江川雅子, (2018)『現代のコーポレートガバナンス：「戦略・制度・市場」』日本経済新聞出版社.

外務省,「2020年以降の枠組み：パリ協定」.
https://www.mofa.go.jp/mofaj/ic/ch/page1w_000119.html

外務省,「国際協力と NGO」.
https://www.mofa.go.jp/mofaj/gaiko/oda/shimin/oda_ngo/kyoumi/faq01.html

加藤康之, (2019)『ESG 投資の研究』一灯舎.

環境省, (2021)「TCFD を活用した経営戦略立案のススメ〜気候関連リスク・機会を織り込むシナリオ分析実践ガイド2021年度版」.
https://www.env.go.jp/content/000104074.pdf

環境省, (2022)『グリーンボンド及びサステナビリティ・リンク・ボンドガイドライン グリーンローン及びサステナビリティ・リンク・ローンガイドライン　2022年』.
https://www.env.go.jp/content/000062348.pdf

金融庁, (2003)「金融商品取引法について」.
https://www.fsa.go.jp/policy/kinyusyohin/index.html

金融庁, (2006)「新しい金融商品取引法制について」.
https://www.fsa.go.jp/policy/kinyusyohin/pamphlet.pdf

金融庁, (2021)「ソーシャルボンド・ガイドラインの確定について」.
https://www.fsa.go.jp/news/r3/singi/20211026-2.html

経済産業省, (2020)「2050年カーボンニュートラルをめぐる国内外の動き」.
https://www.meti.go.jp/shingikai/sankoshin/sangyo_gijutsu/chikyu_kankyo/ondanka_wg/pdf/002_03_00.pdf

経済産業省, (2023)『企業と投資家の対話のための「価値協創ガイダンス 2.0」（価値協創

のための統合的開示・対話ガイダンス 2.0 －サステナビリティ・トランスフォーメーション（SX）実現のための価値創造ストーリーの協創－）』.

https://www.meti.go.jp/policy/economy/keiei_innovation/kigyoukaikei/ESGguidance.html

厚生労働省，(2019)「第12回社会保障審議会資金運用部会資料－"積立金基本指針の改正について"」.

https://www.mhlw.go.jp/content/12501000/000577958.pdf

国土交通省,気象庁,(2021)「IPCC 第6次評価報告書 第1作業部会報告書 気候変動2021：政策決定者向け要約」.

https://www.data.jma.go.jp/cpdinfo/ipcc/ar6/IPCC_AR6_WGI_SPM_JP.pdf

東京証券取引所,(2016)「コーポレートガバナンス・コード」.

https://www.jpx.co.jp/news/1020/nlsgeu000000xbfx-att/code.pdf

ニッセイアセットマネジメント,(2019)「GPIF 委託研究調査 ESGに関する情報開示についての調査研究」.

https://www.gpif.go.jp/investment/research_2019_full.pdf

日本経済再生本部,(2013)「日本再興戦略 ～ Japan is back ～」.

https://www.kantei.go.jp/jp/singi/keizaisaisei/pdf/saikou_jpn.pdf

日本サステナブル投資フォーラム,(2020)「日本サステナブル投資白書2020」p.3.

https://japansif.com/wp2020free.pdf

日本サステナブル投資フォーラム,(2022)「サステナブル投資残高調査2022結果速報」.

https://japansif.com/archives/2389

林寿和,(2018)「ESG インテグレーション」加藤康之（編著）『ESG投資の研究、理論と実践の最前線』、第11章.

光定洋介,(2018)「ESGとインテグレーション」加藤康之（編著）『ESG投資の研究、理論と実践の最前線』、第13章.

湯山智教,(2020)『ESG投資とパフォーマンス』一般財団法人金融財政事情研究会.

湯山智教,白須陽子,森平爽一郎,(2019)「ESG開示スコアとパフォーマンス」『証券アナリストジャーナル』日本証券アナリスト協会,57巻,pp.72－83.

用語索引
（太字は関連用語一覧の頁数）

【著者紹介】

本田 桂子 （ほんだ・けいこ）

コロンビア大学客員教授。

お茶の水女子大学卒業。経営学修士（ペンシルバニア大学ウォートンスクール経営学大学院）。

マッキンゼーのシニア・パートナー、世界銀行グループの多数国間投資保証機関（MIGA）長官CEOを経て、現職。現在、国連の投資委員会の委員、三菱UFJフィナンシャル・グループ、AGC、リクルートホールディングスの取締役も務める。また、企業会計審議会委員、規制改革会議委員なども務めた。

著書訳書に、『企業価値評価 Valuation 上下』第四版（共著・訳、2006年）、第五版（共著・訳、2012年）、『企業価値経営』（鈴木一功氏と共著・訳、2012年）（以上、いずれもダイヤモンド社）、『合従連衡戦略』（横山禎則氏と共著、1998年、東洋経済新報社）など。

伊藤 隆敏 （いとう・たかとし）

コロンビア大学教授、（兼）政策研究大学院大学客員教授。

一橋大学卒業。経済学博士（ハーバード大学）。ミネソタ大学准教授、一橋大学教授、東京大学教授、政策研究大学院大学教授を経て、現在に至る。その間、ハーバード大学客員教授、国際通貨基金調査局上級審議役、大蔵省副財務官、経済財政諮問会議の民間議員、関税・外国為替等審議会会長、「公的準公的資金の運用リスク管理等の高度化等に関する有識者会議」座長を務めた。日本経済学会会長（2004年度）。

著書に『不均衡の経済分析－理論と実証－』（1985年、東洋経済新報社）、『Japanese Economy』（1992年（単著）、2nd Edition（星岳雄と共著、2020年）、MIT Press）、『インフレ目標政策』（2013年、日本経済新聞出版）、『日本財政「最後の選択」－健全化と成長の両立は成るか－』（2015年、日本経済新聞出版）など。

ESG投資の成り立ち、実践と未来

2023年5月17日　　1版1刷

著　者	本田 桂子
	伊藤 隆敏
	© Keiko Honda, Takatoshi Ito, 2023
発行者	國分正哉
発　行	株式会社日経BP
	日本経済新聞出版
発　売	株式会社日経BPマーケティング
	〒105-8308　東京都港区虎ノ門4-3-12
ブックデザイン	野網雄太
本文組版	朝日メディアインターナショナル
印刷・製本	シナノ

ISBN978-4-296-11467-2　Printed in Japan